RELIABILITY MODELING

and Analysis of Systems Equipped With Protective Devices

配有保护装置的系统
可靠性建模与分析

王小越　赵　先　吴丛珊　王思齐　◎著

中国财经出版传媒集团

经济科学出版社
Economic Science Press

·北京·

图书在版编目(CIP)数据

配有保护装置的系统可靠性建模与分析 / 王小越等
著. -- 北京：经济科学出版社，2024.10. -- ISBN
978 - 7 - 5218 - 6234 - 8

Ⅰ. N945.17

中国国家版本馆 CIP 数据核字 2024T6W399 号

责任编辑：宋艳波
责任校对：王肖楠
责任印制：邱　天

配有保护装置的系统可靠性建模与分析

PEIYOU BAOHU ZHUANGZHI DE XITONG KEKAOXING JIANMO YU FENXI

王小越　赵　先　吴丛珊　王思齐　著

经济科学出版社出版、发行　新华书店经销

社址：北京市海淀区阜成路甲 28 号　邮编：100142

编辑电话：010 - 88191469　发行部电话：010 - 88191522

网址：www.esp.com.cn

电子邮箱：esp@esp.com.cn

天猫网店：经济科学出版社旗舰店

网址：http://jjkxcbs.tmall.com

固安华明印业有限公司印装

710×1000　16 开　14.75 印张　220000 字

2024 年 10 月第 1 版　2024 年 10 月第 1 次印刷

ISBN 978 - 7 - 5218 - 6234 - 8　定价：88.00 元

（图书出现印装问题，本社负责调换。电话：010 - 88191545）

（版权所有　侵权必究　打击盗版　举报热线：010 - 88191661

QQ：2242791300　营销中心电话：010 - 88191537

电子邮箱：dbts@esp.com.cn）

前　言

　　由于安全关键系统的随机故障可能导致人员伤亡等严重后果,很多系统配备了保护装置以减轻其失效风险。配有保护装置的系统可靠性研究已逐渐成为可靠性领域的研究热点,然而现有研究在系统的组成结构和运行机制、保护装置的启动和保护机制、维修策略设计优化方面仍存在一定局限性。因此,需进一步探索配有保护装置的系统可靠性研究。本书立足于工程实际,开展了一系列配有保护装置的系统可靠性建模与运维策略优化的研究,整体思路和结构如下。

　　第一章是绪论。阐述了本书的选题背景以及研究意义,概述了本书的主要研究内容。

　　第二章是国内外研究现状及理论基础。从配有保护装置的系统可靠性、冲击环境下系统可靠性、特殊运行机制下系统可靠性、维修策略的设计优化及系统可靠性分析方法相关研究五方面综述了国内外研究现状。此外,介绍了系统可靠性相关概念以及分析方法,为本书后续研究奠定理论基础。

　　第三～第八章是配有保护装置的多部件系统可靠性建模及分析。第三章构建了冲击环境下配有多态保护装置的 n 中取 $k(F)$ 系统,提出了新的保护装置启动机制以及保护机制,从而对其进行可靠性分析;第四章构建了配有多个保护装置的二维表决系统,提出了受内部退化和外部冲击共同影响的系统运行机制以及相应的保护装置保护机制,从而推导了系统可靠性指标的解析表达式;第五章构建了配有保护装置的两类平衡系统,根据系统平衡特性提出了保护装置的竞争触发机制,考虑了保护装置的保护效果随其状态退化而减弱的情形,从而分析了两类平衡系统的可靠性指标;第六章构建了由多个带有保护装置的负载分担子系统组成的性能系统，提出了基于部件退化率的保护装置启动机制，考虑了保护装置触发前已发生退化的情形，评估了系统可靠性指标；第七章构建了配有多部件保护装置的自愈型系统，研究了在自愈机制和保护装置保护的综合情况下系统的运行情形，考虑了保护装置的待机状态，推导了系统可靠性指标的解析表达式；第八章构建了冲击环境下配备多态保护装置的二维表决系统，提出了在新的混合冲击模型下部件的竞争失效准则，考虑了保护装置触发失败的情形，提出了隔离故障部件的保护机制，求解了系统可靠性和保护装置性能的概率指标。

第九~第十章是配有保护装置的多部件系统可靠性建模及其维修策略的设计与优化。其中，第九章构建了配有保护装置且包含多个表决子系统的串联系统，研究了系统退化、维修工维修、备件补货的一系列过程，设计、构建并求解了该系统维修和备件库存策略的联合优化模型；第十章构建了配有保护装置的 n 中取 $k(\mathrm{F})$ 系统，定义了部件的不健康状态，提出了基于失效或不健康部件数量的保护装置的竞争启动机制，设计、构建并求解了定期检测下系统预防性维修和保护装置启动策略的联合优化模型。

第十一章是结论与展望，总结了本书的主要研究内容，并基于存在的研究局限对未来的研究工作提出可行的研究方向。

本书尽可能全面地介绍了配有保护装置的系统可靠性建模与运维策略优化的基本理论和方法以及国内外研究前沿。本书可供从事可靠性理论、管理科学与工程、系统工程等专业领域的研究人员学习和借鉴，也可为从事可靠性工作的工程师在工程实践中提供理论支持与参考。

本书是在北京工商大学王小越副教授主持的国家自然科学基金面上项目"配有保护装置的系统可靠性建模与分析"（项目编号：72371003）、青年项目"具有多阶段失效过程的冲击模型构建及可靠性分析"（项目编号：72001006）、北京理工大学赵先教授主持的国家自然科学基金重点项目"动态冲击环境下随机系统可靠性建模、仿真与运维优化"（项目编号：72131002）、北京信息科技大学吴丛珊副教授主持的国家自然科学基金青年项目"冲击环境下产能共享系统可靠性建模与运维策略研究"（项目编号：72301035）、北京工商大学王思齐博士主持的国家自然科学基金青年项目"多阶段任务型平衡系统可靠性建模与运维策略优化研究"（项目编号：72301011）资助下完成的。

　　限于作者水平和能力，拙著中难免存在不足和纰漏，恳请各位专家、学者和同仁批评指正。

Contents / 目录

第一章

① 绪论

随着现代工业技术的不断改进与发展，系统具有愈加复杂的组成结构、处于更加多样化的运行环境并且具有多种运行机制，进而导致其随机故障风险也随之增加。由于系统失效可能引起一系列严重后果，包括经济损失、人员伤亡等，国家及有关部门高度重视工程系统的质量、安全与可靠性问题。2023 年 2 月，中共中央、国务院印发《质量强国建设纲要》，明确提出"加强应用基础研究和前沿技术研发，强化复杂系统的功能、性能及可靠性一体化设计，提升重大技术装备制造能力和质量水平"及"实施质量可靠性提升计划，提高机械、电子、汽车等产品及其基础零部件、元器件可靠性水平，促进品质升级"两项指导方针[1]。

在工业工程领域，为了保障安全关键系统的平稳运行、提升系统可靠性，为其配备保护装置已成为一种合理有效的方式。以航空座舱增压控制系统为例，飞机运行过程中需保持客舱压力维持在一定的范围内，以保证系统结构的安全并满足乘员较舒适生存的需求。然而在飞机上升时，客舱压力在短时间内会随着高度的变化迅速下降。因此，飞机配备了座舱增压控制系统，当客舱压力低于一定阈值时，增压装置可将调节后的高温高压空气释放到客舱内，实现自动调节座舱压力并将平稳压力保持在要求的水平。以航空发动机涡轮的冷却系统为例，在涡轮工作进行动力输出时会产生大量热能，造成环境温度上升，而若环境温度高于阈值将造成元器件的损坏，进而影响系统正常运行。因此，为涡轮配备冷却系统，可将冷却气流通过管道输送至各子系统，以保证各零部件的运行环境维持在合理的温度范围。由此可见，保护装置对降低系统失效风险、提升系统可靠性具有重要意义。关于配备保护装置的系统可靠性研究尚处于起步阶段，研究成果集中在近三年且相关文献较少。通过对现有配备保护装置的系统可靠性相关文献进行全面分析，研究不足之处总结如下。

第一，系统的组成结构具有一定局限。关于配有保护装置的系统可靠性研究目前主要聚焦于受冲击的单部件系统[2-6]。事实上，复杂的多部件系统在工程领域中更为常见，因此，基于工程实际的复杂系统结构值得探索。

第二，系统的运行机制具有一定局限。现有的研究均考虑系统及保护装置仅受外部冲击或内部退化的影响[2-6]，然而，在工程实际中，系统及保护装置的失效可能同时受两者的影响。此外，现有研究未考虑到更加多样化的系统运行机制特性，如系统运行具有平衡的要求等。因此，针对配有保护装置的系统，受内部退化和外部冲击共同影响的系统运行机制以及具有特殊运行要求的系统运行机制具有研究价值。

第三，保护装置的启动机制具有一定局限。现有研究中保护装置的启动机制如表1-1总结所示。由于不同系统中保护装置的启动准则具有差异，因此应探究新的保护装置启动准则，以拓展保护装置相关研究。

表1-1　　　　　　　　保护装置的启动机制研究汇总

文献	无须启动，初始即运行	基于系统状态	基于冲击数量	基于失效部件数量
Zhao et al. , 2021[2]		√		
Zhao et al. , 2022[3]		√	√	
Shen et al. , 2021[4]	√			
Zhao et al. , 2022[5]		√		
Shen et al. , 2020[6]	√			

第四，保护装置的保护机制具有一定局限。现有研究中保护装置的保护机制包括降低内部退化对部件的影响[6]、减少冲击对部件的损害[3-5]、保护系统完全不受影响[2]。通过实际调研和文献分析，关于装置保护机制的局限性包括：保护作用仍然留有一定的研究空白，例如，对配有保护继电器的电力系统来说，其保护作用为及时隔离电力系统中的故障单元；非连续的保护作用尚未开展相关研究，即考虑经济性因素或环境变化因素，保护装置可在实施一段时间保护功能后暂停工作，而在系统需要保护时再次重启；当保护装置处于不同状态下工作时，其保护效果具有差异性。以上情景尚未开展相关研究。

第五，尚未研究配备保护装置的系统维修及运行策略的联合优化问题。除了配备保护装置外，维修是另一种提高系统可靠性的有效且常见的方法，将维修与备件库存策略或保护装置的启动机制进行联合优化可以在保障系统平稳运行的同时满足成本经济性的要求，而已有文献对配备保护装置的多部件系统的运维策略尚未开展相关研究。

因此，结合工程实际，本书以配备保护装置的复杂系统为研究对象，构建了配备保护装置的多部件系统可靠性模型，提出新的系统运行机制、保护装置的启动及保护机制，通过综合运用马尔可夫过程嵌入法、有限马尔可夫链嵌入法和通用生成函数法等对其进行可靠性分析。此外，对配备保护装置的多部件系统进行维修及备件库存策略、维修及保护装置启动机制的联合优化研究，以最大化系统可用度或最小化期望总成本。本书的研究成果可以进一步丰富配有保护装置的复杂系统可靠性相关研究，完善维修策略设计优化相关研究体系，扩展马尔可夫相关方法的应用，具有一定的理论创新。另外，通过对配备保护装置的系统进行可靠性建模与分析，可对工程师进行系统可靠性管理提供决策依据及有效建议；通过对配有保护装置的系统进行维修和备件库存策略、维修和保护装置启动机制的联合优化分析，对管理人员制定维修及相关运行策略提供管理依据，在成本允许范围内更大程度上提高系统可靠性，具有相应的实践意义。

第二节 / 研究内容

本书以工程实际为研究背景，以配有保护装置的多部件系统作为研究对象，对其进行可靠性建模、可靠性分析以及运维策略设计优化。一方面，构建了新的配有保护装置的复杂系统可靠性模型，提出新的系统运行机制以及保护装置的启动和保护机制，通过应用并改进马尔可夫过程嵌入法、有限马尔可夫链嵌入法等，推导出系统可靠性概率指标的解析表达式。另一方面，对所构建的配有保护装置的多部件系统进行维修及备件库存策略、维修及保护装置启动机制的联合优化，通过应用马尔可夫过程嵌入法、马尔可夫决策过程等相关方法构建并求解联合优化模型。本书的具体研究内容和成果如下。

1. 配有保护装置的系统可靠性基础理论与方法研究

从配有保护装置的系统可靠性建模与分析的研究现状出发，详细总结配有保护装置的系统可靠性相关研究、冲击环境下系统可靠性相关研究、特殊运行机制下系统可靠性相关研究以及维修策略的设计优化相关研究，阐述了系统可靠性的相关概念，并重点介绍了本书主要采用的系统可靠性分析相关方法：马尔可夫过程嵌入法、有限马尔可夫链嵌入法和马尔可夫决策过程。

2. 配有保护装置的 n 中取 $k(F)$ 系统可靠性建模与分析

本书构建了冲击环境下运行的具有多状态保护装置的 n 中取 $k(F)$ 系统，并对其进行可靠性分析。保护装置的触发条件基于系统中失效部件的数量，并且该多态保护装置的保护能力随着有效冲击导致的保护装置状态退化而减弱。保护装置在遭受一定次数的有效冲击后，可能会直接转移到较差的状态，也可能由于其抗冲击能力，可以在当前状态下抵抗一些额外的有效冲击。采用有限马尔可夫链嵌入法与 PH 分布对系统和保护装置的一系列概率指标进行了分析。最后，以多缸柴油机为例，验证了该模型的适用性。

3. 配有保护装置的二维表决系统可靠性建模与分析

本书构建了具有多个保护装置的多态二维 n 中取 $k(\mathrm{F})$ 系统，并推导出系统可靠性指标的解析表达式。系统包含多个子系统，每个子系统包含多个部件并配备一个保护装置。该系统、每个部件及保护装置均具有多个状态，且部件及保护装置的状态退化同时受外部冲击和内部退化的影响。对于每个子系统而言，当失效部件数量达到一定值，保护装置开始运行。保护装置的运行可以降低部件的退化率和冲击对部件的影响。当子系统中失效部件数量达到预设值时，则子系统失效。根据不同的失效子系统的数量，划分整个系统的状态。当失效的子系统数量达到一定值时，整个系统即失效。通过采用马尔可夫过程嵌入法、有限马尔可夫链嵌入法和蒙特卡洛仿真得到整个系统的状态概率函数。最后以具有冷却系统的航空发动机涡轮系统为例验证所构建模型的适用性以及所应用方法的有效性。

4. 配有保护装置的两类平衡系统可靠性建模与分析

本书构建了配备保护装置的两类平衡系统可靠性模型，并推导出系统可靠性指标的解析表达式。模型一以动态平衡系统为基础，建立了配有保护装置的包含 m 个区的 n 中取 $k(\mathrm{F})$ 平衡系统。通过关闭或者重启部件，保证每个区中工作部件的数量保持一致，以此达到实时调节系统平衡。当任意一个区中失效和待机部件数量达到一定值时，保护装置被触发。当某个区中失效和待机部件的数量达到阈值时，则整个系统失效。模型二以静态平衡系统为基础，构建了配有保护装置的多部件串联平衡系统。该系统的平衡条件为部件的最大状态差值维持在一定范围内，系统失衡则意味着该系统失效。当系统中部件的状态差值超过预设值或处于脆弱状态的部件数量达到一定值时，则保护装置被触发。两个模型均考虑部件和保护装置同时受冲击和退化的影响，保护装置启动后可以降低部件的失效率和其遭受有效冲击的概率，并且保护装置的保护效果随着其状态的退化而减弱。运用马尔可夫过程嵌入法和蒙特卡洛仿真推导了两个模型的可靠性指标。

最后，分别以配有冷却系统的无人机发动机系统和配有调温系统的电动车电池组系统为例验证所构建模型的有效性。

5. 配有保护装置的由负载分担子系统组成的性能系统可靠性建模与分析

本书构建了一种基于性能的系统，该系统包含多个具有多状态保护装置的负载共享子系统。在各负载共享子系统中，随着故障部件的增多，工作部件的退化速率也越来越高。由于外部冲击和内部退化，每个部件以及每个子系统中的保护装置都会发生状态退化。在启动之前，保护装置可能会发生退化，且其基于部件退化率达到临界值的新型触发机制而启动。保护装置通过降低部件遭受有效冲击的可能性和部件的内部退化率来保护子系统。脆弱状态下的保护装置可能无法对子系统提供保护。子系统的性能水平由故障部件的数量决定，根据子系统的总性能，将系统划分为多个状态。运用马尔可夫过程嵌入法和通用生成函数法求解系统可靠性指标的解析表达式。最后，以配有冷却空气系统的航空发动机涡轮系统为例来验证所构建模型的适用性。

6. 冲击环境下配有多部件保护装置的自愈系统可靠性建模与分析

本书构建了在冲击环境中运行的由多部件保护装置支持的自愈系统。该系统包含多个子系统，每个子系统配备了一个多部件保护装置。保护装置基于子系统状态而启动，保护装置对子系统的保护根据其工作部件的数量不同而效果不同。当系统在一定时间内未遭受有效冲击时，系统的自愈机制被激活，可以修复先前由有效冲击造成的损害。当子系统由于自愈机制令其状态恢复至一定水平且高于装置启动的阈值时，保护装置由工作状态切换为待机状态，因此当自愈机制和保护装置共同作用于子系统时，可能会出现保护装置在工作状态和待机状态之间转换的情况。采用有限马尔可夫链嵌入法和 PH 分布相结合的方法分析了系统在冲击长度和连续时间下的可靠性指标。通过以配备多部件保护装置的自愈型管道系统为工程实例验证了该模型的适用性和方法的有效性。

7. 冲击环境下考虑保护装置启动失败的系统可靠性建模与分析

本书构建了冲击环境下具有多态保护装置的由多个子系统组成的二维表决系统可靠性模型。在新的混合 δ - 冲击模型下，系统中的部件逐渐退化。每个子系统配备了一个保护装置以隔离子系统中的故障部件，保证整个系统的稳定运行。保护装置可能触发失败，并考虑了保护装置在每种工作状态下不同的最大触发次数。采用有限马尔可夫链嵌入法和通用生成函数法，推导出系统可靠性和保护装置性能概率指标的解析表达式。最后，以带继电保护的配电系统为例验证了该模型的适用性。

8. 配有保护装置的多部件系统维修及备件库存策略联合优化

本书设计并构建了配有保护装置的多部件系统维修和备件库存策略联合优化模型，并求解该模型以得出最优的联合策略。首先，建立了包含多个表决子系统的串联系统，每个子系统配有一个保护装置。部件和保护装置同时受退化以及冲击的影响。每个子系统及其相应的保护装置在初始时刻同时运行，保护装置工作时可以降低部件的失效率和受到有效冲击的概率。部件和保护装置失效后均由维修工进行修正性维修，且备件均采用 (s,S) 库存策略。其次，应用马尔可夫过程嵌入法描述系统的运行、维修、补货过程并得出一系列系统可靠性相关概率指标及成本指标的解析表达式，进而建立以最大化系统可用度为目标函数的维修及备件库存策略联合优化模型，应用分支定界法求得最优的维修工分配及备件库存策略。最后，以具有冷却系统的汽车发动机系统为例验证模型的适用性。

9. 配有保护装置的多部件系统维修及保护装置启动策略联合优化

本书设计、构建并求解了配有保护装置的 n 中取 $k(\mathrm{F})$ 系统预防性维修策略及保护装置启动机制的联合优化模型。保护装置基于失效或不健康部件的数量而启动，在其运行时可以降低冲击对部件的影响。对系统采取周期性检测策略，基于检测到的系统状态做出相关决策，包括是否进行预防性维修、修正性维修、关闭保护装置。应用马尔可夫决策过程描述系统运行过程，采用值迭代算法推导出各检测时刻的最优决策。构建以最小化期望总成本为目标的维修及保护装置启动机制联合优化模型，并应用分支定界法求解出最优联合策略。最后，以具有冷却系统的转子系统为例验证本章模型的适用性。

第二章

国内外研究现状及理论基础

本书围绕配有保护装置的多部件系统可靠性建模、配有保护装置的多部件系统可靠性分析、配有保护装置的多部件系统维修策略设计及优化三方面内容展开研究。本章具体介绍配有保护装置的系统可靠性国内外研究现状及相关基础理论。首先，详细分析配有保护装置的系统可靠性现有研究，为本书后续开展全新的配有保护装置的系统可靠性研究指明方向。其次，深入阐述冲击环境下系统可靠性相关研究、特殊运行机制下系统可靠性相关研究、维修策略的设计优化相关研究，为本书构建新的配有保护装置的系统可靠性模型提供思路。最后，详细介绍系统可靠性相关概念及分析方法，为本书后续研究奠定理论基础。

第一节 配有保护装置的系统可靠性相关研究

在实际工程领域中，系统容易受到外部冲击以及内部退化的影响，进而导致系统性能的恶化。系统失效可能会造成较为严重的后果，如任务失败、严重的人员伤亡或经济损失等。因此，在现代工程应用中，很多系统都配备了保护装置以提高系统的可靠性，延长系统的寿命，如汽车发动机的冷却系统、飞机的供氧系统、无人机的冷却系统等。配有保护装置的系统可靠性相关研究是近三年来的新兴话题，现有研究较少，且研究对象主要集中于单部件系统。赵等（Zhao et al.）[2]探究了配备保护装置的多态单部件系统的可靠性，部件的退化源于外部冲击的影响，且保护装置在因系统的状态退化到一定程度而被触发后，以相应的概率抵御不同数量的有效冲击。赵等[3]在之前的研究基础上提出了基于系统状态和外部冲击数量的竞争性保护装置触发条件，分析了具有竞争性失效模式的多态单部件系统的可靠性。此外，除了配有保护装置的系统可靠性建模与分析相关研究外，赵等[5]首次构建了冲击环境中运行的单部件系统的保护装置和任务终止策略的联合优化模型。沈等（Shen et al.）[4][6]、张等（Zhang et al.）[7]分别研究了具有辅助保护部件的系统的预防性维修、机会性维修和视情维修策略。

通过上述文献回顾，配有保护装置的复杂系统可靠性研究较少，而复杂系统在工程领域中更为常见，如具有多个子系统的 n 中取 $k(\mathrm{F})$ 系统、具有 m 个区的 n 中取 $k(\mathrm{F})$ 平衡系统等。基于更加多元化的配备保护装置的复杂系统结构及运行特性，可以提出更加多样的保护装置启动条件及保护机制，从而丰富配有保护装置的系统可靠性相关研究。

第二节　冲击环境下系统可靠性相关研究

现有配备保护装置的系统可靠性研究主要考虑外部冲击对系统的影响。冲击模型通常用于描述在冲击环境中运行的系统的失效过程，并已被学者们广泛研究。常见的冲击模型可以分为五类：累积冲击模型[8]、极限冲击模型[9]、游程冲击模型[10]、δ - 冲击模型[11]和混合冲击模型[12]。

针对累积冲击模型，巩等（Gong et al.）[13]研究了多源冲击环境下系统的可靠性评估问题，当系统遭受的累积冲击程度超过阈值，则系统失效。兰吉凯什（Ranjkesh et al.）[14]考虑了冲击时间间隔与冲击对系统造成的损伤之间的关系，构建了一种新的基于累积冲击的系统可靠性评估模型。董等（Dong et al.）[15]将累积冲击模型应用到具有两种失效模式的串并联系统及并串联系统中，并推导了这两种系统可靠性指标的解析表达式。沙姆斯塔巴尔等（Shamstabar et al.）[16]基于累积冲击模型，设计了控制图以监测系统的寿命分布以及系统的可靠度。针对游程冲击模型，巩等（Gong et al.）[10]提出更通用的具有两个冲击强度阈值的系统失效准则，即当系统连续遭受的高于阈值1（或2）的冲击强度数量达到临界值1（或2），则其失效。奥兹库特和埃尔伊尔马兹（Ozkut & Eryilmaz）[17]构建了 Marshall - Olkin 游程冲击模型，即系统中的两个部件均遭受三种来源的冲击，当部件遭受的特定来源连续冲击数量达到阈值时则失效。普尔赛德（Poursaeed）[18]基于游程冲击模型分析了多态系统的可靠性，即一定强度的连续冲击数量将导致系统退化至部分工作阶段，而强度更大的连续冲击数量将导致系统直接失效。针对极限冲击模型，博兹布鲁特和埃尔伊尔马兹（Bozbulut & Eryilmaz）[19]构建了多源冲击环境下的极限冲击模型，即系统可能遭受不同来源的冲击，当某一次冲击强度达到阈值，则系统失效。埃尔伊尔马兹和康（Eryilmaz & Kan）[9]研究了冲击环境可变情况下的极限冲击模型。明戈和瓦利（Meango & Ouali）[20]基于极限冲击研究了系统失效交互模型。针对混合冲击模型，泽弗勒等（Zefreh et al.）[21]研究了混合 δ - 极限冲击模型下系统的可靠性和更换策略。结合累积冲击、游程冲击和极限冲击，王等（Wang et al.）[22]评估了多态加权 n 中取 $k(F)$ 系统的可靠性，其中部件抵抗冲击的能力随着其状态下降而减弱。王等[23]分析了多变冲击环境中运行的多部件系统的可靠性，并同时考虑到累积冲击、游程冲击、极限冲击以及 δ - 冲击。基于王等[23]的研究成果，赵等[24]探究了在具有多个变点的冲击环境下串并联和并串联系统的可靠性。

第三节 特殊运行机制下系统可靠性相关研究

一、平衡机制下系统可靠性研究

平衡系统在航空航天、新能源、机械工业等领域有着广泛的应用。

许多复杂的多部件工程系统都具有平衡系统的特征，并且同时配备了保护装置，如具有冷却系统的多旋翼无人机和具有调温系统的电动汽车电池组。平衡系统在一些领域被视为关键设备，在执行特定功能或任务时发挥着重要作用，其失效可能会导致严重的后果，如任务失败等。因此，研究平衡系统的可靠性对于平衡系统的平稳运行至关重要。近五年来，关于平衡系统的可靠性建模与分析的研究在逐渐增加。与其他传统的系统相比，平衡系统有一个明显的特征，即系统的运行需要满足某一项特定的平衡要求。根据不同的平衡系统特征，现有的关于平衡系统可靠性研究可以分为两类：动态平衡系统，即一旦系统失衡，可以通过再平衡机制实时调节系统的平衡；静态平衡系统，即系统失去平衡可以视为系统发生失效。

关于动态平衡系统，n 对中取 k 对（G）平衡系统是一种典型的动态平衡系统。在这种系统中，平衡状态意味着工作部件应该对称分布，并且一对中的两个部件应该同时处于同一种运行状态。华和艾尔赛义德（Hua & Elsayed）[25-27] 分别研究了 n 对中取 k 对（G）平衡系统的可靠性分析、退化模型以及基于蒙特卡洛仿真的可靠性。作为对 n 对中取 k 对（G）平衡系统的延伸，郭和艾尔赛义德（Guo & Elsayed）[28] 评估了（n,m）对中取（k_1,k_2）对（G）平衡系统的可靠性。恩哈塔等（Endharta et al.）[29] 构建了环形 n 中取 k（G）平衡系统，该系统的平衡条件为运行的部件成比例分布在系统中。

具有多个区（或子系统）的线性平衡系统是另外一种动态平衡系统，这种系统的平衡定义为通过平衡调节机制，将所有区（或子系统）中工作部件数量的差值维持在一定范围内。崔等（Cui et al.）[30] 首次提出了具有 m 个区的 n 中取 k(F)平衡系统，该系统中每个区的运行部件的数量应该保持一致以维持系统平衡。通过对崔等[30] 研究的扩展，在平衡调节机制方面，方和崔（Fang & Cui）[31] 和王等[32] 分别研究了包含 m 个区的平衡系统具有随机失效概率的启动规则和平衡调节机制。在系统结构方面，赵等[33] 构建了具有多个功能区的 n 中取 k(F)平衡系统，该系统中属于任意两个组的每个区中工作部件数量的差值必须保持在预定范围内。此外，一些关于动态平衡系统的研究提出了新的平衡概念。例如，吴等（Wu et al.）[34]构建了一种新的平衡系统，该系统可以通过一条公共总线分配每个部件的性能，以维持各个部件的性能平衡进而达到系统的平衡。方和崔[35]提出了一种自动平衡机制，即通过调节每个子系统的性能状态，消除系统的暂时性不平衡。赵和王[36]将维修策略作为一种平衡调节机制，研究了两部件平衡系统，该系统的平衡定义为两个部件的退化水平时刻保持一致。

对于静态平衡系统而言，现有研究提出了多种不同的平衡定义，并且在这种系统中，系统失衡即意味着系统失效。崔等[37]构建了两个平衡系统可靠性模型，所考虑的平衡条件为系统中所有部件的最大状态差不超过所设定的阈值。赵等[38]首次建立了多态平衡系统，该系统的状态由系统的平衡程度决定，而系统的平衡程度取决于任意位置或对称位置的最大部件状态差。随后，王等[39,40]分别研究了此类多态平衡系统的最优部件交换策略和最优任务终止策略。王等[41]分析了性能平衡系统的可靠性，该系统的平衡取决于所定义的脆弱部件的数量与所处位置。吴等[42]介绍了新的多态平衡系统的失效准则，即根据系统处于临近失衡状态的时间以及系统从平衡状态转移到临近失衡状态的次数决定。王等[43]构建了一个能力平衡系统，其中系统平衡由所有部件之间的能力差异决定，并提出系统平衡的随机性，即系统在最大能力差处于一定范围时以一定概率处于平衡状态。

二、负载分担机制下系统可靠性研究

负载分担系统由多个具有相依关系的部件组成，如果一个部件发生故障，则其应该承担的工作负载必须由其他工作部件分担，这会导致这些幸存工作部件的加速退化。此外，在现实中，部件的性能水平取决于其载荷，部件的故障率随着载荷的增大而增大[44-46]。基于这一点，在负载分担系统中，一个部件的失效会导致剩余工作部件的故障率更高[47-49]。将失效部件的负载分配给其他幸存部件的规则有多种类型，如等负载共享规则、局部负载共享规则和单调负载共享规则[50,51]。负载共享系统的应用包括电力系统、齿轮系统、计算机系统的 CPU 等[49,52,53]。很多现有文献关注不同负载分担系统可靠性评估的研究问题。例如，赵等[54]构建了具有相同部件的负载共享系统可靠性建模与分析模型。吴和崔[55]分析了不同多态子系统之间的负载分担机制。吴等[56]研究了具有线性和环形结构的负载共享平衡系统。上述研究考虑了负载共享系统仅受内部退化的影响，此外，一些文献研究了此类系统同时遭受内部退化和外部冲击的情形[57-60]。

三、自愈机制下系统可靠性研究

自愈机制指的是系统在运行过程中，满足特定条件时能够通过自身的性能来修复部分损伤。自愈机制主要应用于新型材料领域，通过使用具有自愈性能的新型材料制造或加工工业设备，使设备具备自修复的能力。自愈材料一般可分为内在自愈机制（不含自愈剂）材料和外在自愈机制（含自愈剂）材料两类。在外在自愈机制材料方面，主要有胶囊型和血管型自愈材料[61]。

目前，自愈材料在各个领域都有广泛的应用，如管道运输[62,63]、电力系统[64-67]以及航空航天[68,69]等。例如，在输水管道系统中，研究人员开发了自愈防腐涂层用于防止管道的腐蚀，当管道受到损坏时，涂层中的自愈材料能够自动填补损坏部分，防止进一步腐蚀和泄漏[70]。在输电系统中，采用具有自愈性能的复合绝缘子，能够在受到外部冲击或电弧击穿时，通过自动修复断裂的结构，确保系统继续正常运行[64]。自愈型配电系统可以在不需要任何人为干预的情况下，检测故障的位置和类型，并立即执行自愈控制动作，在最短的时间内隔离故障区域，恢复最大可能的负荷[67]。另外，电池中的自修复多网络黏结剂能够修复电池中正极和负极黏结剂的损伤，提高电池的寿命和性能稳定性[65]。在航空航天领域，飞机中使用的自修复复合材料能够自动修复受损部分，增强结构材料的耐久性和抗损伤能力[68]。目前，对自愈型系统的可靠性进行研究时，主要关注其在两个方面的可靠性表现：受到外部冲击和内部退化影响时的可靠性。

对于只受外部冲击影响的自愈型系统。沈等（Shen et al.）[71]分析了一类损伤自愈型系统可靠性，即当系统状态处于一定范围时系统具有自愈能力，系统在一段时间内没有遭受有效冲击时，自愈机制被触发，同时系统将转移至相邻较好的一个状态。赵等[72]构建了一个具有自愈机制的两阶段冲击模型，当一次无效冲击游程中出现 k 次 δ - 无效冲击时，系统的自愈机制被触发并且治愈先前一个有效冲击带来的损伤，当累计有效冲击次数达到阈值 d 时，系统的自愈机制失效，同时系统进入第二阶段。崔等[8]考虑了系统在随机冲击作用下的损伤自愈效应，基于传统失效阈值，研究了离散时间环境下两种不同类型的系统累积冲击模型，提出了基于自愈过程的损伤演化效应。沈等[61]考虑自愈资源是有限的自愈机制，随着资源的消耗殆尽，自愈机制也随之失效，并设计了两种自愈策略来分配有限的资源，以提高系统的可靠性。

对于同时受外部冲击和内部退化影响的自愈型系统。上官等（Shang-guan et al.）[73]分析了一个考虑可变失效阈值并具有竞争失效过程的自愈型系统的可靠性。孔等[64]考虑了恢复水平和恢复时间，首次提出了一种同时考虑冲击强度和冲击持续时间的冲击损伤模型。崔等[74]引入了自愈效应的概念，构建了一类新的累积损伤冲击模型，其中冲击到达通过不同的计数过程建模，包括泊松过程、Hawkes 过程和仿射过程。邱等（Qiu et al.）[75]研究了可控冲击自愈型系统的最优任务中止策略。李等（Li et al.）[76]提出了一种自修复系统的两阶段可靠性模型方法，并在这个新模型中考虑了环境、冲击载荷、自我修复和自我修复机制的影响。对于复杂多部件自愈型系统，董等（Dong et al.）[15]将随机冲击根据其功能、属性或大小被分为几个不同的集合，其中每个部件都受到两个相互依赖的竞争失效过程。刘等（Liu et al.）[77]引入了愈合时间和愈合水平的概念来描述自愈过程。叶等（Ye et al.）[78]提出了一种结合 δ - 失效准则的广义动态模型用于分析自愈防护结构的可靠度。项等（Xiang et al.）[79]以电磁继电器为背景，考虑了可修复冲击，并提出了一种具有双侧失效阈值的冲击退化竞争失效模型。

由上述对具有特殊运行机制的系统可靠性文献分析可知，配有保护装置的不同运行机制下系统可靠性分析是亟须解决的科学问题，且由此可探究更加多样化的保护装置启动及保护机制。

第四节 维修策略的设计优化相关研究

在实际工程领域中，为了保障系统的平稳运行，需要进行大量的维修活动。常见的维修策略可以分为修正性维修[80]、预防性维修[81]、机会性维修[82]和视情维修[83]。修正性维修是指系统失效后进行的维修，学术界对修正性维修的研究已经取得了丰富的成果。例如，甘等（Gan et al.）[80]对易受退化和冲击影响的系统采取了修正性维修策略，并且基于工程实际考虑到不完美维修的情形。奥兹吉尔·乌努阿金等（Ozgur‐Unluakin et al.）[84]探讨了具有多个部件且仅可以部分观测到的系统修正性维修问题。此外，修正性维修策略常与其他维修策略相结合，以保证系统的可靠性。例如，周等（Zhou et al.）[85]针对并串联系统研究了有限维修能力时的预防性和修正性维修策略。恩哈塔等（Endharta et al.）[86]针对环形 n 中取 k(G)平衡系统采取了修正性和视情维修策略。

在进行维修活动时，备件库存是否充足是影响维修及时性的重要因素，且维修和备件库存策略的联合优化更有利于实现系统的安全运行及降低成本的要求。根据系统的组成结构，关于维修及备件库存联合策略的研究可以分为单部件系统及多部件系统两大类。就单部件系统而言，王等[87]在构建备件供应概率模型的基础上研究了设备更换和备件订购策略的联合优化问题。王等[88]基于订购—更换策略分析了单部件系统的最佳检查间隔、更换阈值和备件订购策略。受王等[88]的启发，赵等[89]将预防性维修和修正性维修相结合，研究了具有三阶段退化过程的单部件系统维修及备件库存策略联合优化模型。多部件系统在现代工业系统中更为普遍，针对多部件系统的维修及备件库存策略联合优化研究也受到学术界的广泛关注。对于具有修正性维修策略的联合优化模型，赵等[90]推导出贮备串联系统的最优冗余水平、维修人员分配及备件库存策略。王等[91]推导了考虑需求优先级的应急工程设备维修与备件库存联合最优策略。对于具有修正性和预防性维修策略的联合优化模型，帕纳吉奥蒂杜（Panagiotidou）[92]针对具有两种失效模式且由同质部件组成的系统进行检测和备件订购策略的联合优化。阮等（Nguyen et al.）[93]和张等（Zhang et al.）[94]分别采用结构重要性度量和寿命估计研究了维修和备件管理联合策略。有学者探索了考虑不完美维修情形的修正性及预防性维修和备件库存联合优化策略（Yan et al.）[95]。针对具有修正性维修和视情维修策略的联合优化模型，郑等（Zheng et al.）[96]创新性地提出具有两个供应商的备件订购和维修策略联合优化问题。王等[97]、奥尔德·凯泽（Olde Keizer et al.）[98]、王和朱（Wang & Zhu）[99]分别研究了两部件串联系统、具有多个非同质部件的系统和 n 中取 $k(F)$ 系统的维修和备件库存有策略的联合优化模型。

对于配有保护装置的系统而言，除了采取维修活动以提升系统可靠性外，保护装置的不同启动时机对于系统可靠性的影响也有所不同。然而，实施维修活动或保护装置的运行均会产生相应成本，因此探索最优的维修及保护装置的启动机制对于平衡系统运行总成本和系统可靠性至关重要。可见，对于不同类型的系统，除了维修与备件库存策略的联合优化外，维修及其他运行策略的联合优化也具有其研究价值。赵等[100]推导出了冲击环境下单部件系统的最优维修和负荷水平调整策略。王等[101]探讨了考虑不完美维修的多阶段平衡系统的预防性维修和部件再分配联合策略。王等[102]以最小化总成本为目标，研究了具有质量退化的串联系统的维修和生产控制策略联合优化问题。通过最小化长期平均成本率，田等（Tian et al.）[103]优化了具有两阶段退化过程的生产系统的维修阈值和批量策略。此外，甘等（Gan et al.）[104]研究了一种针对生产系统的具有控制限制的维修策略，涉及机器虚拟年龄、备件订购和不完美维修。

通过对系统维修相关研究的回顾与分析可知，配备保护装置的系统的维修及运行策略的联合优化具有极大的研究空间，且在具有理论创新的同时兼顾实践意义，可为工程管理者提供有效的决策依据。

系统可靠性分析方法相关研究及理论介绍

一、系统可靠性相关概念

由于军事技术设备趋于复杂化，可靠性于 20 世纪 40 年代逐渐得到重视。随着可靠性理论日趋完善，可靠性理论的应用已从军事领域扩展到国民经济的众多领域，如新能源、航空航天等。现在，可靠性理论已趋于成熟，以产品的寿命特征作为主要研究对象，涉及基础科学、技术科学和管理科学等研究领域[105]。国际标准化组织将可靠性定义为系统在给定的环境和运行条件下以及在给定的时间内完成规定功能的能力[106]。在评估系统的可靠性时，需要选用一系列能够反映系统可靠程度和性能的指标，通过定量的方式来刻画系统的可靠程度，如系统可靠度、可用度、平均寿命、失效率、首次故障时间分布、平均开工/停工时间等。本书中涉及的关键可靠性指标是系统可靠度，下面对其进行简要介绍。

可靠度指产品在规定的条件下、规定的时间内完成规定功能的概率[105]。用一个非负随机变量 X 表示系统的寿命，其相应的分布函数为：

$$F(t) = P\{X \leqslant t\}, \ t \geqslant 0 \qquad (2-1)$$

获得系统的寿命分布后，可以求得系统在 t 时刻之前不失效（即系统正常运行）的概率为：

$$R(t) = P\{X > t\} = 1 - F(t) = \bar{F}(t) \qquad (2-2)$$

$R(t)$ 即为该系统的可靠度函数或可靠度。

二、马尔可夫过程嵌入法

马尔可夫过程嵌入法通常用来描述系统的退化过程，并可以高效地获得一系列系统可靠性指标的解析表达式。例如，刘等[107]在评估多态系统的可靠性时，假设部件的退化服从马尔可夫过程。崔等[30]和王等[32]分别考虑完美和受限调节机制，应用马尔可夫过程嵌入法评估了具有 m 个区的 n 中取 k(F)平衡系统的可靠性。吴等[108]研究了平衡系统的任务终止策略，并采用马尔可夫过程嵌入法求解了任务成功概率和系统生存能力两项指标的解析表达式。赵等[109]提出了由多个负载子系统组成且配有保护装置的系统，并采用马尔可夫过程嵌入法推导各子系统可靠性指标的解析表达式。

运用马尔可夫过程嵌入法求解系统可靠性指标具有三个基本步骤。首先，构建随机点过程，用于刻画系统状态变化情况；其次，基于系统运行机制，列出系统各个状态之间的转移规则；最后，基于转移规则可以得到一步转移率矩阵，从而推导出系统可靠性相关概率指标的解析表达式。下面以一个 n 中取 k(F)系统为例，介绍马尔可夫过程嵌入法推导系统可靠性指标的具体过程。该系统由 n 个部件组成，每个部件的寿命均服从参数为 η 的指数分布。当系统中失效部件的数量达到 k 时，系统失效。

首先，构建随机点过程 $\{A(t), t \geq 0\}$. $A(t) = a$, a 被定义为系统中失效部件的个数，则系统的状态空间为 $\Omega_1 = \{0, 1, \cdots, k-1\} \cup \{F\}$，其中 F 表示失效态。

其次，列出系统各个状态之间的转移规则，如下所示。

（1）当 $0 \leqslant a < k-1$ 时，转移情形为 $a \to a+1$，相应的转移率为 $(n-a)\eta$；

（2）当 $a = k-1$ 时，转移情形为 $a \to F_s$，相应的转移率为 $(n-k+1)\eta$。

根据上述系统各个状态之间的转移规则，可以得出一步转移率矩阵 $\mathbf{Q}$，且 $\mathbf{Q}$ 可以进一步划分为四个部分，如式（2-3）所示。

$$\mathbf{Q} = \begin{bmatrix} \mathbf{Q}_{WW} & \mathbf{Q}_{WF} \\ \mathbf{Q}_{FW} & \mathbf{Q}_{FF} \end{bmatrix} = \begin{bmatrix} \mathbf{Q}_{WW} & \mathbf{Q}_{WF} \\ \mathbf{0} & \mathbf{0} \end{bmatrix} \qquad (2-3)$$

其中，

$$\mathbf{Q}_{WW} = \begin{array}{c} 0 \\ 1 \\ \vdots \\ k-1 \end{array} \begin{bmatrix} -n\eta & n\eta & 0 & \cdots & 0 \\ 0 & -(n-1)\eta & (n-1)\eta & \ddots & 0 \\ \vdots & \vdots & \ddots & \ddots & \vdots \\ 0 & 0 & 0 & \cdots & -(n-k+1)\eta \end{bmatrix}_{k \times k}$$

$$\mathbf{Q}_{WF} = \begin{matrix} 0 \\ 1 \\ \vdots \\ k-1 \end{matrix} \begin{bmatrix} 0 \\ 0 \\ \vdots \\ (n-k+1)\eta \end{bmatrix}$$

因此，系统可靠度可由 $R(t) = \boldsymbol{\alpha}\exp(\mathbf{Q}t)\boldsymbol{\beta}^T$ 求出，其中，$\boldsymbol{\alpha} = (1,0,\cdots,0)_{1\times(k+1)}$，$\boldsymbol{\beta} = (1,1,\cdots,1,0)_{1\times(k+1)}$。

三、有限马尔可夫链嵌入法

有限马尔可夫链嵌入法由 Fu[110] 首次提出，该方法在很多领域都具有广泛的应用，如获得等待时间的分布[111]、质量控制[112]、冲击模型[12]、系统可靠性评估[38,113] 等。在系统可靠性分析方面，吴等[114] 构建了考虑传输损耗的性能共享系统，该系统在冲击环境中运行并且包含需满足需求的多个部件，采用有限马尔可夫链嵌入法和 PH 分布获得各部件的性能指标。王等[23] 采用多步有限马尔可夫链嵌入法求解在多变冲击环境中运行的多部件系统的可靠性。王等[41] 构建了性能平衡系统，若系统中部件的位置和数量满足一定要求，则系统失效，并运用两步有限马尔可夫链嵌入法推导各部件以及该平衡系统可靠性指标的解析表达式。赵等[115] 采用有限马尔可夫链嵌入法分析了配有保护装置的二维表决系统的可靠性，并研究了保护装置触发失败的情形。

运用有限马尔可夫链嵌入法分析系统可靠性的基本步骤如下：首先根据系统的特征，构建马尔可夫链描述系统的状态变化情况；进而确定马尔可夫链不同状态之间的转移规则，得到一步转移概率矩阵；最后根据 Chapman - Kolmogorov 方程，推导出系统可靠性指标的解析表达式。下面以一个 n 中取 k(F) 系统为例介绍采取有限马尔可夫链嵌入法求解系统可靠性指标的具体流程。该系统由 n 个同质部件组成，每个部件有两种状态：工作状态与失效状态。当系统中失效部件数量达到 k 时，整个系统失效。假设在某一给定时刻下，系统中每个部件正常工作的概率为 p，则系统可靠度的推导步骤如下。

首先，构建马尔可夫链。定义随机变量 W_i 为整个系统前 i 个部件中失效部件的数量。构建与随机变量 W_i 相关的马尔可夫链 $\{X_i, i = 1, 2, \cdots, n\}$，则系统的状态空间为 $\Omega_2 = \{w, 0 \le w < k\} \cup \{L\}$，其中 L 表示吸收状态。

其次，明确系统各状态之间的转移规则。

（1）当 $0 \le w < k$ 时，$P\{X_i = w | X_{i-1} = w\} = p$；

（2）当 $0 \le w < k - 1$ 时，$P\{X_i = w + 1 | X_{i-1} = w\} = 1 - p$；

（3）当 $w = k - 1$ 时，$P\{X_i = L | X_{i-1} = w\} = 1 - p$；

（4）$P\{X_i = L | X_{i-1} = L\} = 1$；

（5）其他概率为 0。

基于系统各个状态之间的转移规则，可以得到一步转移概率矩阵 Φ，如式（2 - 4）所示。

$$
\Phi = \begin{array}{c} 0 \\ 1 \\ \vdots \\ k-2 \\ k-1 \\ L \end{array} \left[\begin{array}{cccccc} p & 1-p & 0 & 0 & \cdots & 0 \\ 0 & p & 1-p & \cdots & 0 & 0 \\ \vdots & \ddots & \ddots & \ddots & 0 & 0 \\ 0 & \cdots & 0 & p & 1-p & 0 \\ 0 & 0 & \cdots & 0 & p & 1-p \\ 0 & 0 & 0 & \cdots & 0 & 1 \end{array} \right]_{(k+1) \times (k+1)} \tag{2-4}
$$

最后，基于 Chapman - Kolmogorov 方程，可以推导在出该系统可靠度如式（2 - 5）所示。

$$
R = \pi \Phi^n \mathbf{e}^T \tag{2-5}
$$

其中，$\pi = (1, 0, \cdots, 0)_{1 \times (k+1)}$，$\mathbf{e} = (1, 1, \cdots, 1, 0)_{1 \times (k+1)}$。

四、马尔可夫决策过程

马尔可夫决策过程一般用于解决多阶段决策最优化问题，旨在每个决策点，根据系统状态做出相应决策，并选择某种准则（如期望收益最大化）优化决策序列，最终实现最优行动。例如，刘等[116]、成和赵（Cheng & Zhao）[117]应用马尔可夫决策过程分别建立了有限阶段和无限阶段下独立和相依的两部件系统的维修优化模型。布鲁克等（Broek et al.）[118]采用马尔可夫决策过程对双部件系统视情维修和生产率调整策略的联合优化问题进行建模。刘等[119]通过应用马尔可夫决策过程描述阶段性任务系统的预防性维修和任务终止决策问题。马尔可夫决策过程主要包括阶段、状态、可用行动集合、状态转移概率、决策收益和期望总收益六个部分，基于此建立马尔可夫决策过程的数学模型，各部分具体介绍如下。

（1）阶段 N：将问题划分为若干个相关阶段，每个阶段始末连接着两个决策时刻。基于阶段是否有限，所有的决策时刻集合被分为两种：有限阶段 N 的所有决策时刻集合为 $T = \{0,1,\cdots,N\}$；无限阶段的所有决策时刻集合为 $T = \{0,1,\cdots\}$。T 代表这些时刻构成非负直线上的点集。

（2）状态 S：表示每个决策点系统所处的自然状态或当下的客观条件。系统通常在某一个阶段可能处于多个不同的状态，即系统在决策时刻 t 所处的状态为 $i \in S_t$，那么所有可能的状态构成系统状态集合 $S = \{S_0, S_1, \cdots, S_N\}$。

（3）可用行动集合 $A(i)$：在状态 $i (i \in S)$ 下，决策者可以选择采取状态 i 的可用行动集合 $A(i)$ 中的任意行动。所有状态可选择的行动集合表示为 $A = \bigcup_{i \in S} A(i)$。在选择行动时，可以固定选择一个行动，也可以以概率 $p(a)$ 随机选择行动 $a (a \in A)$。

（4）状态转移概率 $p(i,j,a)$：表示系统在决策时刻处于 i 状态时，选择行动 $a (a \in A(i))$，则系统在下一决策时刻转移到 j 状态的概率满足：

$$\sum_{j \in S} p(i,j,a) = 1$$

此外，各状态之间的转移概率仅取决于当前系统所处的状态以及在此状态下决策者选择的行动。

（5）决策收益 $r_t(i,j,a)$：表示系统从状态 i 出发，决策者选择行动 a 后系统状态转至 j 的收益。因此，在决策时刻 t 采取行动 a 所带来的期望收益如式（2-6）所示。

$$r_t(i,a) = \sum_{j \in S} r_t(i,j,a) p(i,j,a), \ i \in S \qquad (2-6)$$

（6）期望总收益 V：即为各阶段的期望收益之和。

令 H_t 表示系统在决策时刻 t 的状态，f_t 表示在决策时刻 t 的决策函数，并且其不依赖于决策时刻 t 之前的系统历史状态和历史决策。$\pi =$ $(f_0, f_1, \cdots, f_{N-1})$ 表示决策函数序列，且全体策略组成的集合为策略空间，记为 $\prod$。令 $r_t = (H_t, f_t)$ 表示系统在决策时刻 t 处于状态 H_t 时，决策者按照 f_t 选择行动的收益，则系统在决策时刻 $t = 0$ 从初始状态 $i(i \in S)$ 出发，选用策略 π 后，N 个阶段的期望总收益如式（2 - 7）所示。

$$V_N(\pi, i) = \sum_{t=0}^{N-1} E_\pi [r_t(H_t, f_t) \mid H_0 = i] + E_\pi [r_N(H_N) \mid H_0 = i]$$

$$(2 - 7)$$

第六节　本章小结

　　本章梳理了国内外研究现状，并阐述了系统可靠性相关方法的基本理论。第一，分析了配有保护装置的系统可靠性相关研究进展；第二，从累积冲击、游程冲击、极限冲击和混合冲击模型四方面综述了冲击环境下系统可靠性的相关研究；第三，从具有平衡机制、负载分担机制和自愈机制三个角度出发，总结了具有特殊运行机制的系统可靠性相关研究；第四，梳理了维修及备件库存策略、维修及其他运行策略的联合优化相关研究，主要包括单部件和多部件系统两个方面；第五，介绍了系统可靠性的相关概念，梳理了马尔可夫过程嵌入法、有限马尔可夫链嵌入法和马尔可夫决策过程的已有研究现状，并给出基本的方法应用思路。

第三章

③ 配有保护装置的 n 中取 k(F) 系统可靠性建模与分析

第一节 引言

以配备冷却装置的柴油机为代表的工程系统，在其运行过程中，发动机内部不同部件之间的摩擦（如气缸套和轴承）是造成温度升高的主要原因，高温会对气缸造成损伤。为了将温度降低到可接受的水平，发动机配备了冷却系统作为保护装置。例如，许多柴油机都装有水箱和管道，冷水从水箱中沿着管道流出，吸收发动机产生的热量。然而，管道可能会遭受冲击而损坏，使冷却系统的冷却能力减弱，导致气缸之间的散热不均匀。因此，保护装置可以通过保护系统免受外部冲击来降低系统失效风险。

本章提出了在冲击环境下配有多状态保护装置的 n 中取 k(F) 系统，保护装置的启动取决于系统中失效部件的数量。此外，多状态保护装置的保护能力会随着设备状态的退化而减弱。保护装置在遭受一定次数的有效冲击后，以一定概率直接进入较低的状态；或者考虑到其抵御冲击的能力，可以以一定概率在当前状态下继续抵抗一些额外的有效冲击。应用有限马尔可夫链嵌入法和 PH 分布相结合的方法，对系统和保护装置的一系列概率指标进行了分析。最后，数值算例验证了所提模型的适用性。

第二节　模型描述

一、冲击环境下系统退化过程

考虑在冲击环境下运行的 n 中取 $k(F)$ 系统，该系统由 n 个部件组成，并配有一个多态保护装置。部件和保护装置在其运行过程中会随机受到外部冲击。考虑到部件和保护装置在组成结构与材料等方面的不同，冲击对保护装置和部件的影响机制是不同的。当失效部件数不少于 k 时，整个系统失效。定义 $X_i (i \geqslant 1)$ 为第 $(i-1)$ 次和第 i 次冲击到达的时间间隔，X_i 服从一个一般的连续 PH 分布，记作 $X_i \sim PH_c(\boldsymbol{\beta}, \mathbf{O})$。

每一次冲击到达都能造成系统中随机数量的部件失效。当一次冲击到达时，系统中每一个部件均可能以概率 p 失效，或者以概率 $1-p$ 正常工作。所以，每一次冲击到达导致的失效部件总数是取值在 0 和工作部件总数之间的任意整数。特别地，定义 $d_i (i \geqslant 1)$ 为第 i 次冲击导致的失效部件数，$N_i^f (i \geqslant 0, 0 \leqslant N_i^f \leqslant n)$ 为前 i 次冲击造成的失效部件总数，且 $0 \leqslant d_i \leqslant n - N_{i-1}^f$。

二、保护装置运行机制

该表决系统由一个多态保护装置保护，以抵御外部冲击造成的损害，降低系统失效风险。当失效部件数不少于 k 时，整个系统失效。因此，为了提高系统可靠性，延长系统寿命，需要在失效部件数达到系统失效阈值之前启动保护装置。当失效部件数达到 $k_1 (0 \leqslant k_1 < k)$ 时，保护装置被启动。在保护装置被启动后的运行过程中，保护装置遭受外部冲击的损害，定义 q_0 和 q_1 分别表示无效冲击和有效冲击到达的概率，且 $q_0 + q_1 = 1$。

定义保护装置的状态空间为 $\Omega_p = \{0, 1, \cdots, L\}$，其中 L 是完美工作状态，0 是失效态。在实际工程中，保护装置往往比系统中的部件对外部冲击有更强的抵御性，因此保护装置的退化过程假设如下。对于处于状态 $g(g = L, L-1, \cdots, 1)$ 的保护装置，当保护装置遭受的累积有效冲击数达到 h_g^c 时，有可能发生以下两种情况：（1）保护装置以概率 r_g^c 直接退化到 $g-1$ 状态。（2）保护装置以概率 $r_g^a = 1 - r_g^c$ 停留在状态 g 继续额外抵御一定数量的冲击。当额外抵御 h_g^a 次有效冲击后，保护装置退化到 $g-1$ 状态。考虑到保护装置在更差的工作状态下对冲击的抵御性更弱，对于保护装置处在任意状态 $L \geqslant l > g > 0$，有 $h_l^c > h_g^c$，$h_l^a \geqslant h_g^a$，$r_l^c < r_g^c$，$r_l^a > r_g^a$。

在保护装置的保护能力方面，考虑保护能力随着装置状态的退化而减弱。具体而言，当保护装置退化到较差的工作状态时，保护免受冲击影响的工作部件数量减少，没有保护的部件可能会在冲击到来时以概率 p 失效。需要注意的是，由于保护不完全，在保护装置运行过程中，系统可能会发生失效。此时保护装置立即停止工作，也看作保护装置失效。另外，处于较好工作状态的保护装置能够对系统提供较强的保护，有可能保护所有工作部件都免受外部冲击影响，此时系统不会发生故障。

令 z_g 表示保护装置在状态 g 下能够保护的最大部件数，且 $z_0 = 0$。当保护装置被启动后，假设装置在完美状态下工作时能够保护的部件数 $z_L \leqslant n - k_1$，z_g 的值会随着装置的退化而减小，因此对于任意 l，g 满足 $L \geqslant l > g \geqslant 0$，有 $n - k_1 \geqslant z_L > z_l > z_g \geqslant 0$，保护设备失效后系统不再受保护，随后的每次冲击都有可能以概率 p 导致系统中部件失效。

在系统运行过程中，工作部件的数量和保护装置的运行状态都是随机变量。在冲击环境下，保护装置的保护能力会随着保护装置的退化而变差。因此，保护装置在不同状态下所能保护的部件数量是不同的，从而产生了不同的情况。为方便起见，令 N^w 表示在一段时间内受到一定次数的冲击后，系统中工作部件的总数。有两种可能的情况：情形 a，如果 $z_g \geqslant N^w$，保护装置在状态 g 下可以保护所有的工作部件不受外界冲击，且该保护装置实际保护的部件数目正好等于工作部件数目；情形 b，如果 $z_g < N^w$，工作部件的数量超过保护装置在状态 g 下的最大保护容量，即保护装置不能保护所有工作部件，而仅能保护 z_g 个部件。在这种情况下，没有被保护的部件有可能在冲击时以概率 p 发生故障，进而导致系统失效。

例3.1　为了更好地理解所提出的模型，以一个配有多态保护装置的6中取4（F）系统为例来说明该系统和保护装置在冲击环境下的运行过程。当失效部件达到2个（$k_1 = 2$）时启动保护装置。保护装置的状态空间为 $\Omega_p = \{0,1,2,3,4\}$。保护装置各个状态下的最多保护的部件数和状态转移阈值如表3-1所示。

表3-1　保护装置各个状态下的最多保护的部件数和状态转移阈值

保护装置状态（g）	z_g	h_g^c	h_g^a
4	4	4	3
3	3	3	2
2	2	2	1
1	1	1	1

情况1. 保护装置启动前系统失效。考虑到系统中的部件对外部冲击的影响较为敏感脆弱，这种情况可能发生。但由于保护装置的存在，此情况发生概率极低。从图3-1中可以看出，第一次冲击导致只有1个部件失效，不满足保护装置启动阈值（2个失效部件）。然而，第二次冲击导致4个部件失效，系统立即失效，认为此时保护装置失效。

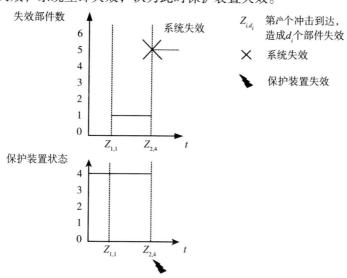

图3-1　保护装置前启动前系统失效的情形

情况 2. 保护装置被启动，在保护装置失效后整个系统才失效。如图 3-2 所示，当第二次冲击到达时，失效部件数量达到 2 个，满足保护装置的启动条件时，保护装置在完美工作状态（状态 4）下开始工作，此时 4 个工作部件都受到保护（$z_4 = 4$）。在 4 次有效冲击（在 $Z_{3,0}$，$Z_{5,0}$，$Z_{6,0}$，$Z_{7,0}$）后，保护装置以概率 r_4^c 直接从状态 4 转移到状态 3，此时保护装置最多只能保护 3 个部件。第 11 次冲击导致一个部件故障。当保护装置在状态 3 中累计遭受 3 次有效冲击（在 $Z_{8,0}$，$Z_{10,0}$，$Z_{11,1}$）时，它以一定概率 r_3^a 保持在状态 3，并额外抵抗 2 次有效冲击，然后最终退化到状态 2。该保护装置随着有效冲击的到达而继续退化，最终在 $Z_{19,0}$ 时失效。保护装置失效后，其余 3 个工作部件失去保护，遭受外部冲击。当第 20 次冲击到达时，2 个部件停止工作。此时失效部件总数大于 4 个，系统立即失效。

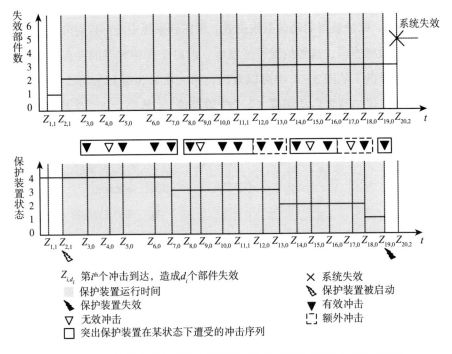

图 3-2　保护装置被启动且在保护装置失效后整个系统才失效的情形

情况 3. 保护装置被启动，但系统在保护装置运行过程中失效。当保护装置在较差的状态下工作时，一部分工作部件不受保护。保护装置在状态

3 下只能保护 3 个工作部件。如图 3 - 3 所示，在第 11 次冲击时，没有被保护的部件失效。当保护装置工作在状态 2 时，只有 2 个部件被保护，第 15 次冲击导致 1 个部件失效。此时失效部件数达到 4 个，系统停止工作。只要系统出现故障，保护装置也视为失效。

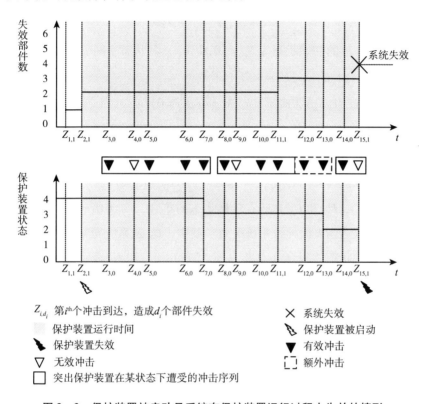

图 3 - 3　保护装置被启动且系统在保护装置运行过程中失效的情形

第三节　系统可靠性分析

一、马尔可夫链的构建

在包含 i 个冲击的冲击序列中，定义三个随机变量如下：N_i^f 表示系统中发生故障的部件的总数；M_i 表示保护装置的当前状态，特别地，$M_i = \Phi$

表示保护装置没有被启动；$K_{g,i}^t$ 表示保护装置所遭受的累积有效冲击次数，当保护装置发生状态转移时，$K_{g,i}^t$ 的取值返回 0，即重新计算该保护装置在较低工作状态下的累积有效冲击次数。基于上述随机变量，马尔可夫链建立如下：

$$Y_i = (N_i^f, M_i, K_{g,i}^t), i \geq 0$$

马尔可夫链的初始状态为 $Y_0 = (0, \Phi, 0)$，其状态空间表示如下：

$$\Omega = \{U_1\} \cup \{U_2\} \cup \{U_3\} \cup \{U_4\} \cup \{E_f\}$$

$$= \{(N^f, M, K_g^t), 0 \leq N^f < k_1, M = \Phi, K_g^t = 0\} \cup$$

$$\{(N^f, M, K_g^t), k_1 \leq N_i^f < k, 0 < M \leq L, g = M, 0 \leq K_g^t \leq h_g^c\} \cup$$

$$\{(N^f, M, K_g^t), k_1 \leq N^f < k, 0 < M \leq L, g = M, h_g^c < K_g^t < h_g^c + h_g^a\} \cup$$

$$\{(N^f, M, K_g^t), k_1 \leq N^f < k, g = M = 0, K_0^t = 0\} \cup \{E_f\}$$

其中，U_1、U_2、U_3 和 U_4 是所有转移状态的集合，E_f 为吸收态，代表系统中失效部件数达到 k 而导致系统失效。其中，U_1 是系统正常工作且保护装置未被启动的状态的集合（总共 k_1 个状态）；U_2 和 U_3 表示系统和保护装置均处于工作状态的状态集合，其中 U_2 包括保护装置所遭受的累积有效冲击数 K_g^t 不超过 h_g^c 的状态 [总共 $(k - k_1) \cdot \sum_{g=1}^{L} (h_g^c + 1)$ 个状态]，U_3 包括保护装置抵御额外有效冲击时的状态 [总共 $(k - k_1) \cdot \sum_{g=1}^{L} (h_g^a - 1)$ 个状态]；U_4 是保护装置失效后系统工作的状态的集合（总共 $k - k_1$ 个状态）。为方便后续推导计算，对于 $n - N^f - z_g \geq d_{i+1} \geq 0$，定义函数 $f(d_{i+1}, N^f, z_g) = C_{n-N^f-z_g}^{d_{i+1}} p^{d_{i+1}} (1-p)^{n-N^f-z_g-d_{i+1}}$。转移规则可以被总结分为三个阶段，如下所示。

阶段 I：当保护装置未被启动或处于启动点时的状态间的转移规则。 由于保护装置被启动，z_g 可视为等于 0，定义 $f_0(d_{i+1}, N^f) = f(d_{i+1}, N^f, 0) = C_{n-N^f}^{d_{i+1}} p^{d_{i+1}} (1-p)^{n-N^f-d_{i+1}}$。转移规则如下：

（1）对于 $0 \leq d_{i+1} < k_1 - N^f$，如果 $0 \leq N^f < k_1$，

则 $P\{Y_{i+1} = (N^f + d_{i+1}, \Phi, 0) | Y_i = (N^f, \Phi, 0)\} = f_0(d_{i+1}, N^f)$；

（2）对于 $k_1 - N^f \leq d_{i+1} < k - N^f$，如果 $0 \leq N^f < k_1$，

则 $P\{Y_{i+1}=(N^f+d_{i+1},L,0)\mid Y_i=(N^f,\Phi,0)\}=f_0(d_{i+1},N^f)$；

（3）对于 $k-N^f\leqslant d_{i+1}\leqslant n-N^f$，如果 $0\leqslant N^f<k_1$，

则 $P\{Y_{i+1}=E_f\mid Y_i=(N^f,\Phi,0)\}=f_0(d_{i+1},N^f)$。

阶段 Ⅱ：保护装置运行时状态间的转换规则。此时需要讨论变量 $n-z_g$，k_1 和 k（$n-z_g\geqslant n-z_L\geqslant k_1$ 对于 $g=0,1,\cdots,L$）之间的关系。15 个转移规则总结如下：a 类：转移规则（4）~规则（10）表示保护装置不能保护所有工作部件时的状态转移。其中，规则（4）~规则（7）表示保护装置遭受的累计有效冲击数 K_g^t 超过 h_g^c 之前的状态之间的转移，规则（8）~规则（10）描述保护装置抵御额外数量冲击的情形。b 类：转移规则（11）~规则（17）描述保护装置能够保护所有工作部件的情况，即 $k_1\leqslant n-z_g\leqslant k$。c 类：转换规则（18）描述系统由工作态到吸收态的转移，此时 $k\leqslant n-z_g\leqslant n$。

（4）对于 $0\leqslant d_{i+1}\leqslant\min\{n-N^f-z_g,k-N^f-1\}$，如果 $k_1\leqslant N^f<\min\{n-z_g,k\}$，$0<M\leqslant L$，$g=M$，$0\leqslant K_g^t<h_g^c-1$，

则 $P\{Y_{i+1}=(N^f+d_{i+1},M,K_g^t)\mid Y_i=(N^f,M,K_g^t)\}=q_0f(d_{i+1},N^f,z_g)$；

（5）对于 $0\leqslant d_{i+1}\leqslant\min\{n-N^f-z_g,k-N^f-1\}$，如果 $k_1\leqslant N^f<\min\{n-z_g,k\}$，$0<M\leqslant L$，$g=M$，$0\leqslant K_g^t<h_g^c-1$，

则 $P\{Y_{i+1}=(N^f+d_{i+1},M,K_g^t+1)\mid Y_i=(N_i^f,M,K_g^t)\}=q_1f(d_{i+1},N^f,z_g)$；

（6）对于 $0\leqslant d_{i+1}\leqslant\min\{n-N^f-z_g,k-N^f-1\}$，如果 $k_1\leqslant N^f<\min\{n-z_g,k\}$，$0<M\leqslant L$，$g=M$，$K_g^t=h_g^c-1$，

则 $P\{Y_{i+1}=(N^f+d_{i+1},M-1,0)\mid Y_i=(N^f,M,K_g^t)\}=q_1r_g^cf(d_{i+1},N^f,z_g)$；

（7）对于 $0\leqslant d_{i+1}\leqslant\min\{n-N^f-z_g,k-N^f-1\}$，如果 $k_1\leqslant N^f<\min\{n-z_g,k\}$，$0<M\leqslant L$，$g=M$，$K_g^t=h_g^c-1$，

则 $P\{Y_{i+1}=(N^f+d_{i+1},M,K_g^t+1)\mid Y_i=(N^f,M,K_g^t)\}=q_1\overline{r_g^a}f(d_{i+1},N^f,z_g)$；

（8）对于 $0\leqslant d_{i+1}\leqslant\min\{n-N^f-z_g,k-N^f-1\}$，如果 $k_1\leqslant N^f<\min\{n-z_g,k\}$，$0<M\leqslant L$，$g=M$，$h_g^c\leqslant K_g^t\leqslant h_g^c+h_g^a-1$，

则 $P\{Y_{i+1}=(N^f+d_{i+1},M,K_g^t)\mid Y_i=(N^f,M,K_g^t)\}=q_0f(d_{i+1},N^f,z_g)$；

（9）对于 $0\leqslant d_{i+1}\leqslant\min\{n-N^f-z_g,k-N^f\}$，如果 $k_1\leqslant N^f<\min\{n-z_g,$

$k\}$，$0 < M \leqslant L$，$g = M$，$h_g^c \leqslant K_g^t < h_g^c + h_g^a - 1$，

则 $P\{Y_{i+1} = (N^f + d_{i+1}, M, K_g^t + 1) \mid Y_i = (N^f, M, K_g^t)\} = q_1 f(d_{i+1}, N^f, z_g)$；

(10) 对于 $0 \leqslant d_{i+1} \leqslant \min\{n - N^f - z_g, k - N^f\}$，如果 $k_1 \leqslant N^f < \min\{n - z_g, k\}$，$0 < M \leqslant L$，$g = M$，$K_g^t = h_g^c + h_g^a - 1$，

则 $P\{Y_{i+1} = (N^f + d_{i+1}, M - 1, 0) \mid Y_i = (N^f, M, K_g^t)\} = q_1 f(d_{i+1}, N^f, z_g)$；

(11) 如果 $k_1 \leqslant n - z_g \leqslant N^f < k - 1$，$1 \leqslant M \leqslant L$，$g = M$，$0 \leqslant K_g^t < h_g^c - 1$，

则 $P\{Y_{i+1} = (N^f, M, K_g^t) \mid Y_i = (N^f, M, K_g^t)\} = q_0$；

(12) 如果 $k_1 \leqslant n - z_g \leqslant N^f < k - 1$，$1 \leqslant M \leqslant L$，$g = M$，$0 \leqslant K_g^t < h_g^c - 1$，

则 $P\{Y_{i+1} = (N^f, M, K_g^t + 1) \mid Y_i = (N^f, M, K_g^t)\} = q_1$；

(13) 如果 $k_1 \leqslant n - z_g \leqslant N^f < k - 1$，$1 \leqslant M \leqslant L$，$g = M$，$K_g^t = h_g^c - 1$，

则 $P\{Y_{i+1} = (N^f, M - 1, 0) \mid Y_i = (N^f, M, K_g^t)\} = q_1 r_g^c$；

(14) 如果 $k_1 \leqslant n - z_g \leqslant N^f < k - 1$，$1 \leqslant M \leqslant L$，$g = M$，$K_g^t = h_g^c - 1$，

则 $P\{Y_{i+1} = (N^f, M, K_g^t) \mid Y_i = (N^f, M, K_g^t)\} = q_1 r_g^a$；

(15) 如果 $k_1 \leqslant n - z_g \leqslant N^f < k - 1$，$1 \leqslant M \leqslant L$，$g = M$，$h_g^c \leqslant K_g^t \leqslant h_g^c + h_g^a - 1$，

则 $P\{Y_{i+1} = (N^f, M, K_g^t) \mid Y_i = (N^f, M, K_{g,i}^t)\} = q_0$；

(16) 如果 $k_1 \leqslant n - z_g \leqslant N^f < k - 1$，$1 \leqslant M \leqslant L$，$g = M$，$h_g^c \leqslant K_g^t \leqslant h_g^c + h_g^a - 1$，

则 $P\{Y_{i+1} = (N^f, M, K_g^t + 1) \mid Y_i = (N^f, M, K_g^t)\} = q_1$；

(17) 如果 $k_1 \leqslant n - z_g \leqslant N^f < k - 1$，$1 \leqslant M \leqslant L$，$g = M$，$K_g^t = h_g^c + h_g^a - 1$，

则 $P\{Y_{i+1} = (N^f, M - 1, 0) \mid Y_i = (N^f, M, K_g^t)\} = q_1$；

(18) 对于 $k - N^f \leqslant d_{i+1} \leqslant n - N^f - z_g$，如果 $1 \leqslant M \leqslant L$，$g = M$，$0 \leqslant K_g^t \leqslant h_g^c + h_g^a - 1$，

则 $P\{Y_{i+1} = E_f \mid Y_i = (N^f, M, K_g^t)\} = f(d_{i+1}, N^f, z_g)$。

阶段 III：保护装置失效后状态间的转移规则。

(19) 对于 $0 \leqslant d_{i+1} < k - N^f$，如果 $k_1 \leqslant N^f < k$，

则 $P\{Y_{i+1} = (N^f + d_{i+1}, 0, 0) \mid Y_i = (N^f, 0, 0)\} = f_0(d_{i+1}, N^f)$；

(20) 对于 $k - N^f \leqslant d_{i+1} < n - N^f$，如果 $k_1 \leqslant N^f < k$，

则 $P\{Y_{i+1} = E_f \mid Y_i = (N^f, 0, 0)\} = f_0(d_{i+1}, N^f)$。

根据所构建的马尔可夫链和转移规则，可以得到一步转移概率矩阵 $\mathbf{\Lambda}$。

令 H_1 表示马尔可夫链的过渡态总数，则 $H_1 = k + (k - k_1) \cdot \sum\limits_{g=1}^{L} (h_g^c + h_g^a)$，
Λ 矩阵可以分为以下四部分：

$$\Lambda = \begin{bmatrix} \mathbf{U}_{H_1 \times H_1} & \mathbf{W}_{H_1 \times 1} \\ \mathbf{0}_{1 \times H_1} & \mathbf{I}_{1 \times 1} \end{bmatrix}_{(H_1+1) \times (H_1+1)} \qquad (3-1)$$

其中，$\mathbf{U}_{H_1 \times H_1}$ 是与过渡态之间转移有关的一步转移概率矩阵，$\mathbf{W}_{H_1 \times 1}$ 由从过渡态到吸收态的转移概率组成，$\mathbf{0}_{1 \times H_1}$ 是表示吸状态到过渡态转移的零矩阵，$\mathbf{I}_{1 \times 1}$ 是单位矩阵。为了评估保护装置的性能，定义两个新的一步转移概率矩阵 $\mathbf{\Psi}_1$ 和 $\mathbf{\Psi}_2$。通过把 U_2，U_3，U_4 和 E_f 作为一种新的吸收态 F_1 得到 $\mathbf{\Psi}_1$，以计算保护装置启动前的等待时间。通过把 U_4 和 E_f 作为一种新的吸收态 F_2 得到 $\mathbf{\Psi}_2$，以求得保护装置的等待和运行时间。$\mathbf{\Psi}_1$ 和 $\mathbf{\Psi}_2$ 可以分别划分为：

$$\mathbf{\Psi}_1 = \begin{bmatrix} \mathbf{Q}_{1(H_2 \times H_2)} & \mathbf{V}_{1(H_2 \times 1)} \\ \mathbf{0}_{1 \times H_2} & \mathbf{I}_{1 \times 1} \end{bmatrix}_{(H_2+1) \times (H_2+1)} \qquad (3-2)$$

$$\mathbf{\Psi}_2 = \begin{bmatrix} \mathbf{Q}_{2(H_3 \times H_3)} & \mathbf{V}_{2(H_3 \times 1)} \\ \mathbf{0}_{1 \times H_3} & \mathbf{I}_{1 \times 1} \end{bmatrix}_{(H_3+1) \times (H_3+1)} \qquad (3-3)$$

其中，$H_2 = k_1$，$H_3 = k_1 + (k - k_1) \cdot \sum\limits_{g=1}^{L} (h_g^c + h_g^a)$。

例 3.2 考虑一个带有多态保护装置的 5 中取 3（F）系统。保护装置的状态空间为 $\Omega_p = \{0, 1, 2\}$，状态 2 和状态 0 分别表示完美状态和失效状态。当至少有 2 个部件失效时保护装置被启动。表 3-2 总结了保护装置在各个状态下的保护能力和状态转移阈值。

表 3-2　　　保护装置各个状态下的最多保护的部件数和状态转移阈值

保护装置状态（g）	z_g	h_g^c	h_g^a
2	3	3	2
1	2	2	1

马尔可夫链的 11 种过渡态如表 3 - 3 所示。状态空间可以表示如下，其中，s_i 表示马尔可夫链的第 i 个过渡态：

$$\Omega = \{U_1\} \cup \{U_2\} \cup \{U_3\} \cup \{U_4\} \cup \{E_f\}$$
$$= \{s_i, i = 1, 2\} \cup \{s_i, i = 3, 4, 5, 6, 8, 9, 10\}$$
$$\cup \{s_i, i = 7\} \cup \{s_i, i = 11\} \cup \{E_f\}$$

表 3 - 3   马尔可夫链状态含义

保护装置状态	马尔可夫链状态	含义
保护装置未被启动	$s_1 = (0, \Phi, 0)$	初始状态，5 个部件正常工作
	$s_2 = (1, \Phi, 0)$	1 个部件失效
保护装置被启动，处于工作状态 2，最多可以保护 3 个部件	$s_3 = (2, 2, 0)$	2 个部件失效
	$s_4 = (2, 2, 1)$	保护装置总共遭受 1 次有效冲击
	$s_5 = (2, 2, 2)$	保护装置总共遭受 2 次有效冲击。当下一次有效冲击到来时，保护装置可能会进入状态 1 或停留在状态 2 额外抵御有效冲击
	$s_6 = (2, 2, 3)$	保护装置总共遭受 3 次有效冲击。可以额外抵御 2 次有效冲击，随后转移到状态 1
	$s_7 = (2, 2, 4)$	保护装置总共遭受 4 次有效冲击。可以额外抵御 1 次有效冲击，随后转移到状态 1
保护装置被启动，处于工作状态 1，最多可以保护 2 个部件	$s_8 = (2, 1, 0)$	保护装置从状态 2 转移到状态 1
	$s_9 = (2, 1, 1)$	保护装置总共遭受 1 次有效冲击。当下一次有效冲击到来时，保护装置可能会失效或停留在状态 1 额外抵御有效冲击
	$s_{10} = (2, 1, 2)$	保护装置总共遭受 2 次有效冲击。可以额外抵御 1 次有效冲击，随后失效
保护装置失效	$s_{11} = (2, 0, 0)$	系统失去保护装置保护，遭受外部冲击

一步转移概率矩阵 $\mathbf{\Lambda}$ 如下所示：

$$\mathbf{\Lambda} = \begin{bmatrix} \mathbf{U}_{11 \times 11} & \mathbf{W}_{11 \times 1} \\ \mathbf{0}_{1 \times 11} & \mathbf{I}_{1 \times 1} \end{bmatrix}_{12 \times 12}$$

其中，

$$\mathbf{U}=\begin{bmatrix} f_0(0,0) & f_0(1,0) & f_0(2,0) & 0 & 0 & 0 & 0 & 0 & 0 & 0 & 0 \\ 0 & f_0(0,1) & f_0(1,1) & 0 & 0 & 0 & 0 & 0 & 0 & 0 & 0 \\ 0 & 0 & q_0 & q_1 & 0 & 0 & 0 & 0 & 0 & 0 & 0 \\ 0 & 0 & 0 & q_0 & q_1 & 0 & 0 & 0 & 0 & 0 & 0 \\ 0 & 0 & 0 & 0 & q_0 & q_1 r_2^a & 0 & q_1 r_2^c & 0 & 0 & 0 \\ 0 & 0 & 0 & 0 & 0 & q_0 & q_1 & 0 & 0 & 0 & 0 \\ 0 & 0 & 0 & 0 & 0 & 0 & q_0 & q_1 & 0 & 0 & 0 \\ 0 & 0 & 0 & 0 & 0 & 0 & 0 & (1-p)q_0 & (1-p)q_1 & 0 & 0 \\ 0 & 0 & 0 & 0 & 0 & 0 & 0 & 0 & (1-p)q_0 & (1-p)q_1 r_1^a & (1-p)q_1 r_1^c \\ 0 & 0 & 0 & 0 & 0 & 0 & 0 & 0 & 0 & (1-p)q_0 & (1-p)q_1 \\ 0 & 0 & 0 & 0 & 0 & 0 & 0 & 0 & 0 & 0 & f_0(0,2) \end{bmatrix},$$

$$\mathbf{W}^T=\begin{bmatrix} \sum_{j=3}^{5} f_0(j,0) & \sum_{j=2}^{4} f_0(j,1) & 0 & 0 & 0 & 0 & 0 & p & p & p & \sum_{j=1}^{3} f_0(j,2) \end{bmatrix}。$$

图 3-4 展示了马尔可夫链的状态转移：

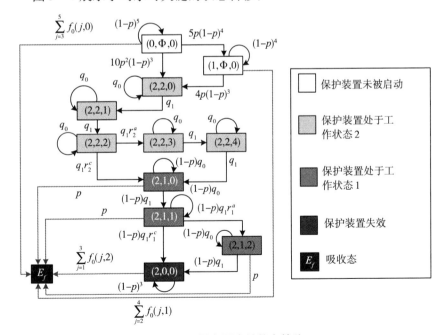

图 3-4　马尔可夫链状态转移

矩阵 $\mathbf{Q}_1$ 和 $\mathbf{Q}_2$ 如下所示：

$$\mathbf{Q}_1 = \begin{bmatrix} f_0(0,0) & f_0(1,0) \\ 0 & f_0(0,1) \end{bmatrix}$$

$$\mathbf{Q}_2 = \begin{bmatrix} f_0(0,0) & f_0(1,0) & f_0(2,0) & 0 & 0 & 0 & 0 & 0 & 0 & 0 \\ 0 & f_0(0,1) & f_0(1,1) & 0 & 0 & 0 & 0 & 0 & 0 & 0 \\ 0 & 0 & q_0 & q_1 & 0 & 0 & 0 & 0 & 0 & 0 \\ 0 & 0 & 0 & q_0 & q_1 & 0 & 0 & 0 & 0 & 0 \\ 0 & 0 & 0 & 0 & q_0 & q_1 r_2^a & 0 & q_1 r_2^c & 0 & 0 \\ 0 & 0 & 0 & 0 & 0 & q_0 & q_1 & 0 & 0 & 0 \\ 0 & 0 & 0 & 0 & 0 & 0 & q_0 & q_1 & 0 & 0 \\ 0 & 0 & 0 & 0 & 0 & 0 & 0 & (1-p)q_0 & (1-p)q_1 & 0 \\ 0 & 0 & 0 & 0 & 0 & 0 & 0 & 0 & (1-p)q_0 & (1-p)q_1 r_1^a \\ 0 & 0 & 0 & 0 & 0 & 0 & 0 & 0 & 0 & (1-p)q_0 \end{bmatrix}$$

二、保护装置性能评估

为了评估保护装置的可靠性，根据保护装置开始工作和失效的时间点来计算保护装置的工作时间。定义随机变量 N_a 为当保护装置被启动时整个系统遭受的冲击总数。定义随机变量 N_f 为当保护装置失效时整个系统遭受冲击的总数。N_a 和 N_f 服从离散型 PH 分布，分别记为 $N_a \sim PH_d(\boldsymbol{\omega}_a, \mathbf{Q}_1)$，$N_f \sim PH_d(\boldsymbol{\omega}_f, \mathbf{Q}_2)$。两个 N_a 和 N_f 的概率分布列和期望可以表示为：

$$P\{N_a = n\} = \boldsymbol{\omega}_a \mathbf{Q}_1^{n-1} \mathbf{V}_1, n = 1, 2, \cdots \tag{3-4}$$

$$P\{N_f = n\} = \boldsymbol{\omega}_f \mathbf{Q}_2^{n-1} \mathbf{V}_2, n = 1, 2, \cdots \tag{3-5}$$

$$E(N_a) = \boldsymbol{\omega}_a (\mathbf{I} - \mathbf{Q}_1)^{-1} \mathbf{e}_a^T \tag{3-6}$$

$$E(N_f) = \boldsymbol{\omega}_f (\mathbf{I} - \mathbf{Q}_2)^{-1} \mathbf{e}_f^T \tag{3-7}$$

其中，$\boldsymbol{\omega}_a = (1, 0, \cdots, 0)_{1 \times H_2}$，$\boldsymbol{\omega}_f = (1, 0, \cdots, 0)_{1 \times H_3}$，$\mathbf{e}_a = (1, 1, \cdots, 1)_{1 \times H_2}$，$\mathbf{e}_f = (1, 1, \cdots, 1)_{1 \times H_3}$，$\mathbf{I}$ 是单位矩阵。

定义 T_a 表示从系统开始运行到保护装置被启动时的等待时间。T_f 表示从系统开始运行到保护装置失效时的时间。T_a 和 T_f 表示如下：

$$T_a = \sum_{i=1}^{N_a} X_i \qquad (3-8)$$

$$T_f = \sum_{i=1}^{N_f} X_i \qquad (3-9)$$

由于连续两个冲击到达的时间差 X_i 服从连续型 PH 分布，记为 $X_i \sim PH_c(\boldsymbol{\beta}, \mathbf{O})$。根据 PH 分布理论，$T_a$ 和 T_f 分别遵循连续的 PH 分布[120]，其表示如下：

$$T_a \sim PH_c(\boldsymbol{\beta} \otimes \boldsymbol{\omega}_a, \mathbf{O} \otimes \mathbf{I} + (\mathbf{b}^0 \boldsymbol{\beta}) \otimes \mathbf{Q}_1) \qquad (3-10)$$

$$T_f \sim PH_c(\boldsymbol{\beta} \otimes \boldsymbol{\omega}_f, \mathbf{O} \otimes \mathbf{I} + (\mathbf{b}^0 \boldsymbol{\beta}) \otimes \mathbf{Q}_2) \qquad (3-11)$$

其中，$\mathbf{b}^0 = -\mathbf{O}\mathbf{e}^T$，$\mathbf{e}$ 是一个所有元素都为 1 的向量，$\otimes$ 表示克罗内克乘积，则 T_a 和 T_f 的可靠性函数和期望的计算如下：

$$P\{T_a > t\} = (\boldsymbol{\beta} \otimes \boldsymbol{\omega}_a) \exp((\mathbf{O} \otimes \mathbf{I} + (\mathbf{b}^0 \boldsymbol{\beta}) \otimes \mathbf{Q}_1)t)\mathbf{e}^T \qquad (3-12)$$

$$E(T_a) = -(\boldsymbol{\beta} \otimes \boldsymbol{\omega}_a)(\mathbf{O} \otimes \mathbf{I} + (\mathbf{b}^0 \boldsymbol{\beta}) \otimes \mathbf{Q}_1)^{-1}\mathbf{e}^T \qquad (3-13)$$

$$P\{T_f > t\} = (\boldsymbol{\beta} \otimes \boldsymbol{\omega}_f) \exp((\mathbf{O} \otimes \mathbf{I} + (\mathbf{b}^0 \boldsymbol{\beta}) \otimes \mathbf{Q}_2)t)\mathbf{e}^T \qquad (3-14)$$

$$E(T_f) = -(\boldsymbol{\beta} \otimes \boldsymbol{\omega}_f)(\mathbf{O} \otimes \mathbf{I} + (\mathbf{b}^0 \boldsymbol{\beta}) \otimes \mathbf{Q}_2)^{-1}\mathbf{e}^T \qquad (3-15)$$

定义 N_p 为保护装置工作过程中遭受冲击的总次数，T_p 表示保护装置的寿命。因此，N_p 和 T_p 的期望为：

$$E(N_p) = E(N_f - N_a) = E(N_f) - E(N_a) = \boldsymbol{\omega}_f(\mathbf{I} - \mathbf{Q}_2)^{-1}\mathbf{e}_f^T - \boldsymbol{\omega}_a(\mathbf{I} - \mathbf{Q}_1)^{-1}\mathbf{e}_a^T \qquad (3-16)$$

$$E(T_p) = E(T_f - T_a) = E(T_f) - E(T_a) = (\boldsymbol{\beta} \otimes \boldsymbol{\omega}_a)(\mathbf{O} \otimes \mathbf{I} + (\mathbf{b}^0 \boldsymbol{\beta}) \otimes \mathbf{Q}_1)^{-1}\mathbf{e}^T$$
$$- (\boldsymbol{\beta} \otimes \boldsymbol{\omega}_f)(\mathbf{O} \otimes \mathbf{I} + (\mathbf{b}^0 \boldsymbol{\beta}) \otimes \mathbf{Q}_2)^{-1}\mathbf{e}^T \qquad (3-17)$$

三、系统寿命评估

定义 N_p 为保护装置工作过程中遭受冲击的总次数，T_p 表示保护装置的寿命。因此，N_p 和 T_p 的期望可以依据如下过程计算：定义随机变量 N_s

表示系统失效时所遭受冲击的总数。同理，N_s 服从离散型 PH 分布，记为 $N_s \sim PH_d(\boldsymbol{\omega}_s, \mathbf{U})$。$N_s$ 的概率分布列和期望可以表示为：

$$P\{N_s = n\} = \boldsymbol{\omega}_s \mathbf{U}^{n-1} \mathbf{W}, n = 1, 2, \cdots \qquad (3-18)$$

$$E(N_s) = \boldsymbol{\omega}_s (\mathbf{I} - \mathbf{U})^{-1} \mathbf{e}_s^T \qquad (3-19)$$

其中，$\boldsymbol{\omega}_s = (1, 0, \cdots, 0)_{1 \times H_1}$，$\mathbf{e}_s = (1, 1, \cdots, 1)_{1 \times H_1}$，$\mathbf{I}$ 为单位矩阵。

用复合随机变量 T_s 表示系统的寿命。T_s 为 $X_i(i = 1, 2, \cdots, N_s)$ 相加的和，并服从连续型 PH 分布，即：

$$T_s = \sum_{i=1}^{N_s} X_i \sim PH_c(\boldsymbol{\beta} \otimes \boldsymbol{\omega}_s, \mathbf{O} \otimes \mathbf{I} + (\mathbf{b}^0 \boldsymbol{\beta}) \otimes \mathbf{U}) \qquad (3-20)$$

T_s 的可靠性函数和期望计算如下：

$$P\{T_s > t\} = (\boldsymbol{\beta} \otimes \boldsymbol{\omega}_s) \exp((\mathbf{O} \otimes \mathbf{I} + (\mathbf{b}^0 \boldsymbol{\beta}) \otimes \mathbf{U})t) \mathbf{e}^T \qquad (3-21)$$

$$E(T_s) = -(\boldsymbol{\beta} \otimes \boldsymbol{\omega}_s)(\mathbf{O} \otimes \mathbf{I} + (\mathbf{b}^0 \boldsymbol{\beta}) \otimes \mathbf{U})^{-1} \mathbf{e}^T \qquad (3-22)$$

除了系统寿命外，系统剩余寿命也是评估系统失效风险的一个重要指标。令 $T_0(t)$ 表示系统在某时刻 $t(t \geq 0)$ 的剩余寿命，则 $T_0(t) = (T_s - t | T_s > t)$。$T_0(t)$ 服从连续型 PH 值，表示如下：

$$T_0(t) \sim PH_c\left(\frac{\boldsymbol{\beta} \otimes \boldsymbol{\omega}_s \exp((\mathbf{O} \otimes \mathbf{I} + (\mathbf{b}^0 \boldsymbol{\beta}) \otimes \mathbf{U})t)}{\boldsymbol{\beta} \otimes \boldsymbol{\omega}_s \exp((\mathbf{O} \otimes \mathbf{I} + (\mathbf{b}^0 \boldsymbol{\beta}) \otimes \mathbf{U})t) \mathbf{e}^T}, \mathbf{O} \otimes \mathbf{I} + (\mathbf{b}^0 \boldsymbol{\beta}) \otimes \mathbf{U}\right)$$
$$(3-23)$$

平均剩余寿命 MRL 为：

$$E(T_0(t)) = -\frac{\boldsymbol{\beta} \otimes \boldsymbol{\omega}_s \exp((\mathbf{O} \otimes \mathbf{I} + (\mathbf{b}^0 \boldsymbol{\beta}) \otimes \mathbf{U})t)}{\boldsymbol{\beta} \otimes \boldsymbol{\omega}_s \exp((\mathbf{O} \otimes \mathbf{I} + (\mathbf{b}^0 \boldsymbol{\beta}) \otimes \mathbf{U})t) \mathbf{e}^T}(\mathbf{O} \otimes \mathbf{I} + (\mathbf{b}^0 \boldsymbol{\beta}) \otimes \mathbf{U})^{-1} \mathbf{e}^T$$
$$(3-24)$$

第四节 工程应用实例

本节以一台配备冷却系统的多缸柴油发动机为例，对所提出的模型进行了说明。多缸发动机是 n 中取 $k(\mathrm{F})$ 系统在实际工程中的典型应用之

—[121]。在柴油机运行过程中，发动机内部不同部件（如气缸套和轴承）之间的摩擦是造成温度升高的原因，高温会对气缸造成损伤，可以被视为冲击。为了将温度降低到可接受的水平，发动机配备了冷却系统作为保护装置。例如，许多柴油机都装有水箱和管道，冷水从水箱中沿着管道流出，吸收发动机产生的热量。然而，管道可能会遭受冲击而损坏，使冷却系统的冷却能力减弱，导致气缸之间的散热不均匀。在此基础上，可以将配备冷却系统的多缸发动机建模为配有多态保护装置的 n 中取 $k(F)$ 系统。

考虑一台由 6 个汽缸（$n=6$）和一个多态冷却系统组成的柴油发动机。当失效气缸总数达到 4 个（$k=4$）时，整个发动机系统失效。当冲击到达时，每个工作气缸都有可能以概率 $p=0.1$ 失效。当至少有 k_1 个气缸失效时，冷却系统被启动（$0 \leqslant k_1 < 4$）。此外 $k_1=4$ 的情况也被考虑，该情况意味着冷却系统没有机会被启动，此时整个配有保护装置的系统退化为无保护装置保护的系统。外部冲击可能是无效的冲击（概率为 q_0），不会对冷却系统造成损害。假设冷却系统有两个工作状态（$L=2$）和一个失效状态 0。表 3-4 列出了冷却系统在各个状态下的保护能力、状态转移阈值和对应的概率。假设连续两个冲击到达之间的时间间隔服从连续型 PH 分布，记为 $X_i \sim PH_c(\boldsymbol{\beta},\mathbf{O})$。特别地，当 $\boldsymbol{\beta}=1$ 且 $\mathbf{O}=\lambda$ 时，X_i 服从参数 $\lambda=2$ 的指数分布，记为 $X_i \sim \exp(\lambda)$，这是 X_i 服从连续型 PH 分布的一种特殊情况。

表 3-4　　　　冷却系统各个状态下的最多保护的部件数和状态转移阈值

冷却系统状态（g）	z_g	h_g^c	h_g^a	r_g^c	r_g^a
2	3	3	2	0.5	0.5
1	1	2	1	0.8	0.2

表 3-5 列出了 5 种不同的冷却系统启动阈值以及不同的参数组合 q_0 和 r_2^c 下，N_p、T_p、N_s 和 T_s 的期望值。特别地，$k_1=0$ 表示冷却系统从发动机运行开始即被启动的情况，$k_1=4$ 表示发动机在没有冷却系统的情况下工作。因此，当 $k_1=4$ 时，$E(N_p)$ 和 $E(T_p)$ 等于 0，q_0 和 r_2^c 的变化对 $E(N_p)$、$E(T_p)$、$E(N_s)$ 和 $E(T_s)$ 不造成影响。对于固定的参数组合 q_0 和

r_2^c，当 k_1 增大时，$E(N_p)$ 和 $E(T_p)$ 减少，但 $E(N_s)$ 和 $E(T_s)$ 的变化是不规律的，这表明较早地启动冷却系统并不总能保证发动机的寿命更长。这是由于如果在较为不严格的条件启动发动机冷却系统也可能造成冷却系统更早的失效，发动机会更早失去冷却系统的保护。因此，不同启动阈值下 $E(N_p)$、$E(T_p)$、$E(N_s)$ 和 $E(T_s)$ 的变化较难预测。当 k_1 从 4 减少到 3 时，$E(N_s)$ 和 $E(T_s)$ 显著增加，这表明安装并启动冷却系统来保护发动机可以很大程度上延长发动机的寿命。当 $k_1(k_1=0,1,2,3)$ 和 r_2^c 保持不变时，$E(N_p)$、$E(T_p)$、$E(N_s)$ 和 $E(T_s)$ 随着 q_0 的增加而上升，这是由于此时冷却系统受到有效冲击损害的概率更低，可以为发动机提供更高水平的保护，保护更多的部件不受冲击影响。在给定 $k_1(k_1=0,1,2,3)$ 和 q_0 的情况下，r_2^c 的增加会导致 $E(N_p)$、$E(T_p)$、$E(N_s)$ 和 $E(T_s)$ 的下降。r_2^c 的增大意味着当累积有效冲击数达到 h_2^c 时，冷却系统更有可能进入较差的工作状态或失效。由于冷却系统的保护能力减弱，因此发动机的期望寿命也会缩短。

表 3-5　　　不同启动阈值和参数组合 q_0 和 r_2^c 下可靠性概率指标

启动阈值	q_0	r_2^c	$E(N_p)$	$E(T_p)$	$E(N_s)$	$E(T_s)$
$k_1=0$	0.6	0.5	14.2879	7.1439	17.3211	8.6606
	0.6	0.7	13.3612	6.6806	16.5510	8.2755
	0.7	0.5	18.1459	9.0729	20.2862	10.1431
$k_1=1$	0.6	0.5	13.9227	6.9614	18.3918	9.1959
	0.6	0.7	12.9804	6.4902	17.5427	8.7714
	0.7	0.5	17.7125	8.8562	21.5300	10.7650
$k_1=2$	0.6	0.5	13.4153	6.7077	19.1995	9.5998
	0.6	0.7	12.4661	6.2331	18.2956	9.1478
	0.7	0.5	17.1156	8.5578	22.4350	11.2175
$k_1=3$	0.6	0.5	11.4265	5.7132	18.9434	9.4717
	0.6	0.7	10.5690	5.2845	18.0860	9.0430
	0.7	0.5	14.6485	7.3243	21.9103	10.9551
$k_1=4$	0.6	0.5	0.0000	0.0000	9.5167	4.7583
	0.6	0.7	0.0000	0.0000	9.5167	4.7583
	0.7	0.5	0.0000	0.0000	9.5167	4.7583

图 3 – 5 展示了在固定的参数组合 $q_0 = 0.6$ 和 $r_2^c = 0.5$ 下，5 个不同冷却系统启动阈值下发动机可靠性函数随时间的变化情况。由图可知，装备冷却系统可以降低发动机的失效风险。然而，更为宽松的冷却系统启动机制下的发动机失效风险不一定是更低的。在发动机运行过程的早期阶段，如果冷却系统更早启动，发动机工作的可能性更大。然而，随着时间推移，提前启动冷却系统的优势逐渐缩小，最终消失。短时间内，在同一时刻 t，$k_1 = 0$ 时发动机的失效风险比 $k_1 = 3$ 情况下的失效风险更低。然而，随着 t 变大，同一时刻 $k_1 = 3$ 情况下发动机的可靠性逐渐超过 $k_1 = 0$ 情况下的系统可靠性。当冷却系统的启动阈值较小时，冷却系统在发动机工作的初始阶段就被触发，从而可以更早地保护发动机免受冲击，提高发动机在冲击下工作的概率。但冷却系统的过早启动也意味着它可能会更快地发生故障，导致发动机更早地失去保护，所以当启动条件更为宽松时，长时间内发动机生存的概率更低。

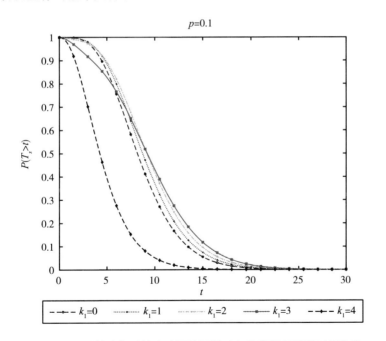

图 3 – 5　不同的冷却系统启动阈值下发动机可靠性函数随时间变化

图 3 – 6 是对图 3 – 5 的扩展，展示了 5 个不同冷却系统启动阈值下以

及不同的参数 p 取值下，发动机可靠性函数随时间的变化，其他参数与图 3-5 示例相同。在同一时刻 t 和所有启动阈值下，p 的增加均会导致发动机可靠性的降低。这是由于每个汽缸受到冲击后的失效风险更高，导致发动机可靠性降低。在图中所有的情况下，安装冷却系统都可以大大降低发动机的失效风险，但随着 p 的增加，配备冷却系统对发动机可靠性带来的提升效果逐渐减弱。当冲击到来时，如果每个气缸都以较大的概率 p 失效，那么提前启动冷却系统的优势则会更加明显。在本数值算例中，

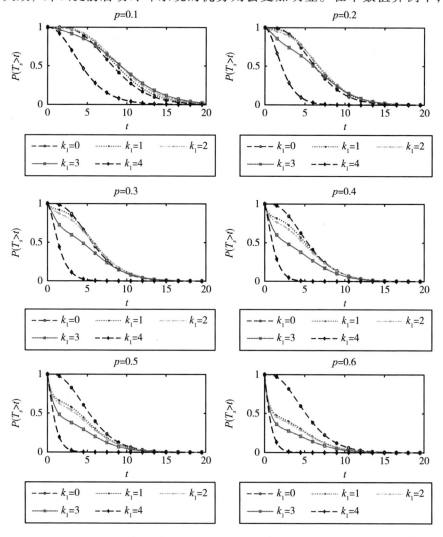

图 3-6　不同的冷却系统启动阈值以及不同参数 p 下发动机可靠性函数随时间变化情况

在 p 较大的情况下，如果从发动机运行开始就启动冷却系统，可以显著降低发动机的失效风险。这是由于冲击环境中每个汽缸失效概率较大的情况下，发动机在保护装置被启动前就失效的可能性更大了。如果冷却系统启动条件过于严格，则安装冷却系统就不能发挥保护发动机的实际作用。

图 3-7 展示了在 5 种不同的冷却系统启动阈值以及不同的参数组合 r_2^c 和 q_0 下，发动机的平均剩余寿命随时间的变化。在所有情况下，发动机的平均剩余寿命都会随着时间的推移逐渐下降，最后保持稳定。在发动机有冷却系统保护的情况下，在同一时刻 t，如果冷却系统的启动阈值较高，

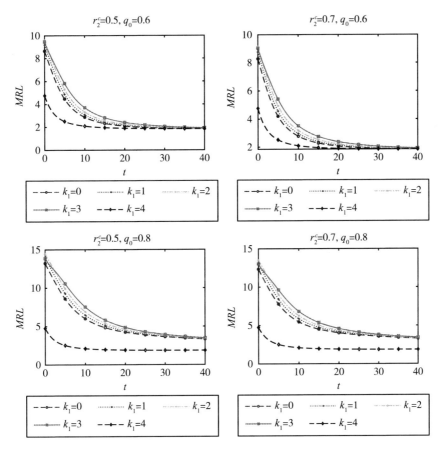

图 3-7　不同的冷却系统启动阈值以及不同的参数
组合 r_2^c 和 q_0 下 MRL 随时间变化情况

则发动机的平均剩余寿命相对更长。在一段时间后，当 $k_1 = 3$ 时，发动机的平均剩余寿命最大，其次是 $k_1 = 2$、$k_1 = 1$ 和 $k_1 = 0$ 的情况。由此可以发现，如果更早地启动冷却系统，在同一时刻 t 发动机的平均剩余寿命将会更低。这是由于过早启动冷却系统会使得冷却系统提前遭受外部冲击的损害，造成冷却系统的退化甚至提前失效。此外，随着 q_0 的增长，MRL 会增加，这是由于冷却系统被冲击损坏的概率更小，对发动机的保护可以持续更长的时间。

第五节 本章小结

本章构建了冲击环境下的配有多态保护装置的 n 中取 $k(\mathrm{F})$ 系统，其中保护装置的启动机制基于失效部件的数量。当保护装置未被启动或已经失效时，在系统运行过程中，每一次冲击的到来都会导致随机数量的部件故障。当保护装置启动后，受保护的工作部件可以免受冲击到达的损害。然而，保护装置的保护能力随着保护装置状态的退化而逐渐变弱。在遭受了一定数量的有效冲击后，保护装置有可能以一定概率退化到更低的状态；或者，保护装置以一定概率停留在当前状态，继续抵御一些额外的有效冲击。结合有限马尔可夫链嵌入法和 PH 分布对系统可靠性进行了评估，得到了系统和保护装置的可靠度函数、平均剩余寿命等可靠性指标。最后，以配有带冷却系统的多缸柴油发动机为例，对所提模型进行了验证。本章所构建的可靠性模型具有实用性，可以丰富保护装置研究的相关内容。

第四章

4 配有保护装置的二维表决系统可靠性建模与分析

现有的配备保护装置的系统可靠性研究大多聚焦于单部件系统,并且仅考虑内部退化或外部冲击对系统的影响。然而,在工程实际中,很多复杂的多部件系统也配备了保护装置以提升系统可靠性,且系统具有综合性的运行机制,如具有两种失效模式的配有冷却系统的航空发动机涡轮系统。涡轮系统在维持发动机高效运转以及飞机平稳运行方面发挥着不可或缺的作用。涡轮的核心组成包括由若干导叶组成的静子叶片、由许多相同的涡轮叶片组成的转子叶片以及包含多个榫眼的涡轮盘[122]。因此,静子叶片、转子叶片和涡轮盘可以被视为三个不同的子系统。各子系统中的部件在高温环境下运行不仅会发生内部退化,而且容易因不同程度的温度升高而逐渐断裂或变形直至完全失效。其中,不同程度的温度上升可以被视为不同的冲击类型。若各子系统中失效部件数量达到一定值,则该子系统可能会发生故障。根据不同的失效子系统的数量,涡轮系统具有多种状态。为了降低涡轮系统的故障风险,冷却系统可以看作是一种保护装置,通过释放不同量的冷却空气由冷却通道流经静子叶片、转子叶片和涡轮盘，以保持各子系统的工作温度在可接受的范围内[123,124]。因此，由于冷却空气的流动，部件的退化率和受到有害冲击的可能性将会降低。

为了填补配备保护装置的系统可靠性研究空白，以配备冷却系统的航空发动机涡轮系统为例，本章建立了一个由多个表决子系统组成的多态 n 中取 $k(\mathrm{F})$ 系统，其中每个子系统包含多个部件并配备了一个多态保护装置。提出了针对系统和保护装置的更通用的运行机制，即外部冲击和内部退化可以同时导致它们的状态退化。各子系统中保护装置的触发机制基于失效部件的临界数量。每个保护装置的保护作用包括降低部件的退化率以及有害冲击对其的影响。当每个子系统中失效部件数量超过临界值时，该子系统失效。根据失效子系统的数量，将整个系统划分为不同的状态。本章采用马尔可夫过程嵌入法、有限马尔可夫链嵌入法和蒙特卡洛仿真获得各子系统及整个系统的可靠性指标的解析表达式。最后，基于配备冷却系统的航空发动机涡轮系统的工程实例进行大量的灵敏度分析，以验证所构建模型以及所应用方法的有效性。

第二节 模型假设和描述

一、系统退化描述

本章构建的二维表决系统为包含 m 个子系统的多态 n 中取 $k(\mathrm{F})$ 系统。系统运行在冲击环境中，容易同时受到外部冲击和内部退化的影响。第 j 个子系统由第 j 类部件组成，并且第 j 个子系统中的部件总数为 n_j，满足 $\sum_{j=1}^{m} n_j = n$。此外，每个子系统都配备了保护装置，以降低失效风险并延长系统的寿命。以 $m=4$、$n=11$、$n_1=4$、$n_2=2$、$n_3=3$ 和 $n_4=2$ 为例的系统结构如图 4 - 1 所示。

第 $j(j=1,2,\cdots,m)$ 类部件的状态空间形成一个集合 $E=\{S_j,S_j-1,\cdots,0\}$，其中 S_j 表示完美运行状态、0 表示完全失效状态。不同子系统中部件的寿命服从参数不同的指数分布。$\lambda_{j,ba}^c(0 \leqslant a < b \leqslant S_j)$ 表示第 j 类部件从状

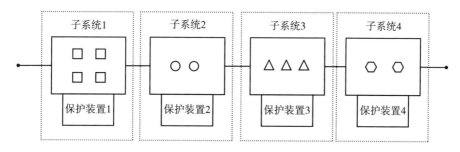

图 4 - 1　$m = 4$，$n = 11$，$n_1 = 4$，$n_2 = 2$，$n_3 = 3$，$n_4 = 2$ 时的系统组成结构

态 b 到状态 a 的退化率。冲击的到达服从参数为 λ_s 的泊松过程。第 j 个子系统可能遭受三种类型的冲击，其中 Ⅰ 型冲击对其不产生影响；Ⅱ 型冲击会导致第 j 类部件的状态下降，并且 Ⅱ 型冲击引起的部件状态下降值为 $\Delta_{j,2}$；Ⅲ 型冲击对第 j 个子系统中部件的状态退化有相对较大的影响，其引起的第 j 类部件状态下降量为 $\Delta_{j,3}$。发生三种类型冲击的概率分别为 $p_{j,1}$、$p_{j,2}$、$p_{j,3}$，并且满足 $p_{j,1} + p_{j,2} + p_{j,3} = 1$。如果第 j 类失效部件的数量达到 k_j，则第 j 个子系统失效。

二、保护装置描述

第 j 个保护装置的状态空间为 $\{H_j, H_j - 1, \cdots, 0\}$，其中 H_j 表示完美工作状态、状态 0 表示失效状态。保护装置在运行过程中同时遭受外部冲击和内部退化。$\lambda_{j,xy}^d (0 \leqslant y < x \leqslant H_j)$ 表示第 j 个保护装置从状态 x 退化到状态 y 的退化率。当退化率满足条件 $\sum_{y=0}^{x-2} \lambda_{j,xy}^d = 0 (0 \leqslant y < x \leqslant H_j)$ 时，则表示保护装置的退化过程是逐级下降的。

对于保护装置来说，外部冲击可以分为有效冲击和无效冲击。无效冲击对保护装置不产生影响，而有效冲击会对保护装置造成一定程度的损坏。第 j 个保护装置遭受有效冲击和无效冲击的概率分别为 $q_{j,1}$ 和 $q_{j,0}$，且 $q_{j,1} + q_{j,0} = 1$。若第 j 个保护装置受到 $d_{j,i}^t$ 个累积有效冲击或 $d_{j,i}^c$ 个连续有效冲击，则其从状态 i 降级到状态 $i-1$，且 $d_{j,i}^c \leqslant d_{j,i}^t$。

当第 j 个子系统中的失效部件数量达到阈值 $l_j (l_j < k_j)$ 时，第 j 个保护

装置被触发启动来保护第 j 个子系统。当第 j 个保护装置在运行时，会产生以下三种情况：（1）第 j 个子系统中部件的退化率降低至 $\lambda_{j,ba}^{c*}$；（2）第 j 个子系统中的部件遭受Ⅱ型和Ⅲ型冲击的概率分别下降至 $p_{j,2}^{*}$ 和 $p_{j,3}^{*}$，而遭受Ⅰ型冲击的概率增加至 $p_{j,1}^{*}$（$p_{j,1}^{*}+p_{j,2}^{*}+p_{j,3}^{*}=1$）；（3）第 j 个子系统中的部件因Ⅱ型和Ⅲ型冲击而导致的状态下降量分别降至 $\Delta_{j,2}^{*}$ 和 $\Delta_{j,3}^{*}$。当第 j 个保护装置失效后，第 j 类部件的退化率、遭受三种类型冲击的概率以及由Ⅱ型和Ⅲ型冲击引起的状态下降值分别恢复到 $\lambda_{j,ba}^{c}$、$p_{j,1}$、$p_{j,2}$、$p_{j,3}$、$\Delta_{j,2}$ 和 $\Delta_{j,3}$。

例 4.1 为了便于理解所提出的模型，以 $n_j=6$、$l_j=3$ 和 $k_j=4$ 为例，第 j 个子系统可能的运行过程如图 4-2 所示。第 j 个子系统中的部件共有 4 个状态，第 j 个保护装置共有 3 个状态。其他的参数设置为 $\Delta_{j,2}=2$、$\Delta_{j,3}=3$、$\Delta_{j,2}^{*}=1$、$\Delta_{j,3}^{*}=2$、$d_{j,2}^{t}=4$、$d_{j,2}^{c}=3$、$d_{j,1}^{t}=3$ 和 $d_{j,1}^{c}=2$。在 t_0 时刻，保护装置尚未触发，第 3 个部件受到Ⅱ型冲击。因此，在 t_1 时刻第 3 个部件从状态 2 退化至失效（$\Delta_{j,2}=2$），并且由于子系统中失效部件数量达到 3 个（$l_j=3$），因此保护装置被触发。当保护装置连续受到 3 次有效冲击且第 5 个部件受到Ⅱ型冲击后，在 t_n 时刻，保护装置退化至 1 态（$d_{j,2}^{c}=3$）且第 5 个部件处于 2 态（$\Delta_{j,2}^{*}=1$）。随后，在 t_{n+1} 时刻，保护装置以退化率 $\lambda_{j,10}^{d}$

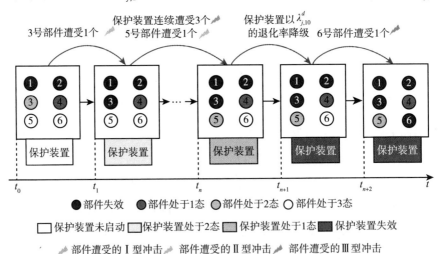

图 4-2 第 j 个子系统可能的运行过程

失效，且第 6 个部件受到Ⅲ型冲击。因此，在 t_{n+2} 时刻，第 6 个部件失效（$\Delta_{j,3}=3$），同时由于子系统中失效部件数量达到阈值 $k_j=4$，子系统失效。

三、系 统 状 态 描 述

根据不同的失效子系统数量，整个系统具有多种状态。系统的状态空间可以表示为 $\{u,u-1,\cdots,0\}$，其中状态 u 代表完美运行状态、状态 0 代表系统完全失效。定义随机变量 D^f 表示失效子系统的总数，则根据式（4-1），可得出系统状态 E^s：

$$E^s=\begin{cases}u,0\leq D^f<D_u\\v,D_{v+1}\leq D^f<D_v,v=u-1,u-2,\cdots,1\\0,D_1\leq D^f\leq m\end{cases}\qquad(4-1)$$

其中，$D_u,D_{u-1},\cdots,D_1$ 均为预设值，并且 $0<D_u<D_{u-1}<\cdots<D_1\leq m$。特别地，当 $D_1=m$ 时，系统为并联结构；当 $D_1=1$ 时，系统为只有两种状态的串联系统。

例 4.2　为了更清楚地说明整个系统的状态划分，图 4-3 提供了系统状态的一些可能情况。该系统由 6 个子系统（$m=6$）组成，共有 4 种状态（$u=3$），且 $D_3=2$、$D_2=4$、$D_1=5$。情形 A-D 分别描述了当失效子系统总数满足 $0\leq D^f<D_3$、$D_3\leq D^f<D_2$、$D_2\leq D^f<D_1$ 和 $D_1\leq D^f\leq 6$ 时，整个系统分别处于状态 3、2、1 和 0。

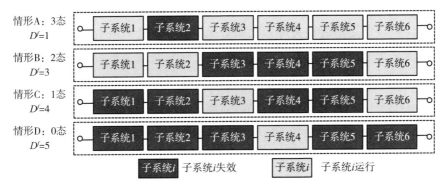

图 4-3　系统状态的可能情况

在本节中，通过采用两阶段方法来推导所提出模型的可靠性，其中第一阶段采用马尔可夫过程嵌入法分析各个子系统的运行过程，第二阶段采用有限马尔可夫链嵌入法推导整个系统的可靠性指标。

一、子系统可靠度分析

在本章构建的系统中，部件在每个状态下的状态停留时间服从指数分布，并且采用马尔可夫过程嵌入法来描述各个子系统的运行过程。第 j 个子系统的随机点过程 $\{G_j(t), t \geq 0\}$ 建立为：

$$G_j(t) = \mathbf{h}_{r_j}^j, r_j = 1, 2, \cdots, N_j$$

其中，$\mathbf{h}_{r_j}^j$ 表示第 j 个子系统在状态空间 Ω_j 中的一个状态，并且 $|\Omega_j| = N_j$。

向量 $\mathbf{h}_{r_j}^j$ 共包含 $S_j + 4$ 个随机变量，定义为 $\mathbf{h}_{r_j}^j = (g_0^j, g_1^j, \cdots, g_{S_j}^j, o^j, w^j, z^j)$。其中，$g_0^j$，$g_1^j$，$\cdots$，$g_{S_j}^j$ 分别表示第 j 个子系统中处于状态 0，1，$\cdots$，S_j 的部件数量，且 $\sum_{i=0}^{S_j} g_i^j = n_j$；$o^j$ 表示第 j 个子系统中保护装置的状态，令 $o^j = \phi$ 表示保护装置未触发；w^j 和 z^j 分别用于记录第 j 个保护装置处于状态 o^j 时所受到的累计有效冲击次数和连续有效冲击次数。当保护装置发生状态转换（$o^j \to o^j - 1$）时，w^j 和 z^j 的值重置为零并开始记录在 $o^j - 1$ 状态下保护装置受到的相关冲击次数。第 j 个子系统的所有状态之间的转移规则分为 3 种情况：第 j 个保护装置未触发及从未触发转移至刚好触发、第 j 个保护装置在运行及从运行转移至刚好失效、第 j 个保护装置失效，其中 $I(x)$ 被定义为指示函数，如式（4-2）所示：

$$I(x) = \begin{cases} 1, & \text{如果 } x \text{ 正确} \\ 0, & \text{如果 } x \text{ 错误} \end{cases} \tag{4-2}$$

情况一：第 j 个保护装置未触发及从未触发转移至刚好触发

（1）转移条件：$0 \leqslant g_0^j < l_j$，$0 < a < b \leqslant S_j$；

转移情形：$(g_0^j, \cdots, g_a^j, g_b^j, \cdots, g_{S_j}^j, \phi, 0, 0) \to (g_0^j, \cdots, g_a^j + 1, g_b^j - 1, \cdots, g_{S_j}^j, \phi, 0, 0)$；

转移率：$g_b^j \{ \lambda_{j,ba}^c + \lambda_s [I(\Delta_{j,2} = b - a) p_{j,2} + I(\Delta_{j,3} = b - a) p_{j,3}] \}$。

（2）转移条件：$0 \leqslant g_0^j < l_j - 1$，$0 = a < b \leqslant S_j$；

转移情形：$(g_0^j, \cdots, g_b^j, \cdots, g_{S_j}^j, \phi, 0, 0) \to (g_0^j + 1, \cdots, g_b^j - 1, \cdots, g_{S_j}^j, \phi, 0, 0)$；

转移率：$g_b^j \{ \lambda_{j,b0}^c + \lambda_s [I(b \leqslant \Delta_{j,2}) p_{j,2} + I(b \leqslant \Delta_{j,3}) p_{j,3}] \}$。

（3）转移条件：$g_0^j = l_j - 1$，$0 = a < b \leqslant S_j$；

转移情形：$(g_0^j, \cdots, g_b^j, \cdots, g_{S_j}^j, \phi, 0, 0) \to (l_j, \cdots, g_b^j - 1, \cdots, g_{S_j}^j, H_j, 0, 0)$；

转移率：$g_b^j \{ \lambda_{j,b0}^c + \lambda_s [I(b \leqslant \Delta_{j,2}) p_{j,2} + I(b \leqslant \Delta_{j,3}) p_{j,3}] \}$。

情况二：第 j 个保护装置在运行及从运行转移至刚好失效

（4）转移条件：$l_j \leqslant g_0^j < k_j$，$0 < o^j \leqslant H_j$，$z^j \leqslant w^j < d_{j,o^j}^t - 1$，$0 \leqslant z^j < d_{j,o^j}^c - 1$；

转移情形：$(g_0^j, g_1^j, \cdots, g_{S_j}^j, o^j, w^j, z^j) \to (g_0^j, g_1^j, \cdots, g_{S_j}^j, o^j, w^j + 1, z^j + 1)$；

转移率：$\lambda_s q_{j,1}$。

（5）转移条件：$l_j \leqslant g_0^j < k_j$，$0 < o^j \leqslant H_j$，$z^j \leqslant w^j < d_{j,o^j}^t$，$z^j = d_{j,o^j}^c - 1$；

转移情形：$(g_0^j, g_1^j, \cdots, g_{S_j}^j, o^j, w^j, z^j) \to (g_0^j, g_1^j, \cdots, g_{S_j}^j, o^j - 1, 0, 0)$；

转移率：$\lambda_s q_{j,1} + \lambda_{j,o^j(o^j - 1)}^d$。

（6）转移条件：$l_j \leqslant g_0^j < k_j$，$0 < o^j \leqslant H_j$，$w^j = d_{j,o^j}^t - 1$，$0 \leqslant z^j < d_{j,o^j}^c$；

转移情形：$(g_0^j, g_1^j, \cdots, g_{S_j}^j, o^j, w^j, z^j) \to (g_0^j, g_1^j, \cdots, g_{S_j}^j, o^j - 1, 0, 0)$；

转移率：$\lambda_s q_{j,1} + \lambda_{j,o^j(o^j - 1)}^d$。

（7）转移条件：$l_j \leqslant g_0^j < k_j$，$0 < o^j \leqslant H_j$，$z^j \leqslant w^j < d_{j,o^j}^t$，$0 \leqslant z^j < d_{j,o^j}^c$；

转移情形：$(g_0^j, g_1^j, \cdots, g_{S_j}^j, o^j, w^j, z^j) \to (g_0^j, g_1^j, \cdots, g_{S_j}^j, o^j, w^j, 0)$；

转移率：$\lambda_s q_{j,0}$。

（8）转移条件：$l_j \leqslant g_0^j < k_j$，$0 < o^j \leqslant H_j$，$z^j \leqslant w^j < d_{j,o^j}^t - 1$，$0 \leqslant z^j < d_{j,o^j}^c - 1$；

转移情形：$(g_0^j, g_1^j, \cdots, g_{S_j}^j, o^j, w^j, z^j) \to (g_0^j, g_1^j, \cdots, g_{S_j}^j, o^j - 1, 0, 0)$；

转移率：$\lambda_{j,o^j(o^j - 1)}^d$。

（9）转移条件：$l_j \leqslant g_0^j < k_j$，$1 < c \leqslant o^j$，$z^j \leqslant w^j < d_{j,o^j}^t$，$0 \leqslant z^j < d_{j,o^j}^c$；

转移情形：$(g_0^j, g_1^j, \cdots, g_{S_j}^j, o^j, w^j, z^j) \rightarrow (g_0^j, g_1^j, \cdots, g_{S_j}^j, o^j - c, 0, 0)$；

转移率：$\lambda_{j,o^j(o^j-c)}^d$。

（10）转移条件：$l_j \leqslant g_0^j < k_j$，$0 < o^j \leqslant H_j$，$z^j \leqslant w^j < d_{j,o^j}^t$，$0 \leqslant z^j < d_{j,o^j}^c$，$0 < a < b \leqslant S_j$；

转移情形：$(g_0^j, \cdots, g_a^j, g_b^j, \cdots, g_{S_j}^j, o^j, w^j, z^j) \rightarrow (g_0^j, \cdots, g_a^j + 1, g_b^j - 1, \cdots,$ $g_{S_j}^j, o^j, w^j, z^j)$；

转移率：$g_b^j \{ \lambda_{j,ba}^{c*} + \lambda_s [I (\Delta_{j,2}^* = b - a) \ p_{j,2}^* + I (\Delta_{j,3}^* = b - a) \ p_{j,3}^*] \}$。

（11）转移条件：$l_j \leqslant g_0^j < k_j - 1$，$0 < o^j \leqslant H_j$，$z^j \leqslant w^j < d_{j,o^j}^t$，$0 \leqslant z^j < d_{j,o^j}^c$，$0 = a < b \leqslant S_j$；

转移情形：$(g_0^j, \cdots, g_b^j, \cdots, g_{S_j}^j, o^j, w^j, z^j) \rightarrow (g_0^j + 1, \cdots, g_b^j - 1, \cdots, g_{S_j}^j, o^j,$ $w^j, z^j)$；

转移率：$g_b^j \{ \lambda_{j,b0}^{c*} + \lambda_s [I(b \leqslant \Delta_{j,2}^*) p_{j,2}^* + I(b \leqslant \Delta_{j,3}^*) p_{j,3}^*] \}$。

（12）转移条件：$g_0^j = k_j - 1$，$0 < o^j \leqslant H_j$，$z^j \leqslant w^j < d_{j,o^j}^t$，$0 \leqslant z^j < d_{j,o^j}^c$，$0 = a < b \leqslant S_j$；

转移情形：$(g_0^j, \cdots, g_b^j, \cdots, g_{S_j}^j, o^j, w^j, z^j) \rightarrow F_j$；

转移率：$g_b^j \{ \lambda_{j,b0}^{c*} + \lambda_s [I(b \leqslant \Delta_{j,2}^*) p_{j,2}^* + I(b \leqslant \Delta_{j,3}^*) p_{j,3}^*] \}$。

情况三：第 j 个保护装置失效

（13）转移条件：$l_j \leqslant g_0^j < k_j$，$o^j = 0$，$0 < a < b \leqslant S_j$；

转移情形：$(g_0^j, \cdots, g_a^j, \cdots, g_b^j, \cdots, g_{S_j}^j, 0, 0, 0) \rightarrow (g_0^j, \cdots, g_a^j + 1, \cdots, g_b^j -$ $1, \cdots, g_{S_j}^j, 0, 0, 0)$；

转移率：$g_b^j \{ \lambda_{j,ba}^c + \lambda_s [I(\Delta_{j,2} = b - a) p_{j,2} + I(\Delta_{j,3} = b - a) p_{j,3}] \}$。

（14）转移条件：$l_j \leqslant g_0^j < k_j - 1$，$o^j = 0$，$0 = a < b \leqslant S_j$；

转移情形：$(g_0^j, \cdots, g_b^j, \cdots, g_{S_j}^j, 0, 0, 0) \rightarrow (g_0^j + 1, \cdots, g_b^j - 1, \cdots, g_{S_j}^j, 0, 0, 0)$；

转移率：$g_b^j \{ \lambda_{j,b0}^c + \lambda_s [I(b \leqslant \Delta_{j,2}) p_{j,2} + I(b \leqslant \Delta_{j,3}) p_{j,3}] \}$。

（15）转移条件：$g_0^j = k_j - 1$，$o^j = 0$，$0 = a < b \leqslant S_j$；

转移情形：$(g_0^j, \cdots, g_b^j, \cdots, g_{S_j}^j, 0, 0, 0) \rightarrow F_j$；

转移率：$g_b^j \{ \lambda_{j,b0}^c + \lambda_s [I(b \leqslant \Delta_{j,2}) p_{j,2} + I(b \leqslant \Delta_{j,3}) p_{j,3}] \}$。

建立马尔可夫过程 $\{G_j(t), t \geqslant 0\}$ 后，可以获得第 j 个子系统的状态空间 $\Omega_j = W_j \cup F_j$，其中 W_j 和 F_j 分别表示工作状态空间和失效状态空间。第 j 个子系统的转移率矩阵 $\boldsymbol{\Phi}_j$ 可以划分为：

$$\boldsymbol{\Phi}_j = \begin{bmatrix} \boldsymbol{\Phi}_{W_j W_j} & \boldsymbol{\Phi}_{W_j F_j} \\ \boldsymbol{\Phi}_{F_j W_j} & \boldsymbol{\Phi}_{F_j F_j} \end{bmatrix} = \begin{bmatrix} \boldsymbol{\Phi}_{W_j W_j} & \boldsymbol{\Phi}_{W_j F_j} \\ \mathbf{0} & \mathbf{0} \end{bmatrix}$$

第 j 个子系统的可靠性以及寿命的 s 阶矩可以分别通过式（4-3）和式（4-4）计算得出。

$$R_j(t) = \boldsymbol{\pi}_j \exp(\boldsymbol{\Phi}_{W_j W_j} t) \mathbf{I}_j \qquad (4-3)$$

$$E[T^s] = (-1)^s s! \; \boldsymbol{\pi}_j \boldsymbol{\Phi}_{W_j W_j}^{-1} \mathbf{I}_j, (s = 1, 2, \cdots) \qquad (4-4)$$

其中，$\boldsymbol{\pi}_j = (1, 0, 0, \cdots, 0)_{1 \times (N_j - 1)}$，$\mathbf{I}_j = (1, 1, \cdots, 1)_{1 \times (N_j - 1)}^T$。

例 4.3　假设第 j 个子系统由 2 个部件组成（$n_j = 2$），并且每个部件可能的状态为 $\{2, 1, 0\}$。该子系统配备了一个二态保护装置，其状态空间为 $\{1, 0\}$。II 型和 III 型冲击引起的部件状态下降量分别为 1（$\Delta_{j,2} = 1$）和 2（$\Delta_{j,3} = 2$）。当子系统中有一个部件失效时，保护装置就会被触发（$l_j = 1$）。当保护装置工作时，II 型和 III 型冲击引起的部件状态下降量分别降至 0（$\Delta_{j,2}^* = 0$）和 1（$\Delta_{j,3}^* = 1$）。当保护装置在其运行时经历 3 次累积有效冲击（$d_{j,1}^t = 3$）或连续 2 次有效冲击（$d_{j,1}^c = 2$）时，保护装置失效。当失效部件数量达到 2 个时，子系统将失效（$k_j = 2$）。因此，在所构建的马尔可夫过程中，子系统共有 15 个转移态，分别为：$\mathbf{h}_1^j = (0, 0, 2, \phi, 0, 0)$，$\mathbf{h}_2^j = (0, 1, 1, \phi, 0, 0)$，$\mathbf{h}_3^j = (0, 2, 0, \phi, 0, 0)$，$\mathbf{h}_4^j = (1, 0, 1, 1, 0, 0)$，$\mathbf{h}_5^j = (1, 0, 1, 1, 1, 1)$，$\mathbf{h}_6^j = (1, 0, 1, 1, 1, 0)$，$\mathbf{h}_7^j = (1, 0, 1, 1, 2, 1)$，$\mathbf{h}_8^j = (1, 0, 1, 1, 2, 0)$，$\mathbf{h}_9^j = (1, 0, 1, 0, 0, 0)$，$\mathbf{h}_{10}^j = (1, 1, 0, 1, 0, 0)$，$\mathbf{h}_{11}^j = (1, 1, 0, 1, 1, 1)$，$\mathbf{h}_{12}^j = (1, 1, 0, 1, 1, 0)$，$\mathbf{h}_{13}^j = (1, 1, 0, 1, 2, 1)$，$\mathbf{h}_{14}^j = (1, 1, 0, 1, 2, 0)$，$\mathbf{h}_{15}^j = (1, 1, 0, 0, 0, 0)$。

根据转移规则，可以得到第 j 个子系统的转移率矩阵为：

$$\boldsymbol{\Phi}_j = \begin{bmatrix} \boldsymbol{\Phi}_{W_j W_j} & \boldsymbol{\Phi}_{W_j F_j} \\ \mathbf{0} & \mathbf{0} \end{bmatrix}$$

其中，$\boldsymbol{\Phi}_{W_j W_j} = \begin{bmatrix} \mathbf{A}_{8\times 8} & \mathbf{B}_{8\times 7} \\ \mathbf{0}_{7\times 8} & \mathbf{C}_{7\times 7} \end{bmatrix}$，$\boldsymbol{\Phi}_{W_j F_j} = \begin{bmatrix} \mathbf{M}_{1\times 9} & \mathbf{N}_{1\times 6} \end{bmatrix}^T$，

$$
\mathbf{A} = \begin{bmatrix}
c_1 & 2(\lambda_{j,21}^c + \lambda_s p_{j,2}) & 0 & 2(\lambda_{j,20}^c + \lambda_s p_{j,3}) & 0 & 0 & 0 & 0 \\
0 & c_2 & \lambda_{j,21}^c + \lambda_s p_{j,2} & \lambda_{j,10}^c + \lambda_s \sum_{f=2}^{3} p_{j,f} & 0 & 0 & 0 & 0 \\
0 & 0 & c_3 & 0 & 0 & 0 & 0 & 0 \\
0 & 0 & 0 & c_4 & \lambda_s q_{j,1} & 0 & 0 & 0 \\
0 & 0 & 0 & 0 & c_5 & \lambda_s q_{j,0} & 0 & 0 \\
0 & 0 & 0 & 0 & 0 & c_4 & \lambda_s q_{j,1} & 0 \\
0 & 0 & 0 & 0 & 0 & 0 & c_5 & \lambda_s q_{j,0} \\
0 & 0 & 0 & 0 & 0 & 0 & 0 & c_4
\end{bmatrix},
$$

$$
\mathbf{B} = \begin{bmatrix}
0 & 0 & 0 & 0 & 0 & 0 & 0 \\
0 & \lambda_{j,20}^c + \lambda_s p_{j,3} & 0 & 0 & 0 & 0 & 0 \\
0 & 2(\lambda_{j,10}^c + \lambda_s \sum_{f=2}^{3} p_{j,f}) & 0 & 0 & 0 & 0 & 0 \\
\lambda_{j,10}^d & \lambda_{j,21}^{c*} + \lambda_s p_{j,3}^* & 0 & 0 & 0 & 0 & 0 \\
\lambda_s q_{j,1} + \lambda_{j,10}^d & 0 & \lambda_{j,21}^{c*} + \lambda_s p_{j,3}^* & 0 & 0 & 0 & 0 \\
\lambda_{j,10}^d & 0 & 0 & \lambda_{j,21}^{c*} + \lambda_s p_{j,3}^* & 0 & 0 & 0 \\
\lambda_s q_{j,1} + \lambda_{j,10}^d & 0 & 0 & 0 & \lambda_{j,21}^{c*} + \lambda_s p_{j,3}^* & 0 & 0 \\
\lambda_s q_{j,1} + \lambda_{j,10}^d & 0 & 0 & 0 & 0 & \lambda_{j,21}^{c*} + \lambda_s p_{j,3}^* & 0
\end{bmatrix},
$$

$$
\mathbf{C} = \begin{bmatrix}
c_6 & 0 & 0 & 0 & 0 & 0 & \lambda_{j,21}^c + \lambda_s p_{j,2} \\
0 & c_7 & \lambda_s q_{j,1} & 0 & 0 & 0 & \lambda_{j,10}^d \\
0 & 0 & c_8 & \lambda_s q_{j,0} & 0 & 0 & \lambda_s q_{j,1} + \lambda_{j,10}^d \\
0 & 0 & 0 & c_7 & \lambda_s q_{j,1} & 0 & \lambda_{j,10}^d \\
0 & 0 & 0 & 0 & c_8 & \lambda_s q_{j,0} & \lambda_s q_{j,1} + \lambda_{j,10}^d \\
0 & 0 & 0 & 0 & 0 & c_7 & \lambda_s q_{j,1} + \lambda_{j,10}^d \\
0 & 0 & 0 & 0 & 0 & 0 & c_9
\end{bmatrix},
$$

$\mathbf{M} = \begin{bmatrix} 0 & 0 & 0 & \lambda_{j,20}^{c*} & \lambda_{j,20}^{c} & \lambda_{j,20}^{c*} & \lambda_{j,20}^{c} & \lambda_{j,20}^{c} + \lambda_s p_{j,3} \end{bmatrix}$ 和 $\mathbf{N} =$

$\begin{bmatrix} \lambda_{j,10}^{c*} + \lambda_s p_{j,3}^* & \lambda_{j,10}^{c*} + \lambda_s p_{j,3}^* & \lambda_{j,10}^{c} + \lambda_s p_{j,3} & \lambda_{j,10}^{c*} + \lambda_s p_{j,3}^* & \lambda_{j,10}^{c} + \lambda_s p_{j,3} & \lambda_{j,10}^{c} + \end{bmatrix}$

$\lambda_s \sum_{f=2}^{3} p_{j,f}]$。此外，$c_1 = -2(\sum_{r=0}^{1} \lambda_{j,2r}^{c} + \lambda_s \sum_{f=2}^{3} p_{j,f})$，$c_2 = -\sum_{r=0}^{1} \lambda_{j,2r}^{c} - \lambda_{j,10}^{c} -$

$2\lambda_s \sum_{f=2}^{3} p_{j,f}$，$c_3 = -2(\lambda_{j,10}^{c} + \lambda_s \sum_{f=2}^{3} p_{j,f})$，$c_4 = -\lambda_{j,10}^{d} - \sum_{r=0}^{1} \lambda_{j,2r}^{c*} - \lambda_s(q_{j,1} + p_{j,3}^*)$，

$c_5 = -\lambda_s(1 + p_{j,3}^*) - \lambda_{j,10}^{d} - \sum_{r=0}^{1} \lambda_{j,2r}^{c*}$，$c_6 = -\sum_{r=0}^{1} \lambda_{j,2r}^{c} - \lambda_s \sum_{f=2}^{3} p_{j,f}$，$c_7 =$

$-\lambda_{j,10}^{d} - \lambda_{j,10}^{c*} - \lambda_s(q_{j,1} + p_{j,3}^*)$，$c_8 = -\lambda_s(1 + p_{j,3}^*) - \lambda_{j,10}^{d} - \lambda_{j,10}^{c*}$，$c_9 =$

$-\lambda_{j,10}^{c} - \lambda_s \sum_{f=2}^{3} p_{j,f}$。

例 4.3 的状态转移图如图 4-4 所示。此外，为了清楚地展示转移率，图 4-4 中两次列出了吸收态 F_j。

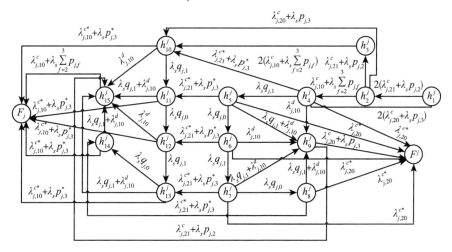

图 4-4　例 4.3 的状态转移

二、系统可靠度分析

本节采用有限马尔可夫链嵌入法对整个系统的可靠性进行分析。定义随机变量 D_j^f 表示前 j 个子系统中失效的子系统数量。与 D_j^f 有关的有限马尔可夫链构建为：

$$Y_j = D_j^f, 0 \leqslant j \leqslant m$$

其中，$Y_0 = 0$ 为其初始状态。

系统的状态空间为：

$$\mathbf{\Lambda} = \bigcup_{v=0}^{u} \mathbf{\Lambda}^v = \{d^f : d^f < D_u\} \cup \bigcup_{v=1}^{u-1} \{d^f : D_{v+1} \leq d^f < D_v\} \cup \{E^f\}$$

其中，$\mathbf{\Lambda}^v (v = 1, 2, \cdots, u-1)$ 表示如果失效子系统的数量在 $[D_{v+1}, D_v)$ 范围内，则系统处于状态 v。另外，$\mathbf{\Lambda}^u$ 表示整个系统处于完美工作状态；E^f 表示吸收态，即系统失效。下面给出所构建的有限马尔可夫链各状态之间的转移规则：

（1）如果 $d^f < D_1$，$P\{Y_j = d^f | Y_{j-1} = d^f\} = R_j(t)$；

（2）如果 $d^f < D_1 - 1$，$P\{Y_j = d^f + 1 | Y_{j-1} = d^f\} = 1 - R_j(t)$；

（3）如果 $d^f = D_1 - 1$，$P\{Y_j = E^f | Y_{j-1} = d^f\} = 1 - R_j(t)$；

（4）$P\{Y_j = E^f | Y_{j-1} = E^f\} = 1$；

（5）所有其他转移概率均为零。

根据转移规则可以得出一步转移概率矩阵 $\mathbf{\Theta}_j^0$，将其划分如下：

$$\mathbf{\Theta}_j^0 = \begin{bmatrix} \mathbf{U} & \mathbf{V} \\ \mathbf{0} & \mathbf{I} \end{bmatrix}_{(D_1+1) \times (D_1+1)}$$

其中，$\mathbf{U}$ 表示 $D_1 \times D_1$ 阶的所有转移态之间的一步转移概率矩阵；$\mathbf{V}$ 为 $D_1 \times 1$ 阶向量，表示从转移态到吸收态的一步转移概率矩阵；$\mathbf{0}$ 为 $1 \times D_1$ 阶向量，表示吸收态之间的一步转移概率矩阵；$\mathbf{I}$ 为一阶单位矩阵，表示吸收态之间的一步转移概率矩阵。

得到一步转移概率矩阵 $\mathbf{\Theta}_j^0 (j = 1, 2, \cdots, m)$ 后，整个系统的可靠性可由式（4 – 5）推导出。

$$R_s(t) = \boldsymbol{\varepsilon} \prod_{j=1}^{m} \mathbf{\Theta}_j^0 \boldsymbol{\gamma} \qquad (4 - 5)$$

其中，$\boldsymbol{\varepsilon} = (1, 0, 0, \cdots, 0)_{1 \times (D_1+1)}$，$\boldsymbol{\gamma} = (1, 1, \cdots, 1, 0)_{1 \times (D_1+1)}^T$。

令 $\mathbf{U}_v (v = 1, 2, \cdots, u-1)$ 表示 $\mathbf{U}$ 的前 $x_v \times x_v$ 阶子矩阵，其中 $x_v = \sum_{y=v+1}^{u} |\mathbf{\Lambda}^y|$。如果将前 x_v 个状态视为转移态，并将其余状态合并为一个新的吸收态 E^v，则新的状态空间建立为：

$$\mathbf{\Lambda}^v = (\bigcup_{y=v+1}^{u} \mathbf{\Lambda}^y) \cup \{E^v\} = \bigcup_{y=v+1}^{u} \{d^f : D_{y+1} \leq d^f < D_y\} \cup \{E^v\}$$

特别地，在此状态空间下令 $D_{u+1} = 0$。

因此，一步转移概率矩阵 $\boldsymbol{\Theta}_j^v$ 可以表示为：

$$\boldsymbol{\Theta}_j^v = \begin{bmatrix} \mathbf{U}_v & \mathbf{V}_v \\ \mathbf{0} & \mathbf{I} \end{bmatrix}_{(x_v+1) \times (x_v+1)}$$

得到一步转移概率矩阵 $\boldsymbol{\Theta}_j^v$ 后，根据式（4-6）可以推导出整个系统的状态概率函数。

$$P_v(t) = \boldsymbol{\varepsilon}_v \prod_{j=1}^{m} \boldsymbol{\Theta}_j^v \boldsymbol{\gamma}_v \qquad (4-6)$$

其中，$\boldsymbol{\varepsilon}_v = (1,0,0,\cdots,0)_{1 \times (x_v+1)}$，$\boldsymbol{\gamma}_v = (1,1,\cdots,1,0)_{1 \times (x_v+1)}^T$。

因此，系统在 t 时刻处于状态 x 的概率可以计算如式（4-7）所示：

$$Z_x(t) = \begin{cases} 1 - R_s(t), & \text{当 } x = 0 \text{ 时} \\ R_s(t) - P_x(t), & \text{当 } x = 1 \text{ 时} \\ P_{x-1}(t) - P_x(t), & \text{当 } x = 2,3,\cdots,u-1 \text{ 时} \\ P_{u-1}(t), & \text{当 } x = u \text{ 时} \end{cases} \qquad (4-7)$$

例4.4　假设整个系统由 4 个子系统组成（$m = 4$），系统共有 3 个状态（$u = 2$），并且 $D_2 = 2$、$D_1 = 4$。因此，所建立的有限马尔可夫链的状态空间可以写为 $\Lambda = \{0,1\} \cup \{2,3\} \cup \{E^f\}$。根据转移规则，一步转移概率矩阵 $\boldsymbol{\Theta}_j^0$ 可以计算为：

$$\boldsymbol{\Theta}_j^0 = \begin{array}{c} 0 \\ 1 \\ 2 \\ 3 \\ E^f \end{array} \begin{bmatrix} R_j(t) & 1-R_j(t) & 0 & 0 & 0 \\ 0 & R_j(t) & 1-R_j(t) & 0 & 0 \\ 0 & 0 & R_j(t) & 1-R_j(t) & 0 \\ 0 & 0 & 0 & R_j(t) & 1-R_j(t) \\ 0 & 0 & 0 & 0 & 1 \end{bmatrix}_{5 \times 5}$$

如果 $v = 1$，则系统状态 0 和系统状态 1 合并为新的吸收态。据此，状态空间 Λ^1 为 $\Lambda^1 = \{0,1\} \cup \{E^1\}$，一步转移概率矩阵 $\boldsymbol{\Theta}_j^1$ 可得如下：

$$\boldsymbol{\Theta}_j^1 = \begin{array}{c} 0 \\ 1 \\ E^1 \end{array} \begin{bmatrix} R_j(t) & 1-R_j(t) & 0 \\ 0 & R_j(t) & 1-R_j(t) \\ 0 & 0 & 1 \end{bmatrix}_{3 \times 3}$$

第四节 工程应用实例

在本节中，介绍基于航空发动机涡轮系统的实际工程应用验证所构建模型的有效性。假设航空发动机涡轮系统包含 3 个子系统（$m=3$），分别是静子叶片、转子叶片和涡轮盘，其中静子叶片由 5 个相同的导叶组成（$n_1=5$），转子叶片由 6 个相同的涡轮叶片组成（$n_2=6$），涡轮盘有 6 个榫眼（$n_3=6$）。整个涡轮系统、各静子导叶、涡轮叶片以及榫眼都具有 3 种状态（$u=S_1=S_2=S_3=2$）。

航空发动机涡轮系统在高温环境下工作。各静子导叶、涡轮叶片和榫眼都容易受到内部退化以及由温度增加引起的不同程度的外部冲击的影响。三种部件的状态停留时间均服从指数分布，相应的参数如表 4-1 情形一所示。冲击的到达遵循参数为 $\lambda_s=10/$年的泊松过程。温度的轻微升高可以定义为I型冲击，其对部件没有产生任何影响。一定程度的温度上升可以定义为II型冲击，其会导致部件出现裂缝，即部件状态退化到相邻状态（$\Delta_{j,2}=1,j=1,2,3$）。被视为III型冲击的超强升温会导致部件变形并造成更严重的状态退化（$\Delta_{j,3}=2,j=1,2,3$）。每类部件受到三种类型冲击的概率如表 4-1（1）所示。当失效部件数量达到 $k_j=4,4,5(j=1,2,3)$ 时，第 j 个子系统失效。

表 4-1　　　　　　部件的退化率和冲击概率相关参数

（1）情形一：冷却系统未触发或已失效					
部件类型	$\lambda_{j,21}^c$	$\lambda_{j,20}^c$	$\lambda_{j,10}^c$	$p_{j,1}$	$p_{j,2}$	$p_{j,3}$
1	3.0/年	1.0/年	2.0/年	0.80	0.15	0.05
2	4.0/年	2.0/年	3.0/年	0.70	0.20	0.10
3	2.0/年	1.0/年	1.5/年	0.85	0.10	0.05

（2）情形二：冷却系统在运行					
部件类型	$\lambda_{j,21}^{c*}$	$\lambda_{j,20}^{c*}$	$\lambda_{j,10}^{c*}$	$p_{j,1}^*$	$p_{j,2}^*$	$p_{j,3}^*$
1	2.0/年	0.5/年	1.5/年	0.87	0.10	0.03
2	3.0/年	1.0/年	2.0/年	0.80	0.15	0.05
3	1.5/年	0.8/年	1.0/年	0.93	0.05	0.02

被视为保护装置的冷却系统可以释放出不同量的冷空气，通过冷却通道流经静子叶片、转子叶片和涡轮盘。冷却系统是维持航空发动机涡轮系统平稳运行所必需的装置。假设当每个子系统中的失效部件数量分别达到 1、2、3 时（$l_1 = 1$、$l_2 = 2$、$l_3 = 3$），其冷却系统被触发。当冷空气流动时，可以将部件的工作温度控制在合理的范围内，即当保护装置起作用时，部件的退化率、受到 II 型和 III 型冲击的概率以及由 II 型和 III 型冲击引起的部件状态下降量（$\Delta_{j,2}^* = 0$，$\Delta_{j,3}^* = 1$，$j = 1,2,3$）都会减少。表 4 – 1 情形二列出了冷却系统运行时各部件的相关参数。

保护装置的寿命服从指数分布。假设每个保护装置有 3 种状态（$H_j = 2$，$j = 1,2,3$）。在涡轮系统运行期间产生的沉积物可能会堵塞冷却通道，因此这可以被视为对冷却系统的有效冲击。在经历多次连续或累积有效冲击后，冷却系统会退化至较低状态。表 4 – 2 总结了每个冷却系统的相关参数。

表 4 – 2　　　　　　　　　　冷却系统的相关参数

冷却系统	$\lambda_{j,21}^d$	$\lambda_{j,20}^d$	$\lambda_{j,10}^d$	$q_{j,1}$	$q_{j,0}$	$d_{j,2}^t$	$d_{j,2}^c$	$d_{j,1}^t$	$d_{j,1}^c$
1	1.0/年	0.3/年	0.8/年	0.07	0.93	5	3	3	2
2	2.0/年	0.5/年	1.0/年	0.06	0.94	6	4	5	3
3	1.0/年	0.3/年	0.5/年	0.05	0.95	7	5	4	2

当三个冷却系统的触发条件从 0 到 3（$l_j = 0,1,2,3$，$j = 1,2,3$）变化时，静子叶片、转子叶片和涡轮盘从 $t = 0$ 到 $t = 2.5$（年）的可靠性如图 4 – 5 所示。具体来说，$l_j = 0(j = 1,2,3)$ 表示冷却系统从每个子系统开始运行时即启动。如图 4 – 5 所示，各子系统的可靠性随着时间的推移而降低。另外，在同一时刻 t，各子系统的可靠性随着 $l_j(j = 1,2,3)$ 的增加而单调递减。这是因为如果越早触发冷却系统，由于对各子系统的保护作用，子系统的失效风险就会更低。因此，对于配有保护装置的工程系统的管理者来说，在可接受的成本预算下尽早触发保护装置，可以提高系统的可靠性。

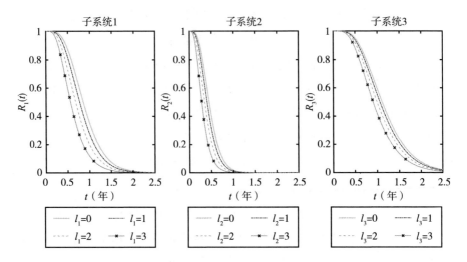

图 4 – 5 三个子系统可靠度关于冷却系统触发条件 $l_j(j=1,2,3)$ 的灵敏度分析

由于退化率 $\lambda_{j,21}^c$、$\lambda_{j,20}^c$ 和 $\lambda_{j,10}^c(j=1,2,3)$ 对子系统可靠性的影响是相似的，以 $\lambda_{j,21}^c$ 为例，图 4 – 6 针对退化率对子系统可靠性的影响进行了灵敏度分析。由图 4 – 6 可知，随着时间的推移，各子系统的可靠性逐渐降低。同时，各子系统的可靠性变化与退化率的变化呈现出相反趋势。另外，在同一时刻 t，当 $\lambda_{j,21}^c(j=1,2,3)$ 从 0 – 5 变为 5 – 10 时，$\lambda_{j,21}^c(j=1,2,3)$ 对每个子系统可靠性的影响变得更弱。此外，对于转子叶片（子系统 2），退化率

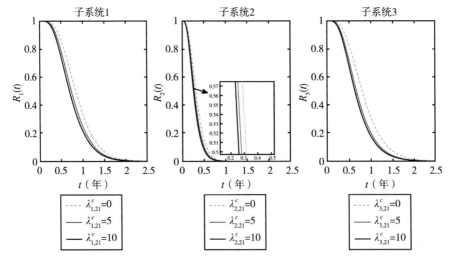

图 4 – 6 三个子系统可靠度关于退化率 $\lambda_{j,21}^c(j=1,2,3)$ 的灵敏度分析

的变化对子系统的可靠性产生的影响较小，可以解释为由于其受到有效冲击的概率较大，子系统 2 受到的冲击影响比其他两个子系统更强。因此，退化率对子系统 2 可靠性的影响小于对静子叶片和涡轮盘的影响。综上所述，复杂系统的工程管理者必须提高各个子系统的可靠性，以提高整个系统的可靠性。另外，在成本允许的情况下，可以通过增强各类部件的可靠性来提高各子系统的可靠性。

图 4 - 7 描述了从 $t = 0$ 到 $t = 2$（年）的不同有效冲击概率下三个子系统的可靠性。由图 4 - 7 可知，当 $q_{j,1}(j = 1,2,3)$ 减小时，各子系统的可靠性随时间而下降的幅度较小。这种现象可以解释为：如果冷却系统受到有效冲击的概率越大，则冷却系统的状态退化得越快，导致其保护作用减弱，子系统可靠性降低。另外，当 $q_{j,1}(j = 1,2,3)$ 从 0.5 变化到 0.9 时，各子系统的可靠性下降速度比 $q_{j,1}(j = 1,2,3)$ 从 0.1 变化到 0.5 时快得多。在不同的有效冲击概率下，静子叶片和涡轮盘的子系统可靠性差异比转子叶片（子系统 2）更明显。因此，有效冲击对子系统 2 可靠性的影响不如静子叶片和涡轮盘的影响明显。根据以上分析可以看出，工程管理者可以在有限的成本范围内采取一些措施来提高保护装置抵抗外部冲击的能力，以提高整个系统的可靠性。

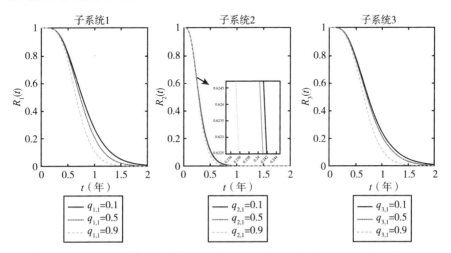

图 4 - 7　三个子系统可靠度关于有效冲击概率 $q_{j,1}(j = 1,2,3)$ 的灵敏度分析

图 4 - 8 说明了 $\lambda_s = 0$、10、20、30 时三个子系统的可靠性随时间的变

化。可以看出，冲击到达率对各子系统的可靠性有明显影响。随着冲击到达率的增大，各子系统的可靠性下降得更快。此外，当冲击的到达率足够大时（$\lambda_s = 20, 30$），每个子系统的可靠性之间的差异变得不那么明显。

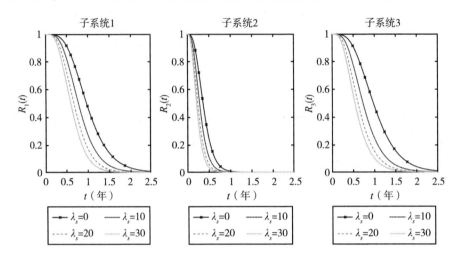

图4-8 三个子系统可靠度关于冲击到达率 λ_s 的灵敏度分析

为了分析部件受冲击的概率对系统可靠性的影响，图4-9给出了当Ⅱ型冲击概率从0.15变化到0.75时三个子系统的可靠性随时间变化曲线。显然，三个子系统的可靠性随着 $p_{j,2}$ 的增加而单调降低。同时也可以看出，

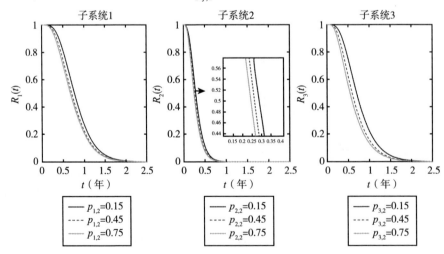

图4-9 三个子系统可靠度关于Ⅱ型冲击概率 $p_{j,2}(j=1,2,3)$ 的灵敏度分析

当 $p_{j,2}$ 从 0.15 变化到 0.45 时，各子系统的可靠性下降趋势比 $p_{j,2}$ 从 0.45 变化到 0.75 的情况更加明显。由此，对于工程系统的管理者来说，可以得到启发：在成本允许的情况下，可以通过采取提高部件抗冲击能力的措施来提高系统的可靠性。

　　航空发动机涡轮系统的状态概率函数和可靠性随时间变化趋势如图 4-10 所示。根据图 4-10（a），系统保持在状态 2 的概率随时间减小；相反，系统失效（状态 0）的概率随着时间的推移而增加。系统处于状态 1 的概率从 $t=0$ 到 $t=0.84$ 逐渐上升，在时刻 $t=0.84$，概率 $Z_1(t)$ 达到最高点，然后呈现下降趋势。图 4-10（b）中，航空发动机涡轮系统的可靠性随着时间的推移而下降，直到 $t=3$ 时刻收敛到零。最后，应用基于蒙特卡洛仿真的算法来获得整个系统的状态概率函数。图 4-11 给出了获得整个系统状态概率函数的仿真流程。整个系统的状态概率函数的仿真结果与图 4-10 中的解析解曲线完美吻合，表明模型所用方法及推导过程是正确的。

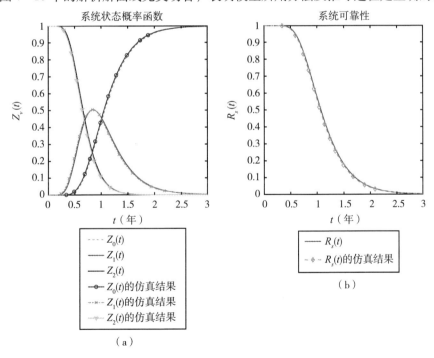

图 4-10　航空发动机涡轮系统状态概率函数和可靠度函数
随时间变化的解析及仿真结果

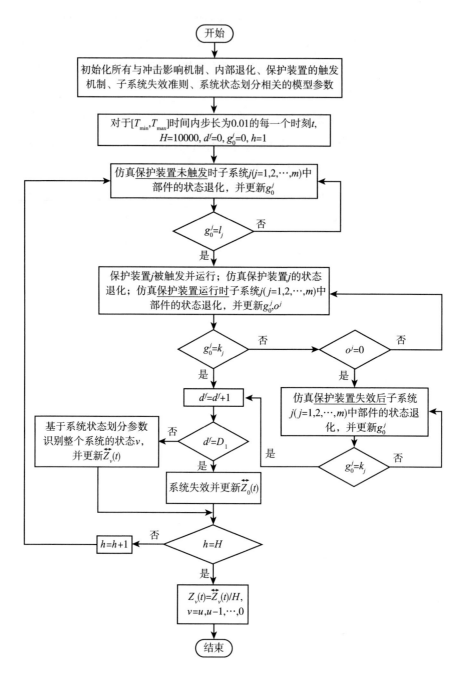

图 4-11 获得整个系统状态概率函数的仿真流程

第五节　本章小结

在本章中，构建了一个多态二维表决系统。该系统包含多个子系统，并且每个子系统由多个部件组成且均配备一个多态保护装置。系统工作在冲击环境中，因此多态部件和保护装置的状态退化是由内部退化和外部冲击同时引起的。在每个子系统中，一旦失效部件的数量达到阈值，保护装置就会启动。由于保护装置的保护作用，部件受有效冲击的概率以及冲击对部件的影响、部件的退化率均得以降低。每个子系统的失效机制基于该子系统中失效部件的数量。根据失效子系统的数量，整个系统被分为多种状态。当失效的子系统数量超过阈值时，系统就会失效。通过应用马尔可夫过程嵌入法和有限马尔可夫链嵌入法，得到子系统及整个系统可靠性相关概率指标的解析表达式。最后，通过基于航空发动机涡轮系统的工程实例分析来验证所构建模型的适用性，并通过丰富的灵敏度分析来探究不同模型参数对系统可靠性的影响，为带有保护装置的工程系统管理者提供管理决策建议。

第五章

5 配有保护装置的两类平衡系统可靠性建模与分析

第一节 引言

平衡系统已广泛应用于新能源储能、军事武器、航空航天等重要领域，其可靠性对于关键设备能否平稳运行至关重要。在实际工程领域，很多平衡系统均配备了保护装置以降低系统的失效风险，如配有冷却系统的多旋翼无人机以及配有调温系统的电动汽车电池组。（1）多旋翼无人机具有多个机翼，每个机翼由多个螺旋桨组成。螺旋桨可能由于内部退化或可被视为有效冲击的摩擦而失效。为了在无人机上升时保持平衡，每个机翼应提供相同的升力，即每个机翼中工作的螺旋桨的数量应相同[32]。当无人机发生失衡时，可以通过关闭或重启螺旋桨来使无人机恢复平衡。此外，无人机可能会随着工作温度的升高而失效。因此，为了降低失效风险，工程管理人员为无人机配备了一个冷却系统[125]。为了减缓无人机系统的退化过程，冷却系统可以通过释放冷却水或冷空气来降低系统内的温度。因此，冷却系统可以降低螺旋桨的失效率和受到有效冲击的概率。（2）电池组系统包含多个串联的电池，每个电池具有多种状态，其状态退化可能由外部冲击或内部退化造成。当系统环境温度变得过高或过低时，即电池受到有效冲击，其状态将会发生退化[41]。当电池处于不同状态时，它们具有不同水平的充电状态。当电池状态差异足够大时，有可能出现电池组状态失衡问题，进而导致电池组系统的失效。此外，当一个电池失效时，系统也会失效。为了降低电池组系统不平衡和失效的风险，工程管理人员为其配备了调温系统。调温系统可以通过液体冷却来调节电池组系统内部的工作温度，从而减少冲击和退化对电池的影响。然而，通过对现有的配备保护装置的系统可靠性研究进行分析，发现并未有学者关注配有保护装置的平衡系统可靠性分析问题。

为了扩展和丰富配备保护装置的复杂系统相关研究，本章针对带有保护装置的不同平衡系统构建了两种可靠性模型，并提出新的保护装置启动及保护机制。模型 I 建立了一个动态平衡系统，即由多态保护装置支持的具有 m 个区的 n 中取 $k(F)$ 平衡系统。通过关闭或恢复部件使每个区的工作部件数量在任何时候都保持相等，以实时维持系统平衡。当任一区中的失效和待机部件总数达到阈值时，保护装置被激活运行。系统的失效准则基于区中的失效和待机部件总数。模型 II 构建了一个由多态保护装置支持的静态串联平衡系统，其中系统不平衡将会导致系统失效。当所有部件之间的最大状态差异超过阈值，则系统失衡。提出了基于部件的最大状态差值和处于脆弱运行状态的部件总数的保护装置竞争性触发机制。在这两种模型中，保护装置的保护作用包括降低每个部件的退化率和有效冲击的概率。随着保护装置运行状态的退化，保护装置的保护作用逐渐减弱。采用马尔可夫过程嵌入法推导两个模型中系统可靠性指标的解析表达式。最后，分别以配有冷却系统的多旋翼无人机和配有调温系统的电动汽车电池组为例，验证两个模型的适用性。

第二节　模型假设和描述

本章构建两种配备保护装置的平衡系统可靠性模型。模型 I 建立了一个配有保护装置且具有 m 个区的 n 中取 $k(F)$ 平衡系统。该系统的平衡条件是在任何时候，每个区中的工作部件数量应保持相同。模型 II 建立了一个带有保护装置的多部件串联平衡系统，系统平衡条件是状态最好和最差的部件之间的状态差应维持在阈值内。图 5 – 1 总结了两个模型之间的关系。

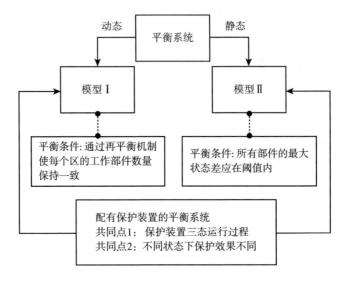

图 5 – 1   所提出模型之间的关系

一、基本假设

模型 I 和模型 II 的一些基本假设如下：

（1）部件和保护装置容易同时受到外部冲击和内部退化的影响。部件和保护装置的寿命均服从指数分布。

（2）对于模型 I 和模型 II，冲击的到达分别遵循参数为 λ_1^i 和 λ_2^i 的泊松过程。

（3）保护装置具有三个运行阶段 $\{0,1,2\}$。其中状态 0、1 和 2 分别代表完全失效阶段、不完美运行阶段和完美运行阶段。

二、模型 I 描述

部件退化：对于由保护装置支持的具有 m 个区的 n 中取 $k(\mathrm{F})$ 平衡系统，每个区由相同的部件组成。每个部件具有三种可能的运行状态：工作、失效和待机。每个部件的失效都是由于内部退化或外部冲击造成的，各部件的失效率为 λ_1^u。冲击分为有效冲击和无效冲击，概率分别为 p_1^u 和 q_1^u，并且 $p_1^u + q_1^u = 1$。一次有效冲击可以直接导致部件失效，而无效冲击对部件没有影响。

保护装置退化：$\lambda_{1,2}^d$ 和 $\lambda_{1,1}^d$ 分别定义为保护装置从 2 态降级到 1 态和 1 态降级到 0 态时的退化率。冲击分为有害冲击和无害冲击，其中有害冲击可以导致保护装置退化到相邻更差的状态，无害冲击对保护装置没有影响。有害冲击和无害冲击的概率分别为 p_1^d 和 $q_1^d (p_1^d + q_1^d = 1)$。

系统的再平衡和失效机制：当第 $i(1 \leqslant i \leqslant m)$ 个区中的一个部件失效时，系统后续的再平衡活动如下：（1）如果 i 区中至少存在一个待机部件，则 i 区中的一个待机部件将被立即重启以维持系统平衡。选择任意一个待机部件的概率都是相同的。（2）如果 i 区中没有待机部件，则其余 $m-1$ 个区中均有一个工作部件将被立即调为待机模式，以维持所有区之间的平衡。因此，在任何时刻，至少有一个区没有待机部件，并且该区中失效部件的数量是所有区中最多的。一旦任意区中的失效和待机部件总数达到阈值 k，则系统失效。

保护装置触发和保护机制：保护装置可以减轻退化和冲击对部件的影响，进而提高系统可靠性，延长系统寿命。当任意区中的失效和待机部件总数达到临界值 $r_1(r_1 < k)$ 时，保护装置开始工作。定义 $\varphi_{1,2}$ 和 $\varphi_{1,1}$ 分别表示当保护装置处于 2 态和 1 态时，由于保护装置的保护作用而产生的部件失效率和有效冲击概率的降低系数。假设 $0 \leqslant \varphi_{1,2} < \varphi_{1,1} < 1$，这符合保护装置处于较好运行阶段时保护效果更强的实际情况。在保护装置的完美运行阶段，部件的失效率和受有效冲击的概率分别下降到 $\varphi_{1,2}\lambda_1^u$ 和 $\varphi_{1,2}p_1^u$。当保护装置处于不完美运行阶段时，部件的失效率和受有效冲击的概率分别降低为 $\varphi_{1,1}\lambda_1^u$ 和 $\varphi_{1,1}p_1^u$。一旦保护装置失效，部件的失效率和受有效冲击的概率分别恢复为 λ_1^u 和 p_1^u。

例 5.1　当模型 I 中 $m=3$、$n_1=4$、$r_1=1$、$k=3$ 时，系统可能的运行过程如图 5-2 所示。场景 1 中，各部件正常工作且保护装置未触发。当 1 区的一个部件受到有效冲击后，2 区和 3 区各有一个部件被关闭以保持系

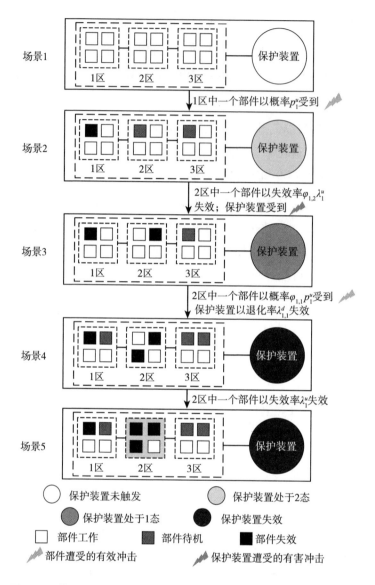

图 5 - 2　模型 I 中 $m = 3$、$n_1 = 4$、$r_1 = 1$、$k = 3$ 时系统可能的运行过程

统平衡。同时，由于每个区的失效和待机部件总数达到阈值（$r_1 = 1$），保
护装置开始运行。因此，在场景 2 中，每个区有 3 个工作部件，保护装置
处于完美运行阶段。接下来，2 区中的一个部件由于内部退化而失效，
2 区中的待机部件立即恢复工作以避免系统失衡。此外，保护装置受到有害
冲击。因此，场景 3 中 1 区和 2 区均有一个失效部件，保护装置处于不完美

运行阶段。接下来 2 区的 1 个工作部件受到有效冲击，保护装置因内部退化而失效。因此，在场景 4 中，由于 1 区和 3 区各有一个工作部件转为待机模式，每个区都有 2 个工作部件。此时，2 区中的一个部件失效，同时由于 2 区中的失效部件数量达到临界值（$k = 3$），系统在场景 5 处于失效状态。

三、模型 Ⅱ 描述

部件退化：在模型 Ⅱ 中，系统由 n_2 个相同的部件组成。每个部件的状态空间表示为 $\{0, 1, \cdots, U\}$，其中 0 表示失效状态，U 表示完美运行状态。此外，每个工作部件的运行状态分为两种，状态 1 至状态 $o(1 \leqslant o < U)$ 被认为是脆弱运行状态，状态 $o + 1$ 到状态 U 为正常运行状态。部件在运行过程中状态会逐渐退化，每个部件的退化率定义为 $\lambda_{2,v}^u (0 < v \leqslant U)$，表示部件从状态 v 退化至 $v - 1$。此外，一次有效冲击也可以导致部件的状态退化至相邻状态，其他对部件没有影响的冲击是无效冲击。有效冲击和无效冲击的概率分别为 p_2^u 和 $q_2^u (q_2^u = 1 - p_2^u)$。

保护装置退化：模型 Ⅱ 中保护装置的退化与模型 Ⅰ 类似，定义 $\lambda_{2,2}^d$ 和 $\lambda_{2,1}^d$ 为保护装置的退化率，分别表示保护装置从 2 态转移至 1 态和从 1 态转移至 0 态的转移率；p_2^d 表示导致保护装置转移到相邻更差状态的有害冲击的概率；$q_2^d (q_2^d = 1 - p_2^d)$ 是对保护装置没有影响的无害冲击的概率。

系统失效机制：当出现以下任一情况时（以先发生者为准），系统失效：（1）最好和最差部件状态之差达到阈值 l；（2）一个部件因内部退化或外部冲击而失效。

保护装置的触发和保护机制：鉴于平衡系统的特点，本模型介绍保护装置的两种触发机制：（1）系统中状态最好和最坏的部件状态差达到临界值 $r_2(r_2 < l)$；（2）处于脆弱运行状态的部件数量达到阈值 s。保护装置在不同运行阶段的保护效果不同，将 $\varphi_{2,2}$ 和 $\varphi_{2,1}(0 \leqslant \varphi_{2,2} < \varphi_{2,1} < 1)$ 分别定义为保护装置处于 2 态和 1 态时部件退化率与受有效冲击概率的降低系数，即当保护装置处于完美运行阶段和不完美运行阶段时，部件的退化率分别降低到 $\varphi_{2,2}\lambda_{2,v}^u$ 和 $\varphi_{2,1}\lambda_{2,v}^u (0 < v \leqslant U)$，并且部件受到有效冲击的概率分别降

低至 $\varphi_{2,2}p_2^u$ 和 $\varphi_{2,1}p_2^u$。当保护装置失效时，部件的退化率和受有效冲击的概率分别恢复为 $\lambda_{2,v}^u(0<v\leq U)$ 和 p_2^u。

例 5.2 为了更好地理解模型 **II** 的运行机制，根据不同的保护装置触发机制和系统失效准则，图 5 - 3 描述了 $U=4$、$o=2$、$n_2=3$、$r_2=2$、$l=3$、$s=2$ 时两种可能的系统运行过程。在图 5 - 3（a）中，部件 1 在 t_{n1} 时刻退化到 2 态。这时，运行状态最好和最差部件之间的状态差达到阈值（$r_2=2$），保护装置开始工作。接下来，部件 2 以概率 $\varphi_{2,2}p_2^u$ 遭受一个有效冲击，保护装置以退化率 $\lambda_{2,2}^d$ 降级。因此在 t_{n2} 时刻，部件 2 处于 3 态并且保护装置处于不完美运行状态。在 t_{n3} 时，部件 2 退化到 2 态，并且保护装置由于遭受一次有害冲击而失效。随后，部件 1 以退化率 $\lambda_{2,2}^u$ 转移至 1 态。最终，由于部件 1 和部件 3 的状态差达到临界值（$l=3$），系统失效。图 5 - 3（b）中，t_0 时刻各部件完美运行且保护装置未触发。在 t_{n1} 时，3 个部件均退化到 3 态。在 t_{n2} 时，部件 1 和 2 因受到有效冲击而转变为 2 态，此时由于处

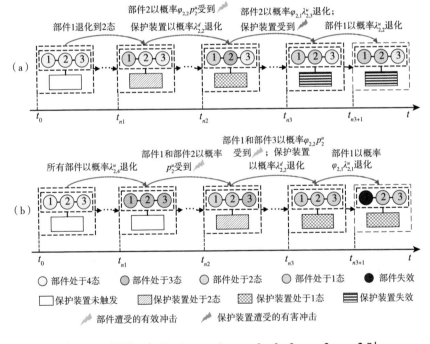

图 5 - 3　模型 **II** 中 $U=4$、$n_2=3$、$r_2=2$、$l=3$、$o=2$、$s=2$ 时系统的两种可能运行过程

于脆弱运行状态的部件数量达到阈值（$o=2$，$s=2$），保护装置被触发。接着，部件 1 和 3 受到有效冲击，保护装置退化到 1 态。因此在 t_{n3} 时刻，三个部件分别处于状态 1、2、2，保护装置处于不完美运行阶段。随后，部件 1 以退化率 $\varphi_{2,1}\lambda_{2,1}^{u}$ 失效。与此同时，系统因部件 1 失效而失效。

第三节　系统可靠性分析

本节应用马尔可夫过程嵌入法评估所提出模型的可靠性。模型 I 和模型 II 的系统可靠性相关概率指标的解析表达式的详细推导流程介绍如下。

一、模型 I 可靠度分析

本节应用嵌入的马尔可夫过程来描述模型 I 的运行过程。系统的随机点过程 $\{H_1(t),t\geq0\}$ 建立为：

$$H_1(t)=\mathbf{f}_j,\ j=1,2,\cdots,B_1$$

其中，$\mathbf{f}_j$ 表示状态空间 $\mathbf{A}_1$ 中的状态，并且 $|\mathbf{A}_1|=B_1$。

向量 $\mathbf{f}_j$ 由 $m+1$ 个变量组成，定义为 $\mathbf{f}_j=(a_1,a_2,\cdots,a_m,b)$，其中 $(a_1,a_2,\cdots,a_m)$ 为将 m 个区失效部件数量降序排列；变量 b 代表保护装置的状态，$b=\xi$ 表示保护装置没有被触发。

对于 $(a_1,a_2,\cdots,a_m)$，假设：

$$\begin{cases} a_1=a_2=\cdots=a_{c_1} \\ a_{c_1+1}=a_{c_1+2}=\cdots=a_{c_2} \\ \qquad\qquad\vdots \\ a_{c_{i-1}+1}=a_{c_{i-1}+2}=\cdots=a_{c_i} \\ 1\leq c_1<c_2<\cdots<c_i=m \\ a_{c_1}>a_{c_2}>\cdots>a_{c_i},1\leq i\leq m \end{cases}$$

其中，有 c_1 个区没有待机部件，是所有区中失效部件数量最多的区。此外，m 个区中的工作部件数量均为 $n_1 - a_1$。有 $c_2 - c_1$ 个区的失效部件数量相同，在所有区中失效部件数量排名第二，这些区中待机部件数量为 $a_1 - a_{c_1+1}$。重复类似的分析过程，最后，有 $c_i - c_{i-1}$ 个区是所有区中失效部件数量最少的，这些区中存在 $a_1 - a_{c_{i-1}+1}$ 个待机部件。所有系统状态之间的转移规则根据保护装置的状态分为三种情况。表 5 - 1 ～ 表 5 - 3 分别给出了保护装置未触发及刚好触发、运行及刚好失效、失效时各状态之间的转移规则。

在表 5 - 1 ～ 表 5 - 3 中，转移规则 1 表示在所有区中失效部件数量最多的一个区中有一个部件失效。因此，所有区中的最大失效部件数变为 $a_1 + 1$。在表 5 - 1 ～ 表 5 - 3 中，转移规则 2 描述了当所有区中的失效部件数量按降序排列时，部件失效发生在属于 $((c_{d-1}+1)^{th}, (c_{d-1}+2)^{th}, \cdots, (c_d)^{th})(1 < d \le i)$ 其中的一个区。表 5 - 1 和表 5 - 2 中的转移规则 3 分别表示保护装置被触发和退化。表 5 - 2 中的转移规则 4 和表 5 - 3 中的转移规则 3 表示系统失效。

表 5 - 1　　保护装置未触发及刚好触发时状态之间的转移规则

序号	转移条件	转移情形	转移率
1	$a_1 < r_1 - 1$	$(a_1, a_2, \cdots, a_m, \xi) \rightarrow$ $(a_1 + 1, a_2, \cdots, a_m, \xi)$	$c_1(n_1 - a_1)(\lambda_1^u + \lambda_1^s p_1^u)$
2	$a_1 < r_1, 1 < d \le i$	$(a_1, \cdots, a_{c_{d-1}}, a_{c_{d-1}+1}, \cdots, a_m, \xi) \rightarrow$ $(a_1, \cdots, a_{c_{d-1}}, a_{c_{d-1}+1} + 1, \cdots, a_m, \xi)$	$(c_d - c_{d-1})(n_1 - a_1)(\lambda_1^u + \lambda_1^s p_1^u)$
3	$a_1 = r_1 - 1$	$(a_1, a_2, \cdots, a_m, \xi) \rightarrow$ $(r_1, a_2, \cdots, a_m, 2)$	$c_1(n_1 - r_1 + 1)(\lambda_1^u + \lambda_1^s p_1^u)$

表 5 - 2　　保护装置运行及刚好失效时状态之间的转移规则

序号	转移条件	转移情形	转移率
1	$r_1 \le a_1 < k - 1,$ $1 \le b \le 2$	$(a_1, a_2, \cdots, a_m, b) \rightarrow$ $(a_1 + 1, a_2, \cdots, a_m, b)$	$c_1(n_1 - a_1)(\varphi_{1,b}\lambda_1^u + \lambda_1^s \varphi_{1,b} p_1^u)$
2	$r_1 \le a_1 < k,$ $1 < d \le i,$ $1 \le b \le 2$	$(a_1, \cdots, a_{c_{d-1}}, a_{c_{d-1}+1}, \cdots, a_m, b) \rightarrow$ $(a_1, \cdots, a_{c_{d-1}}, a_{c_{d-1}+1} + 1, \cdots, a_m, b)$	$(c_d - c_{d-1})(n_1 - a_1)\varphi_{1,b}$ $(\lambda_1^u + \lambda_1^s p_1^u)$
3	$r_1 \le a_1 < k,$ $1 \le b \le 2$	$(a_1, a_2, \cdots, a_m, b) \rightarrow$ $(a_1, a_2, \cdots, a_m, b - 1)$	$\lambda_{1,b}^d + \lambda_1^s p_1^d$
4	$a_1 = k - 1,$ $1 \le b \le 2$	$(a_1, a_2, \cdots, a_m, b) \rightarrow Y_1$	$c_1(n_1 - k + 1)(\varphi_{1,b}\lambda_1^u + \lambda_1^s \varphi_{1,b} p_1^u)$

表 5-3　　　　　　　　　　保护装置失效时状态之间的转移规则

序号	转移条件	转移情形	转移率
1	$r_1 \leqslant a_1 < k-1$	$(a_1, a_2, \cdots, a_m, 0) \to$ $(a_1+1, a_2, \cdots, a_m, 0)$	$c_1(n_1-a_1)(\lambda_1^u + \lambda_1^s p_1^u)$
2	$r_1 \leqslant a_1 < k,$ $1 < d \leqslant i$	$(a_1, \cdots, a_{c_{d-1}}, a_{c_{d-1}+1}, \cdots, a_m, 0) \to$ $(a_1, \cdots, a_{c_{d-1}}, a_{c_{d-1}+1}+1, \cdots, a_m, 0)$	$(c_d - c_{d-1})(n_1 - a_1)(\lambda_1^u + \lambda_1^s p_1^u)$
3	$a_1 = k-1$	$(a_1, a_2, \cdots, a_m, 0) \to Y_1$	$c_1(n_1 - k+1)(\lambda_1^u + \lambda_1^s p_1^u)$

建立马尔可夫过程 $\{H_1(t), t \geqslant 0\}$ 后，其状态空间 $\mathbf{A}_1 = X_1 \cup Y_1$，其中 X_1 和 Y_1 分别表示系统的工作状态空间和失效状态空间，随后一步转移率矩阵 $\mathbf{\Psi}_1$ 可得：

$$\mathbf{\Psi}_1 = \begin{bmatrix} \mathbf{\Psi}_{X_1 X_1} & \mathbf{\Psi}_{X_1 Y_1} \\ \mathbf{\Psi}_{Y_1 X_1} & \mathbf{\Psi}_{Y_1 Y_1} \end{bmatrix} = \begin{bmatrix} \mathbf{\Psi}_{X_1 X_1} & \mathbf{\Psi}_{X_1 Y_1} \\ \mathbf{0} & \mathbf{0} \end{bmatrix}$$

根据式（5-1），可以计算出模型 I 的系统可靠性 $R_1(t)$：

$$R_1(t) = \mathbf{\eta}_1 \exp(\mathbf{\Psi}_{X_1 X_1} t) \mathbf{e}_1 \tag{5-1}$$

其中，$\mathbf{\eta}_1 = (1, 0, 0, \cdots, 0)_{1 \times (B_1 - 1)}$，$\mathbf{e}_1 = (1, 1, \cdots, 1)^T_{1 \times (B_1 - 1)}$。

例 5.3　假设系统由 2 个区组成（$m = 2$），每个区包含 2 个部件（$n_1 = 2$）。当每个区中失效和待机部件的总数等于 $1(r_1 = 1)$ 时，保护装置被触发。当任意区中的失效和待机部件总数达到 $2(k = 2)$ 时，系统失效。因此，系统有 8 种转移态，具体如下：$\mathbf{f}_1 = (0, 0, \xi)$，$\mathbf{f}_2 = (1, 0, 2)$，$\mathbf{f}_3 = (1, 0, 1)$，$\mathbf{f}_4 = (1, 0, 0)$，$\mathbf{f}_5 = (1, 1, 2)$，$\mathbf{f}_6 = (1, 1, 1)$，$\mathbf{f}_7 = (1, 1, 0)$，$\mathbf{f}_8 = Y_1$。根据转移规则，图 5-4 展示了例 5.3 的状态转移。

此外，可以得到系统的转移率矩阵为：

$$\mathbf{\Psi}_1 = \begin{array}{c} \mathbf{f}_1 \\ \mathbf{f}_2 \\ \mathbf{f}_3 \\ \mathbf{f}_4 \\ \mathbf{f}_5 \\ \mathbf{f}_6 \\ \mathbf{f}_7 \\ Y_1 \end{array} \left[\begin{array}{ccccccc:c} -4C & 4C & 0 & 0 & 0 & 0 & 0 & 0 \\ 0 & -D_1 - 2\varphi_{1,2}C & D_1 & 0 & \varphi_{1,2}C & 0 & 0 & \varphi_{1,2}C \\ 0 & 0 & -D_2 - 2\varphi_{1,1}C & D_2 & 0 & \varphi_{1,1}C & 0 & \varphi_{1,1}C \\ 0 & 0 & 0 & -2C & 0 & 0 & C & C \\ 0 & 0 & 0 & 0 & -D_1 - 2\varphi_{1,2}C & D_1 & 0 & 2\varphi_{1,2}C \\ 0 & 0 & 0 & 0 & 0 & -D_2 - 2\varphi_{1,1}C & D_2 & 2\varphi_{1,1}C \\ 0 & 0 & 0 & 0 & 0 & 0 & -2C & 2C \\ \hdashline 0 & 0 & 0 & 0 & 0 & 0 & 0 & 0 \end{array} \right]$$

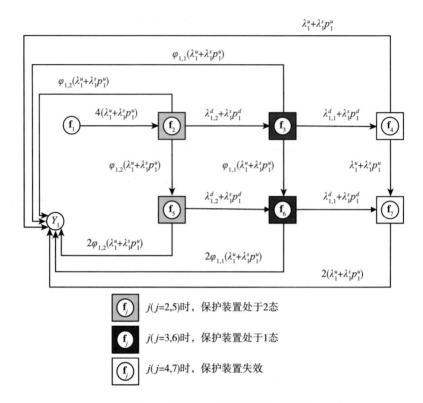

图 5 - 4　模型 I 中例 5.3 的状态转移

其中，$C = \lambda_1^u + \lambda_1^s p_1^u$，$D_1 = \lambda_{1,2}^d + \lambda_1^s p_1^d$，$D_2 = \lambda_{1,1}^d + \lambda_1^s p_1^d$。

二、模型 II 可靠度分析

模型 II 的运行过程可以用嵌入的马尔可夫过程来表示。系统的随机点过程 $\{H_2(t), t \geqslant 0\}$ 构建为：

$$H_2(t) = \mathbf{g}_j, j = 1, 2, \cdots, B_2$$

其中，$\mathbf{g}_j$ 是状态空间 $\mathbf{A}_2$ 中的一个状态，并且 $|\mathbf{A}_2| = B_2$。

$\mathbf{g}_j = (h_0, h_1, \cdots, h_U, b, z)$ 由 $U + 3$ 个随机变量组成，其中 $h_v (0 \leqslant v \leqslant U)$ 表示处于状态 v 的部件数量，且 $\sum_{v=0}^{U} h_v = n_2$。对于 $(h_0, h_1, \cdots, h_U)$，系统中部件状态的最大和最小值分别表示为 $v_{\max}$ 和 $v_{\min}$，即 $v_{\max} = \max_{0 < v \leqslant U} \{v | h_v \neq 0\}$ 和

$v_{\min} = \min\limits_{0 < v \leqslant U} \{v \mid h_v \neq 0\}$。变量 b 表示保护装置的状态，令 $b = \xi$ 表示保护装置未触发。变量 z 表示处于脆弱运行状态的部件总数。系统所有状态之间的转移规则分为以下三种情况。

情况一：保护装置未触发及刚好触发

转移规则（1-2）和转移规则（3-11）分别表示当保护装置的触发条件满足 $r_2 = 1$ 和 $r_2 > 1$ 时的系统状态转移情形。转移规则（3-5）表示所有运行部件中状态不是最小的一个部件发生状态退化，因此，最好和最差部件之间的状态差不会改变，且只有当处于脆弱运行状态的部件数量达到阈值 s 时，保护装置才会被触发。

转移规则（6-10）描述了当发生退化的部件状态在所有工作部件中最小且 $v_{\min} \neq 1$ 时的转移情况。因此，转移后最好和最差部件状态之间的状态差将增加，同时系统不会失效。此外，转移规则（6-8）的转移条件为 $v_{\max} - v_{\min} < r_2 - 1$，因此，只有当退化部件的状态等于 $o+1$ 且处于脆弱运行状态的部件数量达到 $z = s - 1$ 时，保护装置才会被触发。转移规则（9-10）描述了 $v_{\max} - v_{\min} = r_2 - 1$ 时的系统状态转移情形，即当处于最小状态的一个工作部件退化到相邻的更差状态时触发了保护装置。转移规则（11）表示由于部件失效导致系统失效。

（1）转移条件：$r_2 = 1$，$v_{\min} = U$，$1 \leqslant o < U - 1$；

转移情形：$(0, 0, \cdots, 0, h_U, \xi, 0) \rightarrow (0, 0, \cdots, 1, h_U - 1, 2, 0)$；

转移率：$h_U(\lambda_{2,U}^u + \lambda_2^s p_2^u)$。

（2）转移条件：$r_2 = 1$，$v_{\min} = U$，$o = U - 1$；

转移情形：$(0, 0, \cdots, 0, h_U, \xi, 0) \rightarrow (0, 0, \cdots, 1, h_U - 1, 2, 1)$；

转移率：$h_U(\lambda_{2,U}^u + \lambda_2^s p_2^u)$。

（3）转移条件：$r_2 > 1$，$v_{\max} - v_{\min} < r_2$，$(1 \leqslant v_{\min} < w \leqslant v_{\max} \leqslant U$ 且 $w \neq o+1)$，$z < s$；

转移情形：$(0, h_1, \cdots, h_{w-1}, h_w, \cdots, h_U, \xi, z) \rightarrow (0, h_1, \cdots, h_{w-1} + 1, h_w - 1, \cdots, h_U, \xi, z)$；

转移率：$h_w(\lambda_{2,w}^u + \lambda_2^s p_2^u)$。

（4）转移条件：$r_2 > 1$，$v_{\max} - v_{\min} < r_2$，$1 \leqslant v_{\min} < o+1$，$z < s - 1$；

转移情形：$(0, h_1, \cdots, h_o, h_{o+1}, \cdots, h_U, \xi, z) \rightarrow (0, h_1, \cdots, h_o + 1, h_{o+1} - 1, \cdots, h_U, \xi, z+1)$；

转移率：$h_{o+1}(\lambda_{2,o+1}^u + \lambda_2^s p_2^u)$。

（5）转移条件：$r_2 > 1$，$v_{max} - v_{min} < r_2$，$1 \leqslant v_{min} < o+1$，$z = s-1$；

转移情形：$(0, h_1, \cdots, h_o, h_{o+1}, \cdots, h_U, \xi, z) \rightarrow (0, h_1, \cdots, h_o + 1, h_{o+1} - 1, \cdots, h_U, 2, s)$；

转移率：$h_{o+1}(\lambda_{2,o+1}^u + \lambda_2^s p_2^u)$。

（6）转移条件：$r_2 > 1$，$v_{max} - v_{min} < r_2 - 1$，$w = v_{min}$，（$1 < w \leqslant U$ 且 $w \neq o+1$），$z < s$；

转移情形：$(0, 0, \cdots, 0, h_w, h_{w+1}, \cdots, h_U, \xi, z) \rightarrow (0, 0, \cdots, 1, h_w - 1, h_{w+1}, \cdots, h_U, \xi, z)$；

转移率：$h_w(\lambda_{2,w}^u + \lambda_2^s p_2^u)$。

（7）转移条件：$r_2 > 1$，$v_{max} - v_{min} < r_2 - 1$，$v_{min} = o+1$，$s > 1$；

转移情形：$(0, 0, \cdots, 0, h_{o+1}, h_{o+2}, \cdots, h_U, \xi, 0) \rightarrow (0, 0, \cdots, 1, h_{o+1} - 1, h_{o+2}, \cdots, h_U, \xi, 1)$；

转移率：$h_{o+1}(\lambda_{2,o+1}^u + \lambda_2^s p_2^u)$。

（8）转移条件：$r_2 > 1$，$v_{max} - v_{min} < r_2 - 1$，$v_{min} = o+1$，$s = 1$；

转移情形：$(0, 0, \cdots, 0, h_{o+1}, h_{o+2}, \cdots, h_U, \xi, 0) \rightarrow (0, 0, \cdots, 1, h_{o+1} - 1, h_{o+2}, \cdots, h_U, 2, 1)$；

转移率：$h_{o+1}(\lambda_{2,o+1}^u + \lambda_2^s p_2^u)$。

（9）转移条件：$r_2 > 1$，$v_{max} - v_{min} = r_2 - 1$，$w = v_{min}$，（$1 < w < U$ & $w \neq o+1$），$z < s$；

转移情形：$(0, 0, \cdots, 0, h_w, h_{w+1}, \cdots, h_U, \xi, z) \rightarrow (0, 0, \cdots, 1, h_w - 1, h_{w+1}, \cdots, h_U, 2, z)$；

转移率：$h_w(\lambda_{2,w}^u + \lambda_2^s p_2^u)$。

（10）转移条件：$r_2 > 1$，$v_{max} - v_{min} = r_2 - 1$，$v_{min} = o+1$，$z < s$；

转移情形：$(0, 0, \cdots, 0, h_{o+1}, h_{o+2}, \cdots, h_U, \xi, 0) \rightarrow (0, 0, \cdots, 1, h_{o+1} - 1, h_{o+2}, \cdots, h_U, 2, 1)$；

转移率：$h_{o+1}(\lambda_{2,o+1}^u + \lambda_2^s p_2^u)$。

（11）转移条件：$r_2 > 1$，$v_{max} - v_{min} < r_2$，$v_{min} = 1$，$z < s$；

转移情形：$(0, h_1, h_2, \cdots, h_U, \xi, z) \rightarrow Y_2$；

转移率：$h_1(\lambda_{2,1}^u + \lambda_2^s p_2^u)$。

情况二：保护装置在运行及刚好失效

转移规则（12）描述了保护装置状态退化的过程。转移规则（13）和转移规则（14）描述了状态不等于 $o+1$ 的一个部件发生退化。另外，转移规则（13）中退化部件的状态不是所有部件中最差的，而转移规则（14）则表示退化部件的状态是所有工作部件中最小的，同时 $v_{min} \neq 1$，并且因为状态差没有达到阈值 l，所以转移后系统不会失效。转移规则（15）和转移规则（16）描述了状态为 $o+1$ 的一个部件状态发生退化，因此处于脆弱运行状态的部件数量将从 z 变为 $z+1$。此外，转移规则（15）和转移规则（16）分别研究了 $o+1 \neq v_{min}$ 和 $o+1 = v_{min}$ 的情形。转移规则（17）和转移规则（18）分别表示由失效机制（1）和失效机制（2）引起的系统失效。

转移规则（12）~转移规则（15）中 v_{min}、o 和 z 的转移条件比较复杂，以转移规则（12）为例说明其原因。（1）如果由于部件状态差值达到阈值 r_2 而触发保护装置，则在保护装置触发时 v_{min} 一定满足 $v_{min} \leq U - r_2$。此外，如果 $1 \leq o < U - r_2$，保护装置触发后 z 可能从 0 变化到 $n_2(0 \leq z \leq n_2)$；而如果 $U - r_2 \leq o < U$，则保护装置启动时，脆弱部件数量 z 不可能为 0。因此，如果由于部件状态差值达到 r_2 而激活保护装置，则转移条件满足 $(1 \leq v_{min} \leq U - r_2, 1 \leq o < U - r_2, 0 \leq z \leq n_2)$ 或者 $(1 \leq v_{min} \leq U - r_2, U - r_2 \leq o < U, 0 < z \leq n_2)$。（2）如果由于处于脆弱运行状态的部件数量达到临界值 $s(s \leq z \leq n_2)$ 而触发保护装置，则如果 $U - r_2 < o < U$，v_{min} 在保护装置启动时满足 $U - r_2 < v_{min} = o$。接着，随着部件的退化，v_{min} 可能会从 o 降至 $1(1 \leq v_{min} \leq o)$。然而，如果 $1 \leq o \leq U - r_2$，v_{min} 在保护装置启动后一定满足 $1 \leq v_{min} \leq U - r_2$。综上所述，转移规则（12）关于 v_{min}、o 和 z 的转移条件是 $[(1 \leq v_{min} \leq U - r_2, 1 \leq o < U - r_2, 0 \leq z \leq n_2)$ 或 $(1 \leq v_{min} \leq U - r_2, U - r_2 \leq o < U, 0 < z \leq n_2)$ 或 $(U - r_2 < v_{min} \leq o, U - r_2 < o < U, s \leq z \leq n_2)]$。

（12）转移条件：$v_{max} - v_{min} < l, 1 \leq b \leq 2, [(1 \leq v_{min} \leq U - r_2, 1 \leq o < U - r_2, 0 \leq z \leq n_2)$ 或 $(1 \leq v_{min} \leq U - r_2, U - r_2 \leq o < U, 0 < z \leq n_2)$ 或 $(U - r_2 < v_{min} \leq o,$

$U - r_2 < o < U, s \leqslant z \leqslant n_2)]$；

转移情形：$(0, h_1, h_2, \cdots, h_U, b, z) \rightarrow (0, h_1, h_2, \cdots, h_U, b-1, z)$；

转移率：$\lambda_{2,b}^d + \lambda_2^s p_2^d$。

（13）转移条件：$v_{\max} - v_{\min} < l$，$1 \leqslant b \leqslant 2$，$(v_{\min} < w \leqslant v_{\max} \leqslant U$ 且 $w \neq o + 1)$，$[(1 \leqslant v_{\min} \leqslant U - r_2, 1 \leqslant o < U - r_2, 0 \leqslant z \leqslant n_2)$ 或 $(1 \leqslant v_{\min} \leqslant U - r_2, U - r_2 \leqslant o < U, 0 < z \leqslant n_2)$ 或 $(U - r_2 < v_{\min} \leqslant o, U - r_2 < o < U, s \leqslant z \leqslant n_2)]$；

转移情形：$(0, h_1, \cdots, h_{w-1}, h_w, \cdots, h_U, b, z) \rightarrow (0, h_1, \cdots, h_{w-1} + 1, h_w - 1, \cdots, h_U, b, z)$；

转移率：$h_w(\varphi_{2,b} \lambda_{2,w}^u + \lambda_2^s \varphi_{2,b} p_2^u)$。

（14）转移条件：$v_{\max} - v_{\min} < l - 1$，$1 \leqslant b \leqslant 2$，$(w = v_{\min}$ 且 $w \neq o + 1)$，$[(1 < v_{\min} \leqslant U - r_2, 1 \leqslant o < U - r_2, 0 \leqslant z \leqslant n_2)$ 或 $(1 < v_{\min} \leqslant U - r_2, U - r_2 \leqslant o < U, 0 < z \leqslant n_2)$ 或 $(1 \leqslant U - r_2 < v_{\min} \leqslant o, U - r_2 < o < U, s \leqslant z \leqslant n_2)]$；

转移情形：$(0, 0, \cdots, 0, h_w, h_{w+1}, \cdots, h_U, b, z) \rightarrow (0, 0, \cdots, 1, h_w - 1, h_{w+1}, \cdots, h_U, b, z)$；

转移率：$h_w(\varphi_{2,b} \lambda_{2,w}^u + \lambda_2^s \varphi_{2,b} p_2^u)$。

（15）转移条件：$v_{\max} - v_{\min} < l$，$1 \leqslant b \leqslant 2$，$v_{\min} < o + 1$，$[(1 \leqslant v_{\min} \leqslant U - r_2, 0 < z < n_2)$ 或 $(U - r_2 < v_{\min} \leqslant o, U - r_2 < o < U, s \leqslant z < n_2)]$；

转移情形：$(0, h_1, \cdots, h_o, h_{o+1}, \cdots, h_U, b, z) \rightarrow (0, h_1, \cdots, h_o + 1, h_{o+1} - 1, \cdots, h_U, b, z+1)$；

转移率：$h_{o+1}(\varphi_{2,b} \lambda_{2,o+1}^u + \lambda_2^s \varphi_{2,b} p_2^u)$。

（16）转移条件：$v_{\max} - v_{\min} < l - 1$，$v_{\min} = o + 1$，$z = 0$，$1 < v_{\min} \leqslant U - r_2$，$1 \leqslant b \leqslant 2$；

转移情形：$(0, 0, \cdots, 0, h_{o+1}, h_{o+2}, \cdots, h_U, b, 0) \rightarrow (0, 0, \cdots, 1, h_{o+1} - 1, h_{o+2}, \cdots, h_U, b, 1)$；

转移率：$h_{o+1}(\varphi_{2,b} \lambda_{2,o+1}^u + \lambda_2^s \varphi_{2,b} p_2^u)$。

（17）转移条件：$v_{\max} - v_{\min} = l - 1$，$1 < v_{\min} \leqslant U - r_2$，$w = v_{\min}$，$1 \leqslant b \leqslant 2$，$[(1 \leqslant o < U - r_2, 0 \leqslant z \leqslant n_2)$ 或 $(U - r_2 \leqslant o < U, 0 < z \leqslant n_2)]$；

转移情形：$(0, 0, \cdots, 0, h_w, h_{w+1}, \cdots, h_U, b, z) \rightarrow Y_2$；

转移率：$h_w(\varphi_{2,b} \lambda_{2,w}^u + \lambda_2^s \varphi_{2,b} p_2^u)$。

（18）转移条件：$v_{\max} - v_{\min} < l$，$v_{\min} = 1$，$0 < z \leqslant n_2$，$1 \leqslant b \leqslant 2$；

转移情形：$(0, h_1, h_2, \cdots, h_U, b, z) \rightarrow Y_2$；

转移率：$h_1(\varphi_{2,b}\lambda_{2,1}^u + \lambda_2^s\varphi_{2,b}p_2^u)$。

情况三：保护装置失效

除保护装置的状态外，转移规则（19）~转移规则（24）的转移条件分别与转移规则（13）~转移规则（18）相同，情况三的转移规则如下。

（19）转移条件：$v_{\max} - v_{\min} < l$，$(v_{\min} < w \leqslant v_{\max} \leqslant U$ 且 $w \neq o+1)$，$[\,(1 \leqslant v_{\min} \leqslant U - r_2, 1 \leqslant o < U - r_2, 0 \leqslant z \leqslant n_2)$ 或 $(1 \leqslant v_{\min} \leqslant U - r_2, U - r_2 \leqslant o < U, 0 < z \leqslant n_2)$ 或 $(U - r_2 < v_{\min} \leqslant o, U - r_2 < o < U, s \leqslant z \leqslant n_2)\,]$；

转移情形：$(0, h_1, \cdots, h_{w-1}, h_w, \cdots, h_U, 0, z) \rightarrow (0, h_1, \cdots, h_{w-1} + 1, h_w - 1, \cdots, h_U, 0, z)$；

转移率：$h_w(\lambda_{2,w}^u + \lambda_2^s p_2^u)$。

（20）转移条件：$v_{\max} - v_{\min} < l - 1$，$(w = v_{\min}$ 且 $w \neq o+1)$，$[\,(1 < v_{\min} \leqslant U - r_2, 1 \leqslant o < U - r_2, 0 \leqslant z \leqslant n_2)$ 或 $(1 < v_{\min} \leqslant U - r_2, U - r_2 \leqslant o < U, 0 < z \leqslant n_2)$ 或 $(1 \leqslant U - r_2 < v_{\min} \leqslant o, U - r_2 < o < U, s \leqslant z \leqslant n_2)\,]$；

转移情形：$(0, 0, \cdots, 0, h_w, h_{w+1}, \cdots, h_U, 0, z) \rightarrow (0, 0, \cdots, 1, h_w - 1, h_{w+1}, \cdots, h_U, 0, z)$；

转移率：$h_w(\lambda_{2,w}^u + \lambda_2^s p_2^u)$。

（21）转移条件：$v_{\max} - v_{\min} < l$，$v_{\min} < o+1$，$[\,(1 \leqslant v_{\min} \leqslant U - r_2, 0 < z < n_2)$ 或 $(U - r_2 < v_{\min} \leqslant o, U - r_2 < o < U, s \leqslant z < n_2)\,]$；

转移情形：$(0, h_1, \cdots, h_o, h_{o+1}, \cdots, h_U, 0, z) \rightarrow (0, h_1, \cdots, h_o + 1, h_{o+1} - 1, \cdots, h_U, 0, z+1)$；

转移率：$h_{o+1}(\lambda_{2,o+1}^u + \lambda_2^s p_2^u)$。

（22）转移条件：$v_{\max} - v_{\min} < l - 1$，$v_{\min} = o+1$，$z = 0$，$1 < v_{\min} \leqslant U - r_2$；

转移情形：$(0, 0, \cdots, 0, h_{o+1}, h_{o+2}, \cdots, h_U, 0, 0) \rightarrow (0, 0, \cdots, 1, h_{o+1} - 1, h_{o+2}, \cdots, h_U, 0, 1)$；

转移率：$h_{o+1}(\lambda_{2,o+1}^u + \lambda_2^s p_2^u)$。

（23）转移条件：$v_{\max} - v_{\min} = l - 1$，$1 < v_{\min} \leqslant U - r_2$，$w = v_{\min}$，$[\,(1 \leqslant o < U - r_2, 0 \leqslant z \leqslant n_2)$ 或 $(U - r_2 \leqslant o < U, 0 < z \leqslant n_2)\,]$；

转移情形：$(0,0,\cdots,0,h_w,h_{w+1},\cdots,h_U,0,z)\to Y_2$；

转移率：$h_w(\lambda_{2,w}^u+\lambda_2^s p_2^u)$。

（24）转移条件：$v_{\max}-v_{\min}<l$，$v_{\min}=1$，$0<z\leqslant n_2$；

转移情形：$(0,h_1,h_2,\cdots,h_U,0,z)\to Y_2$；

转移率：$h_1(\lambda_{2,1}^u+\lambda_2^s p_2^u)$。

构建马尔可夫过程 $\{H_2(t),t\geqslant 0\}$ 并获得其状态空间 $\mathbf{A}_2=X_2\cup Y_2$ 后，可以得到转移率矩阵 $\boldsymbol{\Psi}_2$ 如下：

$$\boldsymbol{\Psi}_2=\begin{bmatrix}\boldsymbol{\Psi}_{X_2X_2}&\boldsymbol{\Psi}_{X_2Y_2}\\\boldsymbol{\Psi}_{Y_2X_2}&\boldsymbol{\Psi}_{Y_2Y_2}\end{bmatrix}=\begin{bmatrix}\boldsymbol{\Psi}_{X_2X_2}&\boldsymbol{\Psi}_{X_2Y_2}\\\mathbf{0}&\mathbf{0}\end{bmatrix}$$

其中，X_2 和 Y_2 分别表示系统的工作状态空间和失效状态空间。进而，系统的可靠性 $R_2(t)$ 可以通过式（5-2）推导出：

$$R_2(t)=\boldsymbol{\eta}_2\exp(\boldsymbol{\Psi}_{X_2X_2}t)\mathbf{e}_2 \tag{5-2}$$

其中，$\boldsymbol{\eta}_2=(1,0,0,\cdots,0)_{1\times(B_2-1)}$，$\mathbf{e}_2=(1,1,\cdots,1)_{1\times(B_2-1)}^T$。

例 5.4 假设系统由 2 个部件组成（$n_2=2$），每个部件有 4 个状态（$U=3$），其中状态 1 被视为脆弱运行状态（$o=1$）。当最好和最差部件状态之间的状态差值达到 2（$r_2=2$）或处于脆弱运行状态的部件数量达到 1（$s=1$）时，保护装置被触发。当最好和最差部件状态之间的状态差值达到 3（$l=3$）或一个部件失效时，系统就会失效。因此，系统有 12 个转移态，分别如下所示：$\mathbf{g}_1=(0,0,0,2,\xi,0)$，$\mathbf{g}_2=(0,0,1,1,\xi,0)$，$\mathbf{g}_3=(0,0,2,0,\xi,0)$，$\mathbf{g}_4=(0,1,0,1,2,1)$，$\mathbf{g}_5=(0,1,1,0,2,1)$，$\mathbf{g}_6=(0,2,0,0,2,2)$，$\mathbf{g}_7=(0,1,0,1,1,1)$，$\mathbf{g}_8=(0,1,1,0,1,1)$，$\mathbf{g}_9=(0,2,0,0,1,2)$，$\mathbf{g}_{10}=(0,1,0,1,0,1)$，$\mathbf{g}_{11}=(0,1,1,0,0,1)$，$\mathbf{g}_{12}=(0,2,0,0,0,2)$。根据转移规则，可以得到系统的转移率矩阵为：

$$\boldsymbol{\Psi}_2=\begin{bmatrix}\boldsymbol{\Psi}_{X_2X_2}&\boldsymbol{\Psi}_{X_2Y_2}\\\mathbf{0}&\mathbf{0}\end{bmatrix}$$

其中，$\boldsymbol{\Psi}_{X_2X_2}=\begin{bmatrix}\mathbf{M}_{6\times6}&\mathbf{N}_{6\times6}\\\mathbf{0}_{6\times6}&\mathbf{L}_{6\times6}\end{bmatrix}$，$\boldsymbol{\Psi}_{X_2Y_2}=[\mathbf{O}_{1\times12}]^T$，

$$
\mathbf{M} = \begin{bmatrix}
W_1 & 2\left(\lambda_{2,3}^u + \lambda_2^s p_2^u\right) & 0 & 0 & 0 & 0 \\
0 & W_2 & \lambda_{2,3}^u + \lambda_2^s p_2^u & \lambda_{2,2}^u + \lambda_2^s p_2^u & 0 & 0 \\
0 & 0 & W_3 & 0 & 2\left(\lambda_{2,2}^u + \lambda_2^s p_2^u\right) & 0 \\
0 & 0 & 0 & W_4 & \varphi_{2,2}\left(\lambda_{2,3}^u + \lambda_2^s p_2^u\right) & 0 \\
0 & 0 & 0 & 0 & W_5 & \varphi_{2,2}\left(\lambda_{2,2}^u + \lambda_2^s p_2^u\right) \\
0 & 0 & 0 & 0 & 0 & W_6
\end{bmatrix},
$$

$$
\mathbf{N} = \begin{bmatrix}
0 & 0 & 0 & 0 & 0 & 0 \\
0 & 0 & 0 & 0 & 0 & 0 \\
0 & 0 & 0 & 0 & 0 & 0 \\
\lambda_{2,2}^d + \lambda_2^s p_2^d & 0 & 0 & 0 & 0 & 0 \\
0 & \lambda_{2,2}^d + \lambda_2^s p_2^d & 0 & 0 & 0 & 0 \\
0 & 0 & \lambda_{2,2}^d + \lambda_2^s p_2^d & 0 & 0 & 0
\end{bmatrix},
$$

$$
\mathbf{L} = \begin{bmatrix}
W_7 & \varphi_{2,1}\left(\lambda_{2,3}^u + \lambda_2^s p_2^u\right) & 0 & \lambda_{2,1}^d + \lambda_2^s p_2^d & 0 & 0 \\
0 & W_8 & \varphi_{2,1}\left(\lambda_{2,2}^u + \lambda_2^s p_2^u\right) & 0 & \lambda_{2,1}^d + \lambda_2^s p_2^d & 0 \\
0 & 0 & W_9 & 0 & 0 & \lambda_{2,1}^d + \lambda_2^s p_2^d \\
0 & 0 & 0 & W_{10} & \lambda_{2,3}^u + \lambda_2^s p_2^u & 0 \\
0 & 0 & 0 & 0 & W_{11} & \lambda_{2,2}^u + \lambda_2^s p_2^u \\
0 & 0 & 0 & 0 & 0 & W_{12}
\end{bmatrix},
$$

$\mathbf{O} = \begin{bmatrix} 0 & 0 & 0 & \varphi_{2,2}F & \varphi_{2,2}F & 2\varphi_{2,2}F & \varphi_{2,1}F & \varphi_{2,1}F & 2\varphi_{2,1}F & F & F & 2F \end{bmatrix}$，
$W_1 = -2\left(\lambda_{2,3}^u + \lambda_2^s p_2^u\right)$，$W_2 = -\sum_{x=2}^{3}\lambda_{2,x}^u - 2\lambda_2^s p_2^u$，$W_3 = -2\left(\lambda_{2,2}^u + \lambda_2^s p_2^u\right)$，
$W_4 = -\varphi_{2,2}\left(\lambda_{2,1}^u + \lambda_{2,3}^u + 2\lambda_2^s p_2^u\right) - \lambda_{2,2}^d - \lambda_2^s p_2^d$，$W_5 = -\varphi_{2,2}\left(\sum_{x=1}^{2}\lambda_{2,x}^u + 2\lambda_2^s p_2^u\right) - \lambda_{2,2}^d - \lambda_2^s p_2^d$，$W_6 = -2\varphi_{2,2}\left(\lambda_{2,1}^u + \lambda_2^s p_2^u\right) - \lambda_{2,2}^d - \lambda_2^s p_2^d$，$W_7 = -\varphi_{2,1}\left(\lambda_{2,1}^u + \lambda_{2,3}^u + 2\lambda_2^s p_2^u\right) - \lambda_{2,1}^d - \lambda_2^s p_2^d$，$W_8 = -\varphi_{2,1}\left(\sum_{x=1}^{2}\lambda_{2,x}^u + 2\lambda_2^s p_2^u\right) - \lambda_{2,1}^d - \lambda_2^s p_2^d$，$W_9 = -2\varphi_{2,1}\left(\lambda_{2,1}^u + \lambda_2^s p_2^u\right) - \lambda_{2,1}^d - \lambda_2^s p_2^d$，$W_{10} = -\left(\lambda_{2,1}^u + \lambda_{2,3}^u + 2\lambda_2^s p_2^u\right)$，$W_{11} = -\left(\sum_{x=1}^{2}\lambda_{2,x}^u + 2\lambda_2^s p_2^u\right)$，$W_{12} = -2\left(\lambda_{2,1}^u + \lambda_2^s p_2^u\right)$，$F = \lambda_{2,1}^u + \lambda_2^s p_2^u$。

例 5.4 的状态转移状态如图 5-5 所示，为了更清楚地表明转移情况，吸收态 Y_2 在图中列出了两次。

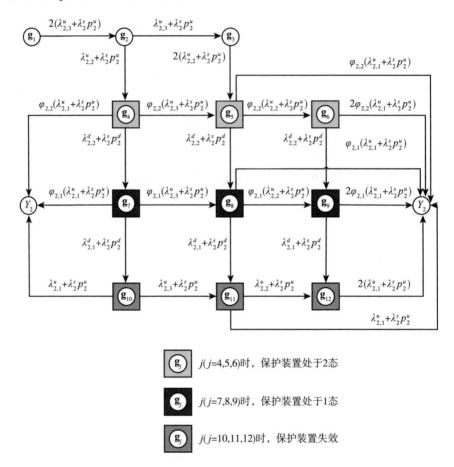

g_j $j(j=4,5,6)$时，保护装置处于2态

g_j $j(j=7,8,9)$时，保护装置处于1态

g_j $j(j=10,11,12)$时，保护装置失效

图 5-5 模型 Ⅱ 中例 5-4 的状态转移

第四节 工程应用实例

一、模型 Ⅰ 工程应用实例

模型 Ⅰ 以配有冷却系统的多旋翼无人机为例，验证所提出的配有保护装置的动态平衡系统的适用性。假设一架无人机具有 $4(m=4)$ 个机翼，每

个机翼有 $6(n_1=6)$ 个螺旋桨。无人机的平稳运行要求每个机翼中工作的螺旋桨数量必须相同，一旦发生失衡，可通过立即关闭或重启螺旋桨以重新达到平衡。定义 $\lambda_1^u=3$ 为每个螺旋桨的失效率。冲击的到达服从参数为 $\lambda_1^s=4$ 的泊松过程。$p_1^u=0.3$ 为螺旋桨因摩擦而受到有效冲击的概率。当每个机翼中失效和待机的螺旋桨总数达到 $3(r_1=3)$ 时，冷却系统将被触发，通过释放冷却水或冷空气降低系统因摩擦升温而造成的失效。当冷却系统在不同阶段运行时，部件的失效率和有效冲击概率的降低系数分别为 $\varphi_{1,2}=0.5$ 和 $\varphi_{1,1}=0.7$。此外，冷却系统自身也容易发生内部退化或断裂，这可以被视为对冷却系统的有害冲击。有害冲击将导致冷却系统状态转移到相邻更差的阶段。当发生堵塞或外壳破裂时，冷却系统就会失效。冷却系统在 2 态和 1 态的退化率分别为 $\lambda_{1,2}^d=2$ 和 $\lambda_{1,1}^d=1$。$p_1^d=0.1$ 为冷却系统遭受有害冲击的概率。当任意一个机翼中失效和待机的螺旋桨总数达到 5 $(k=5)$ 个时，无人机系统失效。图 5-6 中提供了基于蒙特卡洛模拟的仿真流程图来推导模型 I 的系统可靠性。系统可靠性的仿真结果与图 5-7 中解析结果曲线完美吻合，说明推导函数是准确的。

　　图 5-8（a）展示了当每个机翼的螺旋桨数量为 6、10 或 14 时（$n_1=6,10,14$）无人机发动机系统的可靠度函数。由图 5-8（a）可知，随着 n_1 增加，无人机发动机的可靠性下降速率也逐渐增加。由于每个机翼具有 n 中取 k(F)结构，因此每个机翼中的失效螺旋桨数量达到 k 的概率增加。因此，当每个机翼的螺旋桨数量变多时，每个机翼失效的概率就会增加。并且，由于整个发动机系统为包含多个机翼的串联结构，整个发动机系统的可靠性随之降低。图 5-8（b）展示了冷却系统触发条件不同时，无人机发动机系统的可靠度函数。由图 5-8（b）可知，当 r_1 变小时，系统可靠性随时间的下降较慢。这是因为当冷却系统较早触发时，由于冷却系统的保护作用，发动机系统的失效风险会降低。图 5-8（c）展示了 $\lambda_1^u=3$、6、9 时，无人机发动机系统的可靠性变化。由图 5-8（c）可知，系统可靠性的变化趋势与 λ_1^u 的变化成反比。此外，当每个螺旋桨的失效率足够大时，失效率的变化对系统可靠性的变化影响相对会减轻一些。

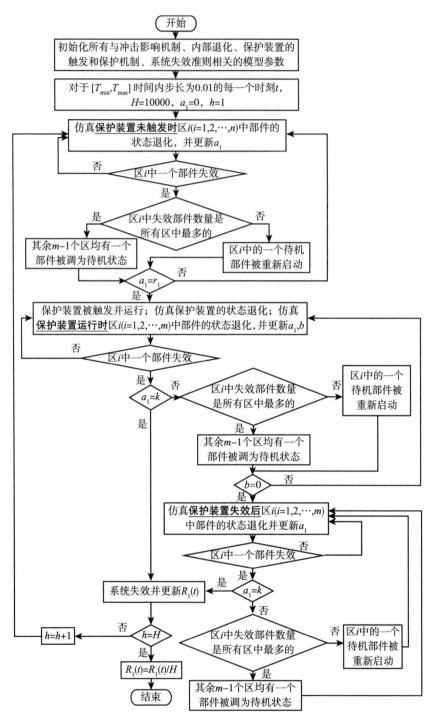

图5-6 获得模型Ⅰ系统可靠性的仿真流程

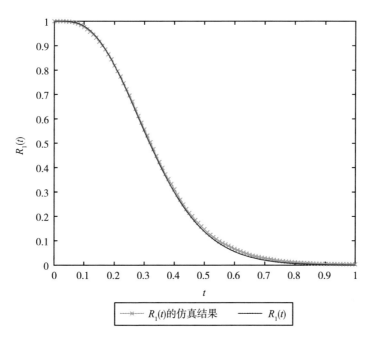

图 5 - 7　模型 I 中系统可靠度函数随时间变化的解析和仿真结果

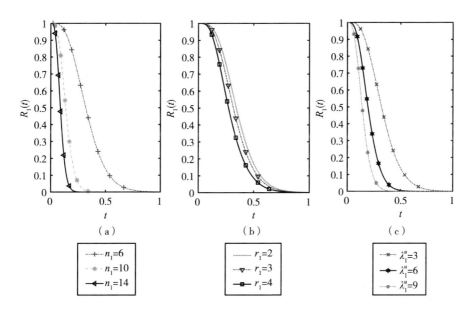

图 5 - 8　模型 I 中无人机发动机系统可靠度关于 n_1、r_1 和 λ_1^u 的灵敏度分析

二、模型 Ⅱ 工程应用实例

模型 Ⅱ 以基于电池组系统的实际工程应用，验证所提出的具有多态保护装置的静态平衡系统的适用性。假设电池组系统由 4 个电池组成（$n_2 = 4$），每个电池有 5 种状态（$U = 4$），其中状态 1 和状态 2 被视为脆弱运行状态（$o = 2$）。电池的退化率为 $\lambda_{2,4}^u = 3$、$\lambda_{2,3}^u = 2.5$、$\lambda_{2,2}^u = 2$ 和 $\lambda_{2,1}^u = 1$。冲击的到达遵循参数为 $\lambda_2^s = 3$ 的齐次泊松过程。电池受到有效冲击的概率为 $p_2^u = 0.2$。当所有电池的状态差值达到 2（$r_2 = 2$）或处于脆弱运行状态的电池数量达到 2（$s = 2$）时，调温系统被触发。在调温系统运行的不同阶段，电池的退化率和有效冲击概率的降低系数分别为 $\varphi_{2,2} = 0.4$ 和 $\varphi_{2,1} = 0.6$。调温系统的退化率为 $\lambda_{2,2}^d = 1$ 和 $\lambda_{2,1}^d = 0.5$。$p_2^d = 0.1$ 为调温系统受到有害冲击的概率。当所有电池之间的状态差值达到 3（$l = 3$）或任意一个电池失效时，电池组系统就会失效。图 5-9 给出了推导模型 Ⅱ 系统可靠性的基于蒙特卡洛模拟的仿真流程图。如图 5-10 所示，仿真与解析结果曲线吻合，说明了推导函数的正确性。

不同 s 值下电池组系统的可靠度函数如图 5-11（a）所示。根据图 5-11（a），系统可靠性随着 s 的减小而增加。当以处于脆弱运行状态的电池数量为基础的调温系统触发条件变得宽松时，调温系统将被较早触发以减缓电池的退化。为了研究退化率对系统可靠性的影响，图 5-11（b）显示了 $\lambda_{2,3}^u$ 不同时电池组系统的可靠度函数。由图 5-11（b）可知，系统可靠性随着 $\lambda_{2,3}^u$ 的下降而单调增加。图 5-11（c）给出了当调温系统受到有害冲击的概率为 0.1、0.5 和 0.9 时（$p_2^d = 0.1, 0.5, 0.9$）电池组系统的可靠度函数。显然，系统可靠性随着 p_2^d 的升高而下降得更快。随着调温系统遭受有害冲击的概率增大，其状态退化的风险增大，进而导致对电池的保护效果降低。因此，系统可靠性随着 p_2^d 的增加而下降。

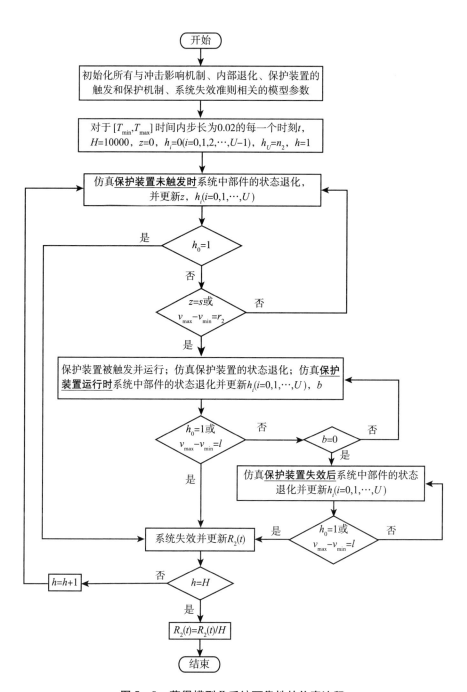

图 5-9　获得模型 II 系统可靠性的仿真流程

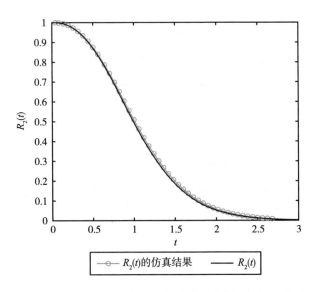

图 5 – 10 模型 Ⅱ 中系统可靠度函数随时间变化的解析和仿真结果

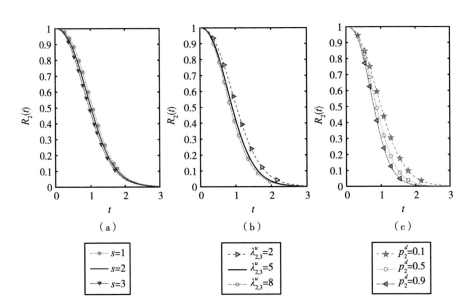

图 5 – 11 模型 Ⅱ 中电池组系统可靠度关于 s、$\lambda_{2,3}^{u}$ 和 p_2^d 的灵敏度分析

第五节　本章小结

在本章中，根据实际工程应用构建了两种配备多态保护装置的新型平衡系统。模型 I 建立了由保护装置支持的具有 m 个区的 n 中取 $k(\mathrm{F})$ 平衡系统，其通过实时再平衡机制来维持系统平衡。同时，提出了一种基于每个区中失效和待机部件总数的保护装置触发机制。模型 II 建立了配备保护装置的多部件串联静态平衡系统，其中所有部件之间的最大状态差在阈值内被视为该系统的平衡准则。提出了基于部件间最大状态差值和脆弱部件数量的保护装置竞争性触发条件。在这两种平衡系统中，部件与保护装置的状态退化都是由内部退化和外部冲击同时造成的，保护装置在减轻退化和冲击对部件的影响方面发挥着积极作用。保护装置处于不同的运行状态时，其保护能力是不同的。马尔可夫过程嵌入法被用于高效地推导出所构建两种系统的可靠性概率指标的解析表达式。最后，通过无人机发动机系统和电池组系统的工程应用实例来验证所提出模型的适用性。工程实例的灵敏度分析结果表明，保护装置的状态对系统可靠性有着至关重要的影响，尽早激活保护装置有利于提高系统的可靠性。

第六章

多个带有保护装置的负载分担子系统组成的性能系统的可靠性建模与分析

第一节 引言

　　工业领域中，保护装置在减少外部冲击对系统造成的损害或减缓系统的退化过程中发挥重要作用。现有的对配有保护装置的系统可靠性研究均考虑部件相互独立，并且保护装置启动后立即以完美状态工作。然而，在实际工程领域中，部分部件的失效可能会加速仍在工作部件的退化。此外，保护装置在未启动时可能已经发生退化，若保护装置受损严重，则可能无法对系统提供保护。以配有冷却空气系统的航空发动机涡轮系统为例，涡轮系统包括定子叶片、转子叶片和涡轮盘，三个子系统都配备了冷却空气系统。发动机涡轮在高温下工作，一定程度的温度升高可以视为对系统的冲击。故障部件越多，每个子系统中的幸存部件需要承受的载荷就越大。当部件退化到一定程度时，可触发冷却空气系统，其释放的冷气可以减少高温和内部退化对部件的影响。冷却空气系统运行在高温环境中，在未启动时可能已经发生退化，在运行后其内部退化率更高。此外，沉积物可能堵塞其冷却通道，因此沉积物可以视为对冷却系统的有效冲击。当冷却系统运行状态较差时，释放的冷气量有限，可能无法为系统提供冷却保护。

为了填补研究空白，本章提出了由多个带有保护装置的负载分担子系统组成的性能系统。在每个负载分担子系统中，当更多部件发生故障时，部件的内部退化率增加。保护装置在工作前会以较低的速率发生内部退化，当工作部件的内部退化率达到预设值时，将触发各子系统中的保护装置。保护装置在运行过程中可以降低部件遭受有效冲击的概率和部件的内部退化率。基于故障部件的数量将每个子系统划分为多个状态，每个状态下的子系统具有一定的性能。根据子系统的性能将整个系统的状态分为多个水平。应用马尔可夫过程嵌入法和通用生成函数法分析系统的可靠性指标。最后，通过数值算例验证该模型的适用性。

第二节　模型的假设和描述

考虑一个包含 m 个子系统的多态系统，每个子系统都由多态保护装置进行保护。子系统 $i(i=1,2,\cdots,m)$ 由 n_i 个相同的两态部件组成。在不同的子系统中，部件的总数可能不同。此外，应注意不同系统中部件的失效机制也可能不同。该系统的组成如图 6-1 所示。

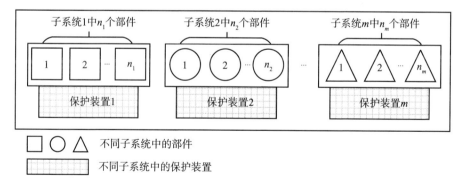

图6-1　系统组成

本章第二节第一部分和第二部分分别给出了单个子系统和保护装置的运行机制。第三部分介绍了基于子系统总体性能的系统状态划分。

一、单个子系统的运行机制

子系统 i 由 n_i 个两态部件组成，满足 $\sum_{i=1}^{m} n_i = n$。子系统 i 中部件的状态空间为 $\Omega_i^c = \{1,0\}$，其中状态 1 表示工作状态，状态 0 表示失效状态。子系统中的部件受内部退化和来自冲击源 I 的外部冲击的共同影响。

令 $\lambda_{i,0}^c$ 表示子系统 i 中部件的初始内部退化率，此时所有部件都正常工作。随着子系统的运行，一些部件的故障会导致剩余工作部件的工作负载增加。子系统中工作部件的内部退化率与故障部件的数量有关。定义 N_i^c 为子系统 i 中故障部件的数量，则剩余工作部件内部退化率的定义如下：

$$\lambda_{i,N_i^c}^c = \left(\frac{n_i}{n_i - N_i^c} \right)^{\gamma_i} \lambda_{i,0}^c \qquad (6-1)$$

其中，γ_i 为子系统 i 中部件的负载因子。

部件受到来自冲击源 I 的冲击，该冲击的到达服从到达速率为 λ_{s_1} 的泊松过程。来自冲击源 I 的冲击对部件产生影响，有 $p_{i,1}^c$ 的概率导致子系统 i 出现故障，并且有 $p_{i,2}^c$ 的概率不会对部件造成损坏，其中 $p_{i,1}^c + p_{i,2}^c = 1$。子系统 i 的状态空间由 $\Omega_i^{sub} = \{u_i, u_i - 1, \cdots, 0\}$ 表示，其中状态 u_i 和状态 0 分别表示完美工作状态和故障状态。子系统 i 的状态由其中的故障部件的数量决定，如下所示：

$$E_i = \begin{cases} u_i, & \text{如果} \ 0 \leqslant N_i^c < D_{u_i}^i \\ v_i, & \text{如果} \ D_{v_i+1}^i \leqslant N_i^c < D_{v_i}^i, \text{对于} \ v_i = u_i - 1, u_i - 2, \cdots, 1 \\ 0, & \text{如果} \ D_1^i \leqslant N_i^c \end{cases} \qquad (6-2)$$

其中，$D_{u_i}^i$，$D_{u_i-1}^i$，$\cdots$，D_1^i 为预设的临界值，并且 $0 < D_{u_i}^i < D_{u_i-1}^i < \cdots < D_1^i \leqslant n_i$，$D_1^i = k_i$。当出现故障的部件数量达到 k_i 时，第 i 个子系统会失效。当 k_i 取不同值时，子系统可以退化为串联系统或并联系统。具体来说，当 $k_i = 1$ 和 $k_i = n_i$ 时，子系统分别退化为串联系统和并联系统。子系统在 E_i 状态下的性能可以表示为 H_{i,E_i}。

二、保护装置的运行机制

每个子系统都有一个多态保护装置，可保护其免受外部冲击和内部退化的影响。第 $i(i=1,2,\cdots,m)$ 个保护装置的状态空间为 $\Omega_i^d = \{g_i^d, g_i^d - 1, \cdots, 0\}$，其中 g_i^d 为完美工作状态，0 为失效态。在设备被触发之前，它的内部退化率为 $\lambda_{i,x(x-1)}^{du}(1 \leq x \leq g_i^d)$，即设备 i 从状态 x 退化到相邻状态 $x-1$ 时的退化率。当子系统 i 中部件的退化率达到临界退化率 λ_i^{cr} 时，$\lambda_i^{cr} > \lambda_{i,0}^c$，第 i 个保护装置被触发。

当第 i 个保护装置工作时，有较高的退化率 $\lambda_{i,x(x-1)}^{dt}(1 \leq x \leq g_i^d)$，并且会受到外部冲击的影响。由于部件和保护装置具有不同的结构，并在系统中发挥不同的作用，因此它们遭受的冲击来源也不同。保护装置遭受来自冲击源 II 的冲击，该冲击遵循到达速率为 λ_{s_2} 的泊松过程。第 i 个保护装置遭受来源 II 的有效冲击和无效冲击的概率分别为 $p_{i,1}^d$ 和 $p_{i,2}^d$，其中 $p_{i,1}^d + p_{i,2}^d = 1$。当第 i 个保护装置处于状态 j 时，受到来源 II 的累积有效冲击达到 $l_{i,j}$ 时，退化到相邻状态。

工作中保护装置的保护能力与其当前状态 $O_i(O_i = g_i^d, g_i^d - 1, \cdots, 1)$ 有关。在保护装置处于状态 $O_i q_{i,2}$ 时，子系统 i 中来自冲击 I 的有效冲击的概率下降至 p_{i,O_i}^{c*}，部件的内部退化率下降至 $\varphi_{i,O_i}\lambda_{i,N_i^c}^c(0 < \varphi_{i,O_i} \leq 1)$。在较差的状态下，保护装置由于较弱的保护能力可能无法提供保护。当第 i 个保护装置的状态不大于 $O_i^*(0 < O_i^* < g_i^d)$ 时，能够提供保护的概率为 $q_{i,1}$，不能提供保护的概率为 $q_{i,2}$，其中 $q_{i,1} + q_{i,2} = 1$。当保护装置失效时，子系统 i 失去保护，继续在无保护的情况下运行。

例6.1　为了更好地理解子系统和保护装置的运行机制，以某系统中的第二个子系统为例进行了解释。子系统 2 有 5 个部件，当故障部件的数量达到 4 个（$n_2 = 5, k_2 = 4$）时，子系统 2 失效。部件和保护装置的状态空间分别为 $\Omega_2^c = \{1,0\}$ 和 $\Omega_2^d = \{3,2,1,0\}$。当退化率达到 λ_2^{cr} 时，触发保护装置，并假设 $l_{2,2} = 2$，$O_2^* = 1$。$S_{i,j}$ 是用于记录第 i 个保护装置在状态 j 下遭受的累计有效冲击次数。子系统 i 的可能运行过程如图 6-2 所示。在 t_0 时，

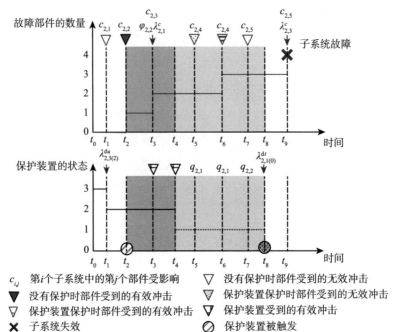

图 6-2 子系统 2 可能的运行过程

所有部件都正常工作并且保护装置未被触发。在 t_1 时，无效冲击施加在第一个部件上，保护装置以内部退化速率 $\lambda_{2,3(2)}^{du}$ 退化至状态 2。在 t_2 时，第二个部件因受到有效冲击而失效。剩余工作部件的内部退化率达到临界速率 λ_2^{cr}，保护装置开始在状态 2 下正常工作。在保护下，部件的退化率降低至 $\varphi_{2,2}\lambda_{2,1}^c$，部件受到来源 I 的有效冲击的概率降低至 $p_{2,2}^{c*}$。在 t_3 时，第三个部件由于内部退化而失效，保护装置在受到有效冲击后仍在状态 2 下工作，因为 $S_{2,2}=1$ 小于 $l_{2,2}$。在 t_4 时，另一个有效冲击到达后，保护装置从状态 2 转变为状态 1。当保护装置处于状态 1 时，该保护装置能和不能保护子系统的概率分别为 $q_{2,1}$ 和 $q_{2,2}$。在 t_5 时，保护装置对子系统提供保护，因此，第四个部件受到无效冲击的概率为 $q_{2,1}(1-p_{2,1}^{c*})$。第四个部件在保护下受到有效冲击，并在 t_6 失效的概率为 $q_{2,1}p_{2,1}^{c*}$。在 t_7 时，保护装置没有为子系统提供保护，第五个部件受到无效冲击的概率为 $p_{2,1}^c$。在 t_8 时，保

护装置以速率 $\lambda_{2,1(0)}^{dt}$ 退化至状态 0，使子系统 2 中部件的退化率和冲击来源 I 的有效冲击的概率变为 $\lambda_{2,3}^{c}$ 和 $p_{2,1}^{c}$。由于内部退化，第五个部件在 t_9 时出现故障。同时，故障部件总数达到 k_2，子系统 2 失效。

此外，为了阐明子系统性能的影响因素，图 6-3 给出了系统发生故障行为的情况，以显示各个因素的影响。

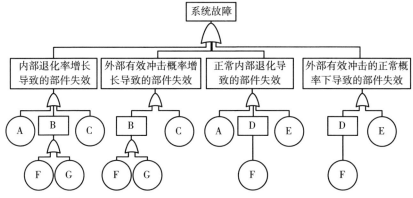

或门，意味着至少一次输入事件发生，输出事件才会发生

A　由负载共享机制引起的退化率的增长
B　保护装置被触发后发生的退化
C　在较差状态下保护装置有概率 $q_{2,2}$ 不能提供保护
D　保护在被触发前失效
E　保护装置的触发阈值太难达到
F　保护装置的内部退化
G　保护装置受到的外部有效冲击

图 6-3　子系统的故障行为示意

三、系统性能水平

基于所有子系统的总性能，整个系统可以划分为多个状态。系统的状态空间为 $\Omega^{sys} = \{b, b-1, \cdots, 0\}$，其中 b 为最佳状态，0 表示系统失效。整个系统的总性能为 $H^{sys} = \sum_{i=1}^{m} H_{i,E_i}$，其中 H_{i,E_i} 表示第 i 个子系统在状态 E_i 下的性能。则系统的状态 E^{sys} 可以表述为：

$$E^{sys} = \begin{cases} b, r_b \leqslant H^{sys} \\ a, r_a \leqslant H^{sys} < r_{a+1}, \text{ 对于 } a = b-1, b-2, \cdots, 1 \quad (6-3) \\ 0, 0 \leqslant H^{sys} < r_1 \end{cases}$$

其中，r_b，r_{b-1}，$\cdots$，r_1 为预设值。当整个系统性能低于 r_1 时，系统失效。

例 6.2 为了更好地理解基于性能的系统状态，给出一个包含 3 个不同的子系统的系统，如图 6 – 4 所示，其中 $n_1 = 2$、$n_2 = 4$、$n_3 = 3$、$k_1 = 1$、$k_2 = 3$、$k_3 = 2$。子系统 1 的状态空间为 $\Omega_1^{sub} = \{1, 0\}$，其中 $D_1^1 = 1$，与状态相关的性能水平为 $H_{1,1} = 6$、$H_{1,0} = 0$。子系统 2 的状态分为 2、1 和 0，其中 $D_2^2 = 1$、$D_1^2 = 3$，各个状态下的性能水平分别为 $H_{2,2} = 4$、$H_{2,1} = 2$ 和 $H_{2,0} = 0$。子系统 3 具有 3 个状态，其中 $D_2^3 = 1$、$D_1^3 = 2$。子系统 3 处于状态 2、1、0 时的性能分别为 $H_{3,2} = 6$、$H_{3,1} = 2$ 和 $H_{3,0} = 0$。根据临界值 $r_1 = 6$ 和 $r_2 = 12$，整个系统可以划分为三个状态。

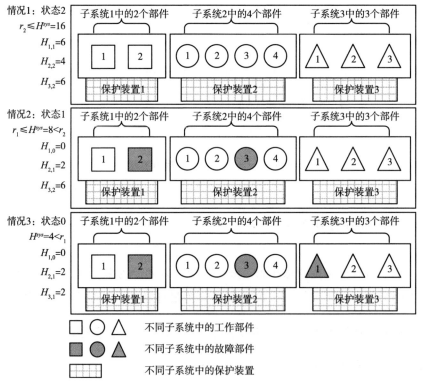

图 6 – 4 系统状态的可能情况

对系统的可靠性进行评估

　　本节利用马尔可夫过程嵌入法来描述各子系统的运行过程，并计算各子系统相应的概率指标。采用通用生成函数法获得了整个系统在不同状态下的概率。

一、子系统可靠度分析

　　第 i 个子系统的随机点过程 $\{X_i(t),t \geq 0\}$ 构建如下：

$$X_i(t) = \boldsymbol{\omega}_{i,y_i}, y_i = 1,2,\cdots,Y_i \qquad (6-4)$$

其中，$\boldsymbol{\omega}_{i,y_i}$ 为状态空间 Ω_i^s 中的第 i 个子系统的状态，并且 $|\Omega_i^s| = Y_i$。

　　向量 $\boldsymbol{\omega}_{i,y_i}$ 包含四个随机变量 $\boldsymbol{\omega}_{i,y_i} = (N_i^c, I_i, O_i, S_{i,O_i})$，其中 N_i^c 表示第 i 个子系统中失效的部件的数量。I_i 为第 i 个保护装置的指标变量，用来表示保护装置所处的阶段。具体而言，$I_i = U_i$ 表示保护装置未被触发且未失效，$I_i = L_i$ 表示工作正常。当 $I_i = R_i$ 时，保护装置处于较差的状态，对子系统提供保护的概率小于 1。$I_i = N_i$ 表示保护装置失效，且失效可能发生在保护装置被触发之前或之后，因为保护装置在被触发之前存在内部退化。此外，保护装置的状态由 O_i 表示，S_{i,O_i} 被用于记录保护装置在 O_i 状态下对第 i 个保护装置施加的有效冲击的数量。第 i 个子系统的所有状态之间的转换规则可分为四种场景，详情如下所示。

　　假设1：第 i 个保护装置未被触发时，转换规则如下所示。

　　（1）条件：$\lambda_{i,0}^c \leq \lambda_{i,N_i^c}^c < \lambda_{i,N_i^c+1}^c < \lambda_i^{cr}$ 和 $1 \leq O_i \leq g_i^d$；

　　转移情形：$(N_i^c, U_i, O_i, 0) \rightarrow (N_i^c+1, U_i, O_i, 0)$；

　　转移率：$(n_i - N_i^c)(\lambda_{i,N_i^c}^c + \lambda_{s_1} p_{i,1})$。

　　（2）条件：$\lambda_{i,0}^c \leq \lambda_{i,N_i^c}^c < \lambda_i^{cr} \leq \lambda_{i,N_i^c+1}^c < \lambda_{i,k_i}^c$ 和 $O_i^* < O_i \leq g_i^d$；

　　转移情形：$(N_i^c, U_i, O_i, 0) \rightarrow (N_i^c+1, L_i, O_i, 0)$；

转移率：$(n_i - N_i^c)(\lambda_{i,N_i^c}^c + \lambda_{s_1} p_{i,1}^c)$。

（3）条件：$\lambda_{i,0}^c \leq \lambda_{i,N_i^c}^c < \lambda_i^{cr} \leq \lambda_{i,N_i^c+1}^c < \lambda_{i,k_i}^c$ 和 $0 < O_i \leq O_i^*$；

转移情形：$(N_i^c, U_i, O_i, 0) \to (N_i^c + 1, R_i, O_i, 0)$；

转移率：$(n_i - N_i^c)(\lambda_{i,N_i^c}^c + \lambda_{s_1} p_{i,1}^c)$。

（4）条件：$\lambda_{i,0}^c \leq \lambda_{i,N_i^c}^c < \lambda_i^{cr} \leq \lambda_{i,N_i^c+1}^c < \lambda_{i,k_i}^c$ 和 $O_i = 0$；

转移情形：$(N_i^c, N_i, 0, 0) \to (N_i^c + 1, N_i, 0, 0)$；

转移率：$(n_i - N_i^c)(\lambda_{i,N_i^c}^c + \lambda_{s_1} p_{i,1}^c)$。

（5）条件：$\lambda_{i,0}^c \leq \lambda_{i,N_i^c}^c < \lambda_i^{cr}$ 和 $1 < O_i \leq g_i^d$；

转移情形：$(N_i^c, U_i, O_i, 0) \to (N_i^c, U_i, O_i - 1, 0)$；

转移率：$\lambda_{i,O_i(O_i-1)}^{du}$。

（6）条件：$\lambda_{i,0}^c \leq \lambda_{i,N_i^c}^c < \lambda_i^{cr}$ 和 $O_i = 1$；

转移情形：$(N_i^c, U_i, 1, 0) \to (N_i^c, N_i, 0, 0)$；

转移率：$\lambda_{i,1(0)}^{du}$。

假设2：第 i 个保护装置正常工作时，转换规则如下所示。

（7）条件：$\lambda_i^{cr} \leq \lambda_{i,N_i^c}^c < \lambda_{i,k_i-1}^c$ 和 $O_i^* < O_i \leq g_i^d$；

转移情形：$(N_i^c, L_i, O_i, S_{i,O_i}) \to (N_i^c + 1, L_i, O_i, S_{i,O_i})$；

转移率：$(n_i - N_i^c)(\varphi_{i,O_i} \lambda_{i,N_i^c}^c + \lambda_{s_1} p_{i,O_i}^{c*})$。

（8）条件：$N_i^c = k_i - 1$ 和 $O_i^* < O_i \leq g_i^d$；

转移情形：$(N_i^c, L_i, O_i, S_{i,O_i}) \to F_i$；

转移率：$(n_i - N_i^c)(\varphi_{i,O_i} \lambda_{i,N_i^c}^c + \lambda_{s_1} p_{i,O_i}^{c*})$。

（9）条件：$\lambda_i^{cr} \leq \lambda_{i,N_i^c}^c < \lambda_{i,k_i}^c$ 和 $O_i^* + 1 < O_i \leq g_i^d$；

转移情形：$(N_i^c, L_i, O_i, S_{i,O_i}) \to (N_i^c, L_i, O_i - 1, 0)$；

转移率：$[\lambda_{i,O_i(O_i-1)}^{dt} + \lambda_{s_2} p_{i,1}^d I(S_{i,O_i} = l_{i,O_i} - 1)]$。

（10）条件：$\lambda_i^{cr} \leq \lambda_{i,N_i^c}^c < \lambda_{i,k_i}^c$ 和 $O_i = O_i^* + 1$；

转移情形：$(N_i^c, L_i, O_i, S_{i,O_i}) \to (N_i^c, R_i, O_i - 1, 0)$；

转移率：$[\lambda_{i,O_i(O_i-1)}^{dt} + \lambda_{s_2} p_{i,1}^d I(S_{i,O_i} = l_{i,O_i} - 1)]$。

（11）条件：$\lambda_i^{cr} \leq \lambda_{i,N_i^c}^c < \lambda_{i,k_i}^c$，$O_i^* < O_i \leq g_i^d$ 和 $0 \leq S_{i,O_i} < l_{i,O_i} - 1$；

转移情形：$(N_i^c, L_i, O_i, S_{i,O_i}) \to (N_i^c, L_i, O_i, S_{i,O_i} + 1)$；

转移率：$\lambda_{s_2} p_{i,1}^d$。

假设3：第 i 个保护装置处在相当差的状态下工作，并且为第 i 个子系统提供保护的概率为 $q_{i,1}$。转换的规则如下所示。

（12）条件：$\lambda_i^{cr} \leqslant \lambda_{i,N_i^c}^c < \lambda_{i,k_i-1}^c$ 和 $1 \leqslant O_i \leqslant O_i^*$；

转移情形：$(N_i^c, R_i, O_i, S_{i,O_i}) \rightarrow (N_i^c + 1, R_i, O_i, S_{i,O_i})$；

转移率：$(n_i - N_i^c) \left[q_{i,1}(\varphi_{i,O_i}\lambda_{i,N_i^c}^c + \lambda_{s_1} p_{i,O_i}^{c^*}) + q_{i,2}(\lambda_{i,N_i}^c + \lambda_{s_1} p_{i,1}^c) \right]$。

（13）条件：$N_i^c = k_i - 1$ 和 $1 \leqslant O_i \leqslant O_i^*$；

转移情形：$(N_i^c, R_i, O_i, S_{i,O_i}) \rightarrow F_i$；

转移率：$(n_i - N_i^c) \left[q_{i,1}(\varphi_{i,O_i}\lambda_{i,N_i^c}^c + \lambda_{s_1} p_{i,O_i}^{c^*}) + q_{i,2}(\lambda_{i,N_i}^c + \lambda_{s_1} p_{i,1}^c) \right]$。

（14）条件：$\lambda_i^{cr} \leqslant \lambda_{i,N_i^c}^c < \lambda_{i,k_i}^c$ 和 $1 < O_i \leqslant O_i^*$；

转移情形：$(N_i^c, R_i, O_i, S_{i,O_i}) \rightarrow (N_i^c, R_i, O_i - 1, 0)$；

转移率：$\left[\lambda_{i,O_i(O_i-1)}^{dt} + \lambda_{s_2} p_{i,1}^d I(S_{i,O_i} = l_{i,O_i} - 1) \right]$。

（15）条件：$\lambda_i^{cr} \leqslant \lambda_{i,N_i^c}^c < \lambda_{i,k_i}^c$ 和 $O_i = 1$；

转移情形：$(N_i^c, R_i, O_i, S_{i,O_i}) \rightarrow (N_i^c, N_i, 0, 0)$；

转移率：$\left[\lambda_{i,O_i(O_i-1)}^{dt} + \lambda_{s_2} p_{i,1}^d I(S_{i,O_i} = l_{i,O_i} - 1) \right]$。

（16）条件：$\lambda_i^{cr} \leqslant \lambda_{i,N_i^c}^c < \lambda_{i,k_i}^c$，$0 < O_i \leqslant O_i^*$ 和 $0 \leqslant S_{i,O_i} < l_{i,O_i} - 1$；

转移情形：$(N_i^c, R_i, O_i, S_{i,O_i}) \rightarrow (N_i^c, R_i, O_i, S_{i,O_i} + 1)$；

转移率：$\lambda_{s_2} p_{i,1}^d$。

假设4：第 i 个保护装置在工作一段时间后失效。转换的规则如下所示。

（17）条件：$\lambda_i^{cr} \leqslant \lambda_{i,N_i^c}^c < \lambda_{i,k_i-1}^c$ 和 $O_i = 0$；

转移情形：$(N_i^c, N_i, 0, 0) \rightarrow (N_i^c + 1, N_i, 0, 0)$；

转移率：$(n_i - N_i^c)(\lambda_{i,N_i^c}^c + \lambda_{s_1} p_{i,1}^c)$。

（18）条件：$N_i^c = k_i - 1$ 和 $O_i = 0$；

转移情形：$(N_i^c, N_i, 0, 0) \rightarrow F_i$；

转移率：$(n_i - N_i^c)(\lambda_{i,N_i^c}^c + \lambda_{s_1} p_{i,1}^c)$。

W_i 和 F_i 分别表示第 i 个子系统的工作状态和失效状态。然后，构建第 i 个子系统的转移率矩阵 $\boldsymbol{\Phi}_i$ 如下：

$$\boldsymbol{\Phi}_i = \begin{bmatrix} \boldsymbol{\Phi}_{W_iW_i} & \boldsymbol{\Phi}_{W_iF_i} \\ \boldsymbol{\Phi}_{F_iW_i} & \boldsymbol{\Phi}_{F_iF_i} \end{bmatrix}_{Y_i \times Y_i} = \begin{bmatrix} \boldsymbol{\Phi}_{W_iW_i} & \boldsymbol{\Phi}_{W_iF_i} \\ \boldsymbol{0} & \boldsymbol{0} \end{bmatrix}_{Y_i \times Y_i} \qquad (6-5)$$

矩阵 $\boldsymbol{\Phi}_{W_iW_i}$ 的大小为 $|W_i| \times |W_i|$，包含所有转移态中的一步转移率。从工作状态到吸收状态的转移率组成大小为 $|W_i| \times |F_i|$ 的矩阵 $\boldsymbol{\Phi}_{W_iF_i}$。其他的状态转移不发生，相应的转移率为 0。

第 i 个子系统的可靠性可以由下式计算：

$$R_i(t) = \boldsymbol{\pi}_i \exp(\boldsymbol{\Phi}_{W_iW_i}t)\mathbf{I}_i \qquad (6-6)$$

其中，$\boldsymbol{\pi}_i = (1,0,0,\cdots,0)_{1 \times Y_i}$，$\mathbf{I}_i = (1,1,\cdots,1)^T_{1 \times Y_i}$。下面给出一个例子来解释上述转换规则。

例 6.3 考虑一个系统中含有 4 个部件（$n_3 = 4$）的第三个子系统。部件和保护装置的状态空间分别为 $\Omega_3^c = \{1,0\}$ 和 $\Omega_3^d = \{3,2,1,0\}$。部件的内部退化率达到 $\lambda_3^{cr}(\lambda_{3,0}^c < \lambda_3^{cr} \leqslant \lambda_{3,1}^c)$ 时，触发保护装置。与保护装置向相邻状态退化相关的累积有效冲击的阈值设为 $l_{3,3} = 3$，$l_{3,2} = 2$，$l_{3,1} = 1$。此外，$O_3^* = 1$，即处于状态 1 的保护装置向子系统提供保护和不提供保护的概率分别为 $q_{3,1}$ 和 $q_{3,2}$。当失效部件数达到 3 时，子系统失效（$k_3 = 3$）。根据上述条件，第三个子系统有 18 个过渡态，分别如下所示：$\boldsymbol{\omega}_{3,1} = (0,U_3,3,0)$，$\boldsymbol{\omega}_{3,2} = (0,U_3,2,0)$，$\boldsymbol{\omega}_{3,3} = (0,U_3,1,0)$，$\boldsymbol{\omega}_{3,4} = (0,N_3,0,0)$，$\boldsymbol{\omega}_{3,5} = (1,L_3,3,0)$，$\boldsymbol{\omega}_{3,6} = (1,L_3,3,1)$，$\boldsymbol{\omega}_{3,7} = (1,L_3,3,2)$，$\boldsymbol{\omega}_{3,8} = (1,L_3,2,0)$，$\boldsymbol{\omega}_{3,9} = (1,L_3,2,1)$，$\boldsymbol{\omega}_{3,10} = (2,L_3,3,0)$，$\boldsymbol{\omega}_{3,11} = (2,L_3,3,1)$，$\boldsymbol{\omega}_{3,12} = (2,L_3,3,2)$，$\boldsymbol{\omega}_{3,13} = (2,L_3,2,0)$，$\boldsymbol{\omega}_{3,14} = (2,L_3,2,1)$，$\boldsymbol{\omega}_{3,15} = (1,R_3,1,0)$，$\boldsymbol{\omega}_{3,16} = (2,R_3,1,0)$，$\boldsymbol{\omega}_{3,17} = (1,N_3,0,0)$，$\boldsymbol{\omega}_{3,18} = (2,N_3,0,0)$。则第三个子系统的转移率矩阵如下

为了简便，设 $c_{i(j)}$ 为从第 i 个转移态到第 j 个转移态的转移率：

$$\boldsymbol{\Phi}_{W_3W_3} = \begin{bmatrix} \mathbf{A}_{9\times9} & \mathbf{B}_{9\times9} \\ \mathbf{0}_{9\times9} & \mathbf{C}_{9\times9} \end{bmatrix}$$

其中，

$$\mathbf{A} = \begin{bmatrix} c_{1(1)} & c_{1(2)} & 0 & 0 & c_{1(5)} & 0 & 0 & 0 & 0 \\ 0 & c_{2(2)} & c_{2(3)} & 0 & 0 & 0 & 0 & c_{2(8)} & 0 \\ 0 & 0 & c_{3(3)} & c_{3(4)} & 0 & 0 & 0 & 0 & 0 \\ 0 & 0 & 0 & c_{4(4)} & 0 & 0 & 0 & 0 & 0 \\ 0 & 0 & 0 & 0 & c_{5(5)} & c_{5(6)} & 0 & c_{5(8)} & 0 \\ 0 & 0 & 0 & 0 & 0 & c_{6(6)} & c_{6(7)} & c_{6(8)} & 0 \\ 0 & 0 & 0 & 0 & 0 & 0 & c_{7(7)} & c_{7(8)} & 0 \\ 0 & 0 & 0 & 0 & 0 & 0 & 0 & c_{8(8)} & c_{8(9)} \\ 0 & 0 & 0 & 0 & 0 & 0 & 0 & 0 & c_{9(9)} \end{bmatrix};$$

$$\mathbf{B} = \begin{bmatrix} 0 & 0 & 0 & 0 & 0 & 0 & 0 & 0 & 0 \\ 0 & 0 & 0 & 0 & 0 & 0 & 0 & 0 & 0 \\ 0 & 0 & 0 & 0 & 0 & c_{3(15)} & 0 & 0 & 0 \\ 0 & 0 & 0 & 0 & 0 & 0 & 0 & c_{4(17)} & 0 \\ c_{5(10)} & 0 & 0 & 0 & 0 & 0 & 0 & 0 & 0 \\ 0 & c_{6(11)} & 0 & 0 & 0 & 0 & 0 & 0 & 0 \\ 0 & 0 & c_{7(12)} & 0 & 0 & 0 & 0 & 0 & 0 \\ 0 & 0 & 0 & c_{8(13)} & 0 & c_{8(15)} & 0 & 0 & 0 \\ 0 & 0 & 0 & 0 & c_{9(14)} & c_{9(15)} & 0 & 0 & 0 \end{bmatrix};$$

$$\mathbf{C} = \begin{bmatrix} c_{10(10)} & c_{10(11)} & 0 & c_{10(13)} & 0 & 0 & 0 & 0 & 0 \\ 0 & c_{11(11)} & c_{11(12)} & c_{11(13)} & 0 & 0 & 0 & 0 & 0 \\ 0 & 0 & c_{12(12)} & c_{12(13)} & 0 & 0 & 0 & 0 & 0 \\ 0 & 0 & 0 & c_{13(13)} & c_{13(14)} & 0 & c_{13(16)} & 0 & 0 \\ 0 & 0 & 0 & 0 & c_{14(14)} & 0 & c_{14(16)} & 0 & 0 \\ 0 & 0 & 0 & 0 & 0 & c_{15(15)} & c_{15(16)} & c_{15(17)} & 0 \\ 0 & 0 & 0 & 0 & 0 & 0 & c_{16(16)} & 0 & c_{16(18)} \\ 0 & 0 & 0 & 0 & 0 & 0 & 0 & c_{17(17)} & c_{17(18)} \\ 0 & 0 & 0 & 0 & 0 & 0 & 0 & 0 & c_{18(18)} \end{bmatrix};$$

矩阵中 $c_{i(j)}$ 的值如下：

$$c_{1(1)} = -\left[\lambda_{3,3(2)}^{du} + 4(\lambda_{i,0}^{c} + \lambda_{s_1} p_{3,1}^{c})\right], \quad c_{1(2)} = \lambda_{3,3(2)}^{du}, \quad c_{1(5)} = 4(\lambda_{3,0}^{c} + \lambda_{s_1} p_{3,1}^{c}),$$

$$c_{2(2)} = -\left[\lambda_{3,3(2)}^{du} + 4(\lambda_{3,0}^{c} + \lambda_{s_1} p_{3,1}^{c})\right], \quad c_{2(3)} = \lambda_{3,2(1)}^{du}, \quad c_{2(8)} = 4(\lambda_{3,0}^{c} + \lambda_{s_1} p_{3,1}^{c}),$$

$$c_{3(3)} = -\left[\lambda_{3,1(0)}^{du} + 4(\lambda_{3,0}^{c} + \lambda_{s_1} p_{3,1}^{c})\right], \quad c_{3(4)} = \lambda_{3,1(0)}^{du}, \quad c_{3(15)} = 4(\lambda_{3,0}^{c} + \lambda_{s_1} p_{3,1}^{c}),$$

$$c_{4(4)} = -4(\lambda_{3,0}^{c} + \lambda_{s_1} p_{3,1}^{c}), \quad c_{4(17)} = 4(\lambda_{3,0}^{c} + \lambda_{s_1} p_{3,1}^{c}), \quad c_{5(5)} = -\left[\lambda_{s_2} p_{3,1}^{d} + \lambda_{3,3(2)}^{dt} + 3(\varphi_{3,3}\lambda_{3,1}^{c} + \lambda_{s_1} p_{3,3}^{c^*})\right], \quad c_{5(6)} = \lambda_{s_2} p_{3,1}^{d}, \quad c_{5(8)} = \lambda_{3,3(2)}^{dt}, \quad c_{5(10)} = 3(\varphi_{3,3}\lambda_{3,1}^{c} + \lambda_{s_1} p_{3,3}^{c^*}), \quad c_{6(6)} = -\left[\lambda_{s_2} p_{3,1}^{d} + \lambda_{3,3(2)}^{dt} + 3(\varphi_{3,3}\lambda_{3,1}^{c} + \lambda_{s_1} p_{3,3}^{c^*})\right],$$

$$c_{6(7)} = \lambda_{s_2} p_{3,1}^{d}, \quad c_{6(8)} = \lambda_{3,3(2)}^{dt}, \quad c_{6(11)} = 3(\varphi_{3,3}\lambda_{3,1}^{c} + \lambda_{s_1} p_{3,3}^{c^*}), \quad c_{7(7)} = -\left[\lambda_{3,3(2)}^{dt} + \lambda_{s_2} p_{3,1}^{d} + 3(\varphi_{3,3}\lambda_{3,1}^{c} + \lambda_{s_1} p_{3,3}^{c^*})\right], \quad c_{7(8)} = \lambda_{3,3(2)}^{dt} + \lambda_{s_2} p_{3,1}^{d}, \quad c_{7(12)} = 3(\varphi_{3,3}\lambda_{3,1}^{c} + \lambda_{s_1} p_{3,3}^{c^*}), \quad c_{8(8)} = -\left[\lambda_{s_2} p_{3,1}^{d} + 3(\varphi_{3,2}\lambda_{3,1}^{c} + \lambda_{s_1} p_{3,2}^{c^*}) + \lambda_{3,2(1)}^{dt}\right],$$

$$c_{8(9)} = \lambda_{s_2} p_{3,1}^{d}, \quad c_{8(13)} = 3(\varphi_{3,2}\lambda_{3,1}^{c} + \lambda_{s_1} p_{3,2}^{c^*}), \quad c_{8(15)} = \lambda_{3,2(1)}^{dt}, \quad c_{9(9)} = -\left[3(\lambda_{3,2}^{c^*} + \lambda_{s_1} p_{3,2}^{c^*}) + \lambda_{3,2(1)}^{dt} + \lambda_{s_2} p_{3,1}^{d}\right], \quad c_{9(14)} = 3(\varphi_{3,2}\lambda_{3,1}^{c} + \lambda_{s_1} p_{3,2}^{c^*}), \quad c_{9(15)} = \lambda_{3,2(1)}^{dt} + \lambda_{s_2} p_{3,1}^{d}, \quad c_{10(10)} = -\left[\lambda_{s_2} p_{3,1}^{d} + \lambda_{3,3(2)}^{dt}\right], \quad c_{10(11)} = \lambda_{s_2} p_{3,1}^{d}, \quad c_{10(13)} = \lambda_{3,3(2)}^{dt}, \quad c_{11(11)} = -\left[\lambda_{s_2} p_{3,1}^{d} + \lambda_{3,3(2)}^{dt}\right], \quad c_{11(12)} = \lambda_{s_2} p_{3,1}^{d}, \quad c_{11(13)} = \lambda_{3,3(2)}^{dt}, \quad c_{12(12)} = -\left[\lambda_{3,3(2)}^{dt} + \lambda_{s_2} p_{3,1}^{d}\right], \quad c_{12(13)} = \lambda_{3,3(2)}^{dt} + \lambda_{s_2} p_{3,1}^{d}, \quad c_{13(13)} = -(\lambda_{3,2(1)}^{dt} + \lambda_{s_2} p_{3,1}^{d}), \quad c_{13(14)} = \lambda_{s_2} p_{3,1}^{d}, \quad c_{13(16)} = \lambda_{3,2(1)}^{dt}, \quad c_{14(14)} = -\left[\lambda_{3,2(1)}^{dt} + \lambda_{s_2} p_{3,1}^{d}\right], \quad c_{14(16)} = \lambda_{3,2(1)}^{dt} + \lambda_{s_2} p_{3,1}^{d},$$

$$c_{15(15)} = -\left[3q_{3,1}(\varphi_{3,1}\lambda_{3,1}^{c} + \lambda_{s_1} p_{3,1}^{c^*}) + 3q_{3,2}(\lambda_{3,1}^{c} + \lambda_{s_1} p_{3,1}^{c}) + \lambda_{3,1(0)}^{dt} + \lambda_{s_2} p_{3,1}^{d}\right],$$

$$c_{15(16)} = 3\left[q_{3,1}(\varphi_{3,1}\lambda_{3,1}^{c} + \lambda_{s_1} p_{3,1}^{c^*}) + q_{3,2}(\lambda_{3,1}^{c} + \lambda_{s_1} p_{3,1}^{c})\right], \quad c_{15(17)} = \lambda_{3,1(0)}^{dt} + \lambda_{s_2} p_{3,1}^{d}, \quad c_{16(16)} = -\left[\lambda_{3,1(0)}^{dt} + \lambda_{s_2} p_{3,1}^{d}\right], \quad c_{16(18)} = \lambda_{3,1(0)}^{dt} + \lambda_{s_2} p_{3,1}^{d}, \quad c_{17(17)} = -3(\lambda_{3,1}^{c} + \lambda_{s_2} p_{3,1}^{d}), \quad c_{17(18)} = 3(\lambda_{3,1}^{c} + \lambda_{s_2} p_{3,1}^{d})$$ 和 $c_{18(18)} = 0$。

为了利用马尔可夫嵌入法推导出各子系统的状态概率函数，首先要对过渡态进行排序。过渡态的排序算法如算法 6 - 1 所示。

算法 6-1	过渡态的排序算法

算法：对过渡态排序

输入：第 i 个子系统所有过渡态的总数为 $|W_i|$；排序前第 i 个子系统的过渡态：$\Theta_i^0 = \omega_{i,y_i}^1$，$\omega_{i,y_i}^2$，$\cdots$，$\omega_{i,y_i}^{|W_i|}$。

输出：排序后第 i 个子系统的过渡态：$\Theta_i = \omega_{i,y_i}^1$，$\omega_{i,y_i}^2$，$\cdots$，$\omega_{i,y_i}^{|W_i|}$。

```
1： Begin
2：        Initialization：Set μ = 1，η = 1;
3：        for (μ = 1; μ < |W_i|; {μ + +; η = 1})
4：            for (η = 1; η < |W_i| - μ + 1; η + +)
5：                if N_{i,η}^c = N_{i,η+1}^c,
6：                    if I_{i,η} = I_{i,η+1},
7：                        if O_{i,η} = O_{i,η+1},
8：                            if S_{i,O_{i,η}} < S_{i,O_{i,η+1}}, η = η + 1;
9：                            else {ω_{i,y_i}^* = ω_{i,y_i}^η; ω_{i,y_i}^η = ω_{i,y_i}^{η+1}; ω_{i,y_i}^{η+1} = ω_{i,y_i}^*;}
10：                        end
11：                        else if O_{i,η} < O_{i,η+1}, η = η + 1;
12：                        else {ω_{i,y_i}^* = ω_{i,y_i}^η; ω_{i,y_i}^η = ω_{i,y_i}^{η+1}; ω_{i,y_i}^{η+1} = ω_{i,y_i}^*;}
13：                    end
14：                    else if I_{i,η} < I_{i,η+1}, η = η + 1;
15：                    else {ω_{i,y_i}^* = ω_{i,y_i}^η; ω_{i,y_i}^η = ω_{i,y_i}^{η+1}; ω_{i,y_i}^{η+1} = ω_{i,y_i}^*;}
16：                end
17：                else if N_{i,η}^c < N_{i,η+1}^c, η = η + 1;
18：                else {ω_{i,y_i}^* = ω_{i,y_i}^η; ω_{i,y_i}^η = ω_{i,y_i}^{η+1}; ω_{i,y_i}^{η+1} = ω_{i,y_i}^*;}
19：            end
20：        end
21： End
```

在上面的流程图中，$\omega_{i,y_i}^z = (N_{i,z}^c, I_{i,z}, O_{i,z}, S_{i,O_{i,z}})$ 表示为过渡态中的第 z 个状态。为方便编写第 i 个子系统的算法流程，令指标变量的值 U_i、L_i、R_i 和 N_i 分别等价于 1、2、3、4。Θ_i 是对第 i 个子系统的过渡态重新排序后的状态空间。例如，$(2, L_2, 1, 1)$，$(2, L_2, 1, 0)$，$(1, U_2, 2, 0)$，$(0, U_2, 2, 0)$，$(1, U_2, 1, 0)$ 重新排序后为 $(0, U_2, 2, 0)$，$(1, U_2, 2, 0)$，$(1, U_2, 1, 0)$，$(2, L_2, 1, 0)$，$(2, L_2, 1, 1)$。

所有过渡态的概率向量可以由以下公式得到：

$$\mathbf{P}_i^{sub}(t) = \boldsymbol{\pi}_i \exp(\boldsymbol{\Phi}_{W_i W_i} t) \tag{6-7}$$

其中，$\boldsymbol{\pi}_i = (1,0,0,\cdots,0)_{1 \times Y_i}$。概率向量为 $\mathbf{P}_i^{sub}(t) = (P_{i,1}^{sub}(t), P_{i,2}^{sub}(t), \cdots,$
$P_{i,|\Theta_i|}^{sub}(t))$，其中 $P_{i,z}^{sub}(t)$ 是状态空间 Θ_i 中的第 $z(z=1,2,\cdots,|\Theta_i|)$ 个状态。
$Z_{i,N_i^c} = \sum\limits_{\alpha=0}^{N_i^c} |\Theta_{i,\alpha}|$ 表示为马尔可夫过程中失效部件数从 0 到 N_i^c（$N_i^c =$
$0,1,\cdots,k_i-1$）内的状态总数。则第 i 个子系统的状态概率可以由下式
求得：

$$\mathbf{P}_i(t) = (\sum_{z=1}^{Z_{i,0}} P_{i,z}^{sub}(t), \sum_{z=Z_{i,0}+1}^{Z_{i,1}} P_{i,z}^{sub}(t), \cdots, \sum_{z=Z_{i,k_i-2}+1}^{Z_{i,k_i-1}} P_{i,z}^{sub}(t)) \tag{6-8}$$

为了得到向量 $\mathbf{P}_i(t)$ 中的第 β 个元素，定义函数 obtainp$(\mathbf{P}_i(t),\beta)$。失
效部件数为 β 的概率为 $P_{i,\beta}(t) = $ obtainp$(\mathbf{P}_i(t),\beta+1)$。

二、整个系统可靠度分析

在得到子系统的可靠性后，可以利用通用生成函数法（UGF）推导出
整个系统的可靠性。推导整个系统的性能 H^{sys} 之前，需要获得每个子系统
$E_i = (u_i, u_i-1, \cdots, 0)$ 的性能 $H_{i,E_i}(i=1,2,\cdots,m; E_i = u_i, u_i-1, \cdots, 0)$。子系
统性能水平为 H_{i,E_i} 的概率等于子系统处于状态 E_i 的概率。将 $P_{i,E_i}^{st}(t)$ 定义
为第 i 个子系统处于状态 E_i、性能水平为 H_{i,E_i} 的概率如下：

$$P_{i,E_i}^{st}(t) = \begin{cases} \sum\limits_{\beta=0}^{D_{u_i}^i-1} P_{i,\beta}(t), & \text{如果 } E_i = u_i \\ \sum\limits_{\beta=D_{v_i+1}^i}^{D_{v_i}^i-1} P_{i,\beta}(t), & \text{如果 } E_i = v_i, \text{对于 } v_i = u_i-1, u_i-2, \cdots, 1 \\ \sum\limits_{\beta=D_1^i}^{n_i} P_{i,\beta}(t), & \text{如果 } E_i = 0 \end{cases}$$

$$\tag{6-9}$$

第 i 个子系统的 UGF 表达式可以表示为：

$$U_i(t,z) = \sum_{E_i=0}^{u_i} P_{i,E_i}^{st}(t) z^{H_{i,E_i}} = P_{i,0}^{st}(t) z^{H_{i,0}} + P_{i,1}^{st}(t) z^{H_{i,1}} + \cdots + P_{i,u_i}^{st}(t) z^{H_{i,u_i}}$$

$$(6-10)$$

设 $U_s(t,z)$ 为整个系统的 UGF 表达式，可以通过以下递归过程推导。

步骤（1）：令 $U_\Omega(t, z) = U_\phi(t, z) = z^0$。

步骤（2）：对于 $i=1, 2, \cdots, m$，如方程（6-11）所示，重复以下过程，并规定 $\Omega = \Omega \cup i$，可以推导出 $U_{\Omega \cup i}(t,z) = U_\Omega(t,z) \underset{+}{\otimes} U_i(t,z)$：

$$\begin{aligned}
U_{\Omega \cup i}(t,z) &= U_\Omega(t,z) \underset{+}{\otimes} U_i(t,z) \\
&= \left(\sum_{h=1}^{\kappa_\Omega} \pi_{\Omega,h}^{st}(t) z^{H_{\Omega,h}} \right) \underset{+}{\otimes} \left(\sum_{E_i=0}^{u_i} P_{i,E_i}^{st}(t) z^{H_{i,E_i}} \right) \\
&= \sum_{h=1}^{\kappa_\Omega} \sum_{E_i=0}^{u_i} \pi_{\Omega,h}^{st}(t) P_{i,E_i}^{st}(t) z^{H_{\Omega,h}+H_{i,E_i}} \\
&= \sum_{h=1}^{\kappa_{\Omega \cup i}} \pi_{\Omega \cup i,h}^{st}(t) z^{H_{\Omega,h}+H_{i,E_i}}
\end{aligned} \qquad (6-11)$$

可得 $U_s(t,z) = \sum_{h=1}^{\kappa} \pi_h^{st}(t) z^{H_h^{sys}}$。$H_h^{sys}$ 和 $\pi_h^{st}(t)$ 分别表示整个系统总体性能的第 h 个可能的情况和第 h 个可能情况对应的概率。κ 表示系统总体性能所有可能的总数。为方便起见，定义指标函数 $I(x) = \begin{cases} 1, & \text{如果 } x \text{ 为真} \\ 0, & \text{如果 } x \text{ 为假} \end{cases}$。整个系统的状态概率函数计算如下：

$$R_{E^{sys}}(t) = \begin{cases} \sum_{h=1}^{\kappa} \pi_h^{st}(t) I(H_h^{sys} \geq r_b), & E^{sys} = b \\[3mm] \sum_{h=1}^{\kappa} \pi_h^{st}(t) I(r_a \leq H_h^{sys} < r_{a+1}), & E^{sys} = a, \text{对于 } a = b-1, b-2, \cdots, 1 \\[3mm] \sum_{h=1}^{\kappa} \pi_h^{st}(t) I(0 \leq H_h^{sys} < r_1), & E^{sys} = 0 \end{cases}$$

$$(6-12)$$

第四节 工程应用实例

在本节中，提出了通过航空发动机涡轮系统的应用来证明本研究所提出的可靠性模型。该系统中有 3 个子系统，记为 $m = 3$。第一个子系统为定子叶子系统，其中有 3 个相同的导叶（$n_1 = 3$），转子叶片子系统包含 4 个相同的涡轮叶片（$n_2 = 4$），涡轮盘系统包含 4 个榫槽（$n_3 = 4$）。每个子系统中的部件都为两态（$\Omega_i^c = \{1, 0\}, i = 1, 2, 3$）。当失效部件数量分别达到 2、3、3 时，各子系统失效（$k_1 = 2, k_2 = 3, k_3 = 3$）。

在高温工作环境下，航空发动机涡轮系统受到有效冲击的影响，且来自冲击源 I 的冲击到达率服从 $\lambda_{s_1} = 10/$年的均匀泊松过程。三个子系统受到有效冲击的概率分别为：$p_{1,1}^c = 0.6$、$p_{2,1}^c = 0.4$、$p_{3,1}^c = 0.6$。三种类型部件的状态停留时间服从指数分布。内部退化率与失效部件的数量有关，三种部件的初始退化率分别为 $\lambda_{1,0}^c = 4/$年、$\lambda_{2,0}^c = 5/$年、$\lambda_{3,0}^c = 2/$年。各子系统中工作部件的内部退化率与失效部件的数量有关，并且负载因子为 $\gamma_1 = \gamma_2 = \gamma_3 = 1$。可以得到三个子系统中所有可能的内部退化率为 $\lambda_{1,1}^c = 6/$年、$\lambda_{2,1}^c = \dfrac{20}{3}/$年、$\lambda_{2,2}^c = 10/$年、$\lambda_{3,1}^c = \dfrac{8}{3}/$年、$\lambda_{3,2}^c = 4/$年。表 6 - 1 列出了与子系统中失效部件数相关的状态空间，以及各个状态下的性能水平。

表 6 - 1　　　三个子系统的状态定义以及各个状态下对应的性能

子系统 1：$\Omega_1^{sub} = \{2, 1, 0\}$	E_1	N_1^c	H_{1, E_1}
	2	0	6
	1	1	2
	0	2	0
子系统 2：$\Omega_2^{sub} = \{3, 2, 1, 0\}$	E_2	N_2^c	H_{2, E_2}
	3	0	12
	2	1	6
	1	2	2
	0	3	0

续表

	E_3	N_3^c	H_{3,E_3}
子系统3：$\Omega_3^{sub} = \{2,\ 1,\ 0\}$	2	0	5
	1	1；2	2
	0	3	0

当部件内部退化率达到临界值（$\lambda_1^{cr} = 6$/年、$\lambda_2^{cr} = 8$/年、$\lambda_3^{cr} = 5$/年）时，可触发冷却系统。冷却系统工作时，退化率较高（相关参数见表 6-2）；并且工作时会受到来源 Ⅱ 冲击的影响，冲击的到达为到达率为 $\lambda_{s_2} = 8$/年泊松过程，到达冷却系统的冲击为有效冲击的概率分别为 $p_{1,1}^d = 0.5$、$p_{2,1}^d = 0.6$、$p_{3,1}^d = 0.4$。当受到来源 Ⅱ 的有效冲击数量达到以下预设值 $l_{1,3} = 3$、$l_{1,2} = 2$、$l_{1,1} = 1$、$l_{2,2} = 3$、$l_{2,1} = 2$、$l_{3,2} = 2$、$l_{3,1} = 1$ 时，冷却系统会退化到更差的状态。在保护下，部件的内部退化率和部件受到有效冲击的概率会降低（见表 6-3）。冷却系统在处于状态 1（$O_1^* = O_2^* = O_3^* = 1$）时可能无法提供保护。当处于状态 1 时，冷却系统分别以 0.8、0.6、0.8（$q_{1,1} = 0.8$，$q_{2,1} = 0.6$，$q_{3,1} = 0.6$）的概率能够保护各子系统。

表 6-2　　　　　　　　　　　**保护装置的退化率**

情况 1：保护装置未被触发				
保护装置	状态空间	$\lambda_{i,3(2)}^{du}$	$\lambda_{i,2(1)}^{du}$	$\lambda_{i,1(0)}^{du}$
1	$\Omega_1^d = \{3,2,1,0\}$	1/年	0.6/年	0.4/年
2	$\Omega_2^d = \{2,1,0\}$	—	1/年	0.8/年
3	$\Omega_3^d = \{2,1,0\}$	—	1.5/年	0.8/年
情况 2：保护装置工作时				
保护装置	状态空间	$\lambda_{i,3(2)}^{dt}$	$\lambda_{i,2(1)}^{dt}$	$\lambda_{i,1(0)}^{dt}$
1	$\Omega_1^d = \{3,2,1,0\}$	2.5/年	1.5/年	1/年
2	$\Omega_2^d = \{2,1,0\}$	—	2/年	1.5/年
3	$\Omega_3^d = \{2,1,0\}$	—	2.8/年	1.2/年

表 6 – 3 保护装置保护时的相关参数

子系统 i	$p_{i,3}^{c*}$	$p_{i,2}^{c*}$	$p_{i,1}^{c*}$	$\varphi_{i,3}$	$\varphi_{i,2}$	$\varphi_{i,1}$
1	0.2	0.4	0.5	0.6	0.8	0.9
2	—	0.1	0.3	—	0.5	0.8
3	—	0.4	0.5	—	0.8	0.9

值得注意的是，在该模型中涉及许多参数，且在实施所提出的模型应用之前，估计模型参数是很重要的。模型参数估计的方法有许多，比如结合贝叶斯网络模型和最小二乘方法[126]，可用于估计多状态系统中部件的转换矩阵。本章中部件和保护装置的状态停留时间遵循指数分布，因此可以采用与寿命数据的指数分布应用相关的方法[127]。参数的最大似然估计量（MLEs）可以通过期望最大化（EM）算法来计算[128]。通过矩估计和最大似然估计，还可以估计出其他模型参数。此外，在对所记录的历史数据进行观察和分析的基础上，提供了保护装置的条件保护概率的估计过程。作为一个例子，如下提供了一个使用 MLE 估计参数 $q_{i,1}$ 的详细过程。

最大似然估计（MLE）是一种统计方法，用于估计一个概率模型中的一个未知参数的值，给定一组观测数据。为了得到保护装置的条件保护概率 $q_{i,1}$，该方法的具体步骤如下。

（1）令随机变量 X 表示保护装置在不良状态下是否提供保护，$X=0$ 表示保护装置不提供保护，$X=1$ 表示保护装置提供保护。重复实验 M 次，得到结果 x_1，x_2，$\cdots$，x_M。

（2）建立一个概率模型。上述情况发生的概率用式（6 – 13）表示为：

$$P(X_1 = x_1, \cdots, X_M = x_m; q_{i,1}) = \prod_{n=1}^{M} q_{i,1}^{x_n} (1 - q_{i,1})^{1-x_n}$$

$$= q_{i,1}^{\sum_{n=1}^{M} x_n} (1 - q_{i,1})^{M - \sum_{n=1}^{M} x_n} \qquad (6 - 13)$$

（3）用观测数据写出似然函数。式（6 – 14）可以看作是参数 $q_{i,1}$ 的函数，用 $L(q_{i,1})$ 表示。

$$L(q_{i,1}) = q_{i,1}^{\sum_{n=1}^{M} x_n} (1 - q_{i,1})^{M - \sum_{n=1}^{M} x_n} \qquad (6 - 14)$$

（4）取似然函数的对数。

$$\ln L(q_{i,1}) = \ln q_{i,1}^{\sum_{n=1}^{M} x_n} + \ln (1 - q_{i,1})^{M - \sum_{n=1}^{M} x_n}$$

$$= \sum_{n=1}^{M} x_n \ln q_{i,1} + (M - \sum_{n=1}^{M} x_n) \ln (1 - q_{i,1})$$

$$(6-15)$$

（5）对对数方程 $q_{i,1}$ 求导，使求导后等于 0，得到以下方程。

$$\frac{\partial \ln L(q_{i,1})}{\partial q_{i,1}} = \frac{\sum_{n=1}^{M} x_n}{q_{i,1}} - \frac{M - \sum_{n=1}^{M} x_n}{1 - q_{i,1}} = 0 \qquad (6-16)$$

然后，可以推导出 $q_{i,1}$ 的最大似然估计如下。

$$\widehat{q_{i,1}} = \widehat{q_{i,1}}(x_1, x_2, \cdots, x_M) = \frac{\sum_{n=1}^{M} x_n}{M} = \bar{x} \qquad (6-17)$$

整个系统的状态空间为 $\Omega^{sys} = \{2, 1, 0\}$。当整个系统的性能大于或等于 15 时，系统处于状态 2；当性能低于 15 且不小于 5 时，系统处于状态 1；当性能低于 5 时，系统就会失效。

图 6-5 显示了三个子系统在不同有效冲击概率（$p_{i,1}^c = 0.1, 0.5, 0.9$，$i = 1, 2, 3$）的可靠性。如果来源 I 的有效冲击概率较高，子系统更容易失效。对于这三个子系统，当 $p_{i,1}^c$ 从 0.1 变化到 0.5 时，可靠性比从 0.5 到 0.9 的下降得更明显。通过比较，来源 I 的有效冲击对涡轮盘系统（子系统 3）的影响最大。因此，在来源 I 有效冲击的概率变化时，子系统 3 的变化最明显。

当冷却系统被不同条件触发时（$\lambda_i^{cr}, i = 1, 2, 3$），三个子系统的可靠性如图 6-6 所示，$\lambda_i^{cr} = 0 (i = 1, 2, 3)$ 表示冷却系统一开始就被激活。$\lambda_1^{cr} = 10$、$\lambda_2^{cr} = 15$、$\lambda_3^{cr} = 5$ 表示直到子系统失效，也没有触发冷却系统。可以观察到，子系统的可靠性与阈值 $\lambda_i^{cr} (i = 1, 2, 3)$ 成反比，原因是临界触发阈值较低的保护装置可以更早地抵御冲击并降低部件的内部退化率。由于来源 II 冲击的影响和运行中保护装置的内部退化，保护装置早期激活带来的优势随着时间的推移而降低。然而，在现实中，考虑到运行成本，保护装置

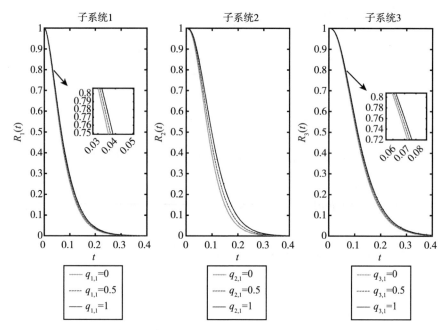

图 6-5　三个子系统在不同有效冲击概率下的可靠性随时间而变化

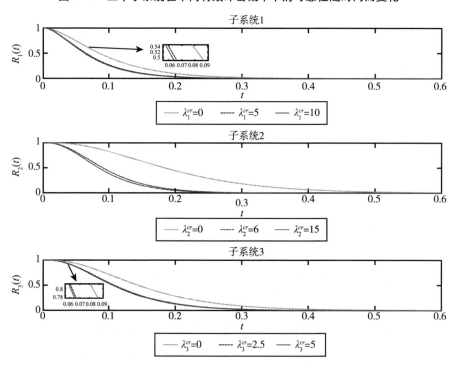

图 6-6　保护装置触发阈值变化时，三个子系统的可靠性变化

一开始不会触发，最优的保护装置触发机制值得进一步研究。由于转子叶片（子系统 2）配备的保护装置所带来的保护效果最大，因此当保护装置从一开始就被触发时，相比于其他两个子系统，转子叶片的可靠性得到了最大的提高。

图 6 – 7 描述了冷却系统处于较差状态时能够以不同概率 $q_{i,1}(i=1,2,3)$ 保护子系统时，三个子系统的可靠性变化。尽管在不同的情况下，每个子系统的可靠性差异是微妙的，但仍然可以看出，$q_{i,1}$ 的增加会导致失效概率降低。这些微小的差异源于处于较差状态下的保护装置无法为每个子系统提供太多保护。因此，$q_{i,1}$ 的提高对子系统可靠性的影响很小。此外，从图 6 – 7 中可以发现，保护装置能提供保护的概率的增加使子系统的失效风险降低。因此，在设计保护装置时，应努力增加保护装置在较差状态下提供保护的可能性。

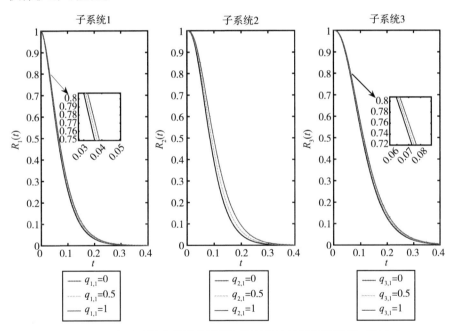

图 6 – 7　三个子系统在保护装置不同保护概率下的可靠性随时间变化

航空发动机涡轮系统在不同状态下的概率及其可靠性随时间的变化分别如图 6 – 8 （a） 和图 6 – 8 （b） 所示。$Z_v(t)$ 表示航空发动机涡轮系统在 t 时刻处于状态 $v(v=0,1,2)$ 的概率。在图 6 – 8 （a） 中，$t=0$ 时系统处于在最佳状态 2 下的概率等于 1，然后处于状态 2 的概率随时间单调递减。系统处于状态 1 时的概率上升并在 $t = 0.05$ 时达到最高，然后下降，在 $t = 0.4$ 时下降到 0。与 $Z_2(t)$ 相反，$Z_0(t)$ 的特征是不断增加并在 $t = 0.4$ 时接近 1。如图 6 - 8（b）所示，$R(t)$ 等于 $Z_1(t)$ 与 $Z_2(t)$ 的和，且与 $Z_2(t)$ 曲线相比，以较低的递减率单调递减。

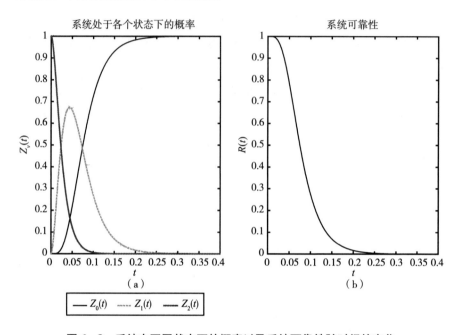

图 6 - 8　系统在不同状态下的概率以及系统可靠性随时间的变化

第五节　本章小结

　　本章建立了一种新的可靠性模型来研究包含 m 个不同的负载分担子系统的基于性能的系统可靠性。每个子系统中的部件都会受到外部冲击和内部退化的影响。此外，工作部件的内部退化率随失效部件数的增加而增大。当一个子系统的内部退化率达到预设值时，将触发保护装置。工作前保护装置的退化速率较低，而触发后保护装置的退化不仅是由于较高的内部退化率，同时也由于外部冲击。每个保护装置通过降低外部冲击的概率和部件的内部退化率为部件提供保护，并且保护水平与保护装置的状态有关。此外，第 i 个保护装置在较差状态下能够保护部件的概率为 $q_{i,1}$。第 i 个子系统的性能可以根据子系统中部件故障的数量划分为不同的水平。根据子系统的整体性能，可以对系统状态进行划分。利用马尔可夫嵌入法和通用生成函数法，分别得到了各子系统和整个系统的可靠性指标。最后，为了证明该模型的正确性和适用性，给出了数值实例进行了验证。

　　本章的局限性总结如下，今后的研究可以从以下方面扩展：（1）本模型中的部件是两态，但实际上部件通常有多个状态，所以模型中部件的状态可以扩展到多状态。（2）本模型中使用的负载分担规则为同等负载分担规则，但工程系统中可能存在其他负载分担规则或复合负载分担规则。因此，可以对其他负载分担规则进行进一步研究。（3）本章致力于可靠性模型的构建，尚未研究其优化模型。保护装置被触发的时间会影响系统的管理成本。在未来的研究中，可以进行优化保护装置的触发条件，以实现在可靠性约束下的成本最小化。

第七章

冲击环境下配有多部件保护装置的自愈系统可靠性建模与分析

第一节 / **引言**

　　自愈材料因其在提高系统可靠性方面的显著性能而在实际工程领域得到了广泛应用，包括管道运输、电力系统及航空航天等。例如，在输水管道系统中，研究人员开发了自愈防腐涂层用于防止管道的腐蚀，这种涂层能够在管道受损时自动修补损伤部位，预防进一步的腐蚀和泄漏。保护装置作为提高系统可靠性的另一种有效途径，在实际工程应用中常与自愈材料结合使用以降低系统失效风险。例如，带有冷却系统的自愈型多缸柴油机展现了此类应用。在多缸柴油机中，摩擦磨损和温度升高是子系统失效的主要原因，冷却系统则通过维持适宜的工作温度以防止过热和潜在损害。此外，自修复润滑油的使用能够减轻由摩擦引起的损伤。尽管现有研究已经分析了单部件保护装置对系统寿命延长的影响[109,129,130]，但关于多部件保护装置与自愈机制的交互作用的研究仍然不足。目前自愈机制的可靠性研究通常只考虑系统具备单一的自愈能力[61,72,74]，尚未考虑结合保护机制和自愈机制的复杂系统的可靠性分析。然而，这类研究对于设计更加可靠和高效的工程系统具有重要意义。

为了填补配备保护装置的自愈型系统在可靠性研究方面的空白，本章以一个配有多部件保护装置的自愈型管道系统为对象，构建了一个复杂的多态连续型表决系统模型。每个子系统根据其所处的冲击环境配备了包含不同数量保护部件的保护装置。根据保护装置中保护部件的工作数量，将保护装置的性能划分为多个等级。此外，在自愈机制和保护机制的共同作用下，当子系统因自愈机制的触发而恢复到保护装置的触发阈值以上，保护装置将进入待机状态。通过有限马尔可夫链嵌入法、PH 分布和蒙特卡洛仿真技术，本章推导了各子系统以及整个系统的可靠性指标的解析表达式。最后，基于配备多部件保护装置的自愈型管道系统的工程实例进行大量的灵敏度分析，不仅验证了所构建模型以及所应用方法的有效性，还进一步证明了结合自愈材料和保护装置在提高系统可靠性方面的巨大潜力，为工业工程相关领域的研究与实践提供了宝贵的参考。

第二节 模型假设与模型描述

一、系统退化描述

本章所构建的系统包含 n 个相同的子系统，其中每个子系统根据其所处冲击环境的恶劣程度的不同而配备了包含不同数量保护部件的保护装置，即子系统 $a(a=1,2,\cdots,n)$ 配备了包含 $d_a(d_a \geq 1)$ 个保护部件的保护装置。该系统的结构如图 7-1 所示。

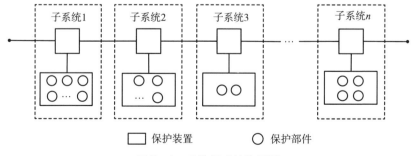

图 7-1 系统组成结构示例

每个子系统具有 $h+1$ 个状态，其状态空间表示为 $\{h, h-1, \cdots, 0\}$，其中状态 h 代表子系统处于初始状态，状态 0 代表子系统处于失效状态。子系统在运行过程中遭受有效冲击和无效冲击的概率分别为 $p_{a,1}$ 和 $p_{a,2}$，且 $p_{a,1}+p_{a,2}=1$。子系统 a 在状态 $s_a(s_a=h, h-1, \cdots, 2)$ 遭受累积 g_{a,s_a-1} 次有效冲击后，其状态将由 s_a 退化到相邻更差状态 s_a-1。其中，$g_{a,h-1}$，$g_{a,h-2}, \cdots, g_{a,1}$ 是提前设定好的阈值，表示子系统 a 从某一状态退化至相邻更差状态需要经历的有效冲击数量。此外，由于状态越差的子系统在受到冲击时其状态更容易发生退化，因此满足 $g_{a,s_a-2}<g_{a,s_a-1}$。子系统 a 在状态 1 遭受累积 $g_{a,0}$ 次有效冲击后失效。系统中连续 f_c 个失效子系统构成一个失效游程，当整个系统中不重叠的失效子系统游程数量达到 f_t 时（$n \geq f_t f_c$），整个系统失效。

二、子系统的自愈机制描述

由于子系统使用了自愈材料从而具有自愈机制，它是系统本身所固有的性能，能够利用系统内部的资源自发修复先前有效冲击造成的损伤。具体而言，当状态为 s_a 的子系统 a 遭受连续 b_{a,s_a} 次无效冲击时，其自愈机制将被触发。同时，子系统 a 所经历的有效冲击的累积次数减少 1 次，这表明先前一次有效冲击对子系统造成的损伤被修复。该自愈触发条件可以具体解释为：当子系统在一段时间内未遭受有效冲击时，先前有效冲击所造成的损害会得以自发修复。此外，当子系统 a 在当前状态下的累积有效冲击为零，并且自愈机制被触发，则子系统会恢复到相邻更优的状态。然而，当施加在子系统 a 上的有效冲击总数达到阈值 c_a 时，子系统 a 不再具有自愈性能。此外，只要满足触发条件，子系统的自愈机制可以多次被触发。

三、保护装置描述

子系统 a 的保护装置有三种可能的运行状态：工作、待机和失效。当

子系统 a 的状态 s_a 退化至 $w_a (0 < w_a < h)$ 时，保护装置被触发并开始工作。同时，保护装置在工作过程中也会受到不同于子系统所受到的外部冲击的影响。具体而言，保护装置工作时，其内部的每个保护部件在遭受冲击时存在两种情况：以 $q_{a,1}$ 的概率遭受致命冲击而失效，或以 $q_{a,2}$ 的概率遭受非致命冲击而存活，其中 $q_{a,1} + q_{a,2} = 1$。此外，由于子系统具有自愈性能，当子系统 a 的状态在自愈机制的作用下由 w_a 恢复至 $w_a + 1$ 时，保护装置会进入待机状态。如果子系统的状态再次退化到 w_a 时，保护装置将被重新激活并开始工作。

子系统 a 的保护装置开始工作后，它能有效降低子系统 a 受到有效冲击的概率。根据保护装置中保护部件的工作数量 m_a，将每个保护装置的性能等级划分为 $L + 1$ 个等级，并表示为 $U_a = \{L, L-1, \cdots, 0\}$，等级划分的具体情形为：

$$U_a = \begin{cases} L, & \text{当 } d_{a,L-1} < m_a \leqslant d_{a,L} \text{时} \\ L-1, & \text{当 } d_{a,L-2} < m_a \leqslant d_{a,L-1} \text{时} \\ \quad\vdots & \\ 1, & \text{当 } d_{a,0} < m_a \leqslant d_{a,1} \text{时} \\ 0, & \text{当 } m_a \leqslant d_{a,0} \text{时} \end{cases} \qquad (7-1)$$

其中，L 表示保护装置处于最高性能等级，能最大程度降低子系统受到有效冲击的概率；0 表示保护装置处于最低性能等级，此时保护装置对子系统不再具有保护作用，即保护装置失效。此外，$d_{a,0}, d_{a,1}, \cdots, d_{a,L}$ 表示划分保护装置性能级别的阈值。当子系统 a 的保护装置在性能等级 U_a 工作时，其所对应的保护等级为 $\gamma_{a,U_a} (0 < \gamma_{a,U_a} \leqslant 1)$，即子系统 a 的保护装置在等级 U_a 工作时，其所遭受的有效冲击概率降至 $\gamma_{a,U_a} p_{a,1}$，并且 γ_{a,U_a} 满足 $\gamma_{a,L} < \gamma_{a,L-1} < \cdots < \gamma_{a,0}$。

例 7.1　为了更好地说明系统的运行过程，以一个三态子系统 3 为例进行说明。假设该子系统配备了由 4 个保护部件构成的保护装置（$d_3 = 4$），子系统的状态空间为 $\{2,1,0\}$，其中状态 2 代表初始状态，状态 0 代表失效状态，状态 1 则代表保护装置的启动阈值（$w_3 = 1$）。子系统 3 在状态 2 经历累积 3 次有效冲击后，子系统会退化到状态 1（$g_{3,1} = 3$）；当处于状态 1 时，子系统 3 再经历累积 2 次有效冲击后失效（$g_{3,0}=2$）。此外，子系统在状态 2 下遭受 2 次连续无效冲击，将触发自愈机制（$b_{3,2}=2$）；而在状态 1 下，需要经历 3 次连续无效冲击才能触发自愈机制（$b_{3,1}=3$）。然而，一旦累积的有效冲击总数达到 4 次时，子系统 3 将失去自愈性能（$c_3=4$）。根据保护装置中工作部件数量，保护装置的性能等级共分为三个

等级：$U_3=\begin{cases}2,2<m_3\leqslant4\\1,0<m_3\leqslant2\\0,m_3=0\end{cases}$。

图 7-2 描绘了本例中子系统的一个可能的运行过程。在初始时刻，子系统处于状态 2，在 t_1 时，由于子系统连续经历了 2 次无效冲击，自愈机制被触发，从而修复了先前一次有效冲击造成的损害，于是子系统遭受的

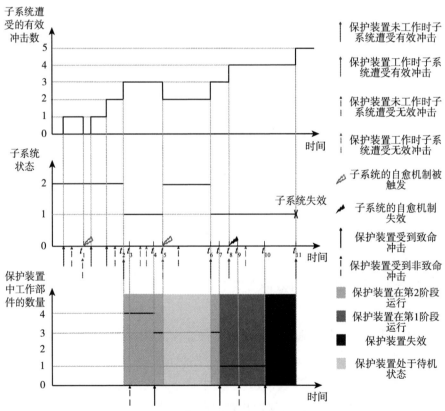

图 7-2 例 7.1 中子系统 3 可能的运行过程示例

累积有效冲击数量降至 0。随后，在 t_2 时，子系统遭受了总共 3 次有效冲击，导致其状态退化到 1，此时保护装置开始工作。在 t_3 和 t_9 时，保护装置受到了非致命冲击，这并未对保护装置造成影响。在 t_4 时，保护装置遭受到致命冲击，导致其中 1 个保护部件失效。此时，保护装置中剩余 3 个部件在工作，保护装置的性能等级保持不变。随后，在 t_5 时，子系统因连续 3 次无效冲击而触发自愈机制，使先前一次有效冲击造成的损伤被治愈，并且子系统恢复到状态 2，同时保护装置进入待机状态。在 t_6 时，由于遭受有效冲击，子系统由状态 2 再次退化到状态 1，保护装置重新开始工作。在 t_7 时，保护装置再次遭受致命冲击，导致其中另外 2 个保护部件失效，这使保护装置中仅有 1 个保护部件在工作，因此保护等级下降到第 1 级别。之后，在 t_8 时，子系统遭受的有效冲击总数达到 4 次，从而失去了自愈能力。最终，在 t_{10} 时，保护装置中最后 1 个工作的保护部件遭受致命冲击而失效，致使保护装置不再具备保护效果。在 t_{11} 时，子系统因累积的有效冲击达到阈值（$g_{3,0}=2$）而失效。

第三节　可靠性指标求解

在本节中，采用多阶段有限马尔可夫链嵌入方法，以评估所提出模型的可靠性。在第一阶段，通过应用有限马尔可夫链嵌入法分析每个子系统的运行过程。首先获得一步状态转移概率矩阵，然后利用 PH 分布方法来推导出子系统使用寿命等关键可靠性指标的解析表达式。在第二阶段，采用了有限马尔可夫链嵌入法对整个系统进行可靠性分析。

一、子系统的状态转移刻画

本节应用有限马尔可夫链嵌入法来描述所提出模型中子系统的运行过程。首先，在子系统 $a(a=1,2,\cdots,n)$ 遭受 $b(b=0,1,2,\cdots)$ 次冲击后，定义以下六个变量：S_a^b 表示子系统 a 的当前状态；Z_{a,s_a}^b 和 N_{a,s_a}^b 分别代表

子系统 a 在状态 s_a 遭受的有效冲击数量和连续无效冲击数量，并且当子系统 a 从状态 s_a 退化到状态 $s_a - 1$ 时，Z^b_{a,s_a} 和 N^b_{a,s_a} 的值需要归零。此外，$N^b_{a,s_a} = \Psi$ 表示子系统 a 的自愈机制失效；X^b_a 表示子系统 a 所遭受的有效冲击总数；ϕ^b_a 代表保护装置状态的指示变量，具体来说，$\phi^b_a = 0$ 表示保护装置未被触发，$\phi^b_a = 1$ 表示保护装置处于工作状态，$\phi^b_a = 2$ 表示保护装置处于待机状态，$\phi^b_a = 3$ 表示保护装置已失效。M^b_a 表示子系统 a 的保护装置中存活的保护部件数，并且这些部件的运行状态由指示变量 ϕ^b_a 的值决定。

随后，构建嵌入马尔可夫链 $\{Y^b_a, b \geqslant 0\}$ $(a = 1, 2, \cdots, n)$ 为：

$$Y^b_a = \{S^b_a, Z^b_{a,s_a}, N^b_{a,s_a}, X^b_a, \phi^b_a, M^b_a\}, b = 0, 1, 2, \cdots$$

该马尔可夫链的初始状态为 $Y^0_a = \{h, 0, 0, 0, 0, d_a\}$，状态空间如下：

$$\Omega_a = \left\{ \begin{array}{l} (s_a, z_{a,s_a}, n_{a,s_a}, x_a, \phi_a, m_a), \left\{ \begin{array}{l} (\phi_a = 0, w_a < s_a \leqslant h, m_a = d_a) \text{ 或} \\ (\phi_a = 3, 1 \leqslant s_a \leqslant w_a, 0 \leqslant m_a \leqslant d_{a,0}) \end{array} \right\}, 0 \leqslant z_{a,s_a} < g_{a,s_a-1}, \\ \left\{ \begin{array}{l} (0 \leqslant n_{a,s_a} < b_{a,s_a}, 0 \leqslant x_a < c_a) \text{ 或} \\ (n_{a,s_a} = \Psi, x_a \geqslant c_a) \end{array} \right\} \end{array} \right\}$$

$$\cup \left\{ \begin{array}{l} (s_a, z_{a,s_a}, n_{a,s_a}, x_a, \phi_a, m_a), \left\{ \begin{array}{l} (\phi_a = 2, d_{a,0} < m_a \leqslant d_a) \text{ 或} \\ (\phi_a = 3, 0 \leqslant m_a \leqslant d_{a,0}) \end{array} \right\}, \\ w_a < s_a \leqslant h, 0 \leqslant z_{a,s_a} < g_{a,s_a-1}, 0 \leqslant n_{a,s_a} < b_{a,s_a}, 0 \leqslant x_a < c_a - 1 \end{array} \right\}$$

$$\cup \left\{ \begin{array}{l} (s_a, z_{a,s_a}, n_{a,s_a}, x_a, \phi_a, m_a), 1 \leqslant s_a \leqslant w_a, 0 \leqslant z_{a,s_a} < g_{a,s_a-1}, \\ \left\{ \begin{array}{l} (0 \leqslant n_{a,s_a} < b_{a,s_a}, 0 \leqslant x_a < c_a) \text{ 或} \\ (n_{a,s_a} = \Psi, x_a \geqslant c_a) \end{array} \right\}, \phi_a = 1, d_{a,0} < m_a \leqslant d_a \end{array} \right\} \cup \{E_a\}$$

其中，E_a 是该马尔可夫链的吸收态，代表子系统 a 失效。此外，定义函数 $G(m_a, y_a) = C^{y_a}_{m_a} (q_{a,1})^{y_a} (q_{a,2})^{m_a - y_a}$ 来描述每次冲击后子系统 a 的保护装置中保护部件的数量变化情况，其中 $y_a (0 \leqslant y_a \leqslant m_a \leqslant d_a)$ 和 $m_a - y_a$ 分别表示每次冲击到来时保护部件的失效数量和存活数量。将该马尔可夫链的所有转移规则可以分为三种情形：保护装置未处于工作状态（包括保护装置未被触发、保护装置待机、保护装置失效的情形）、保护装置处于工作状态、子系统 a 失效，具体表示如下。

情形一：保护装置未处于工作状态

（1）对于 $a = 1, 2, \cdots, n$，当 $\left\{\begin{array}{l}(\phi_a = 0, w_a < s_a \leq h, m_a = d_a) \text{或} \\ (\phi_a = 2, w_a < s_a \leq h, d_{a,0} < m_a \leq d_a) \text{或} \\ (\phi_a = 3, 1 \leq s_a \leq h, 0 \leq m_a \leq d_{a,0})\end{array}\right\}$，

$0 \leq z_{a,s_a} < g_{a,s_a-1} - 1$，$0 \leq n_{a,s_a} < b_{a,s_a}$，$0 \leq x_a < c_a - 1$ 时，

$P\{Y_a^{b+1} = (s_a, z_{a,s_a} + 1, 0, x_a + 1, \phi_a, m_a) \mid Y_a^b = (s_a, z_{a,s_a}, n_{a,s_a}, x_a, \phi_a, m_a)\} = p_{a,1}$。

（2）对于 $a = 1, 2, \cdots, n$，当 $\left\{\begin{array}{l}(\phi_a = 0, w_a < s_a \leq h, m_a = d_a) \text{或} \\ (\phi_a = 3, 1 \leq s_a \leq w_a, 0 \leq m_a \leq d_{a,0})\end{array}\right\}$，

$0 \leq z_{a,s_a} < g_{a,s_a-1} - 1$，$\left\{\begin{array}{l}(0 \leq n_{a,s_a} < b_{a,s_a}, x_a = c_a - 1) \text{或} \\ (n_{a,s_a} = \Psi, x_a \geq c_a)\end{array}\right\}$ 时，

$P\{Y_a^{b+1} = (s_a, z_{a,s_a} + 1, \Psi, x_a + 1, \phi_a, m_a) \mid Y_a^b = (s_a, z_{a,s_a}, n_{a,s_a}, x_a, \phi_a, m_a)\} = p_{a,1}$。

（3）对于 $a = 1, 2, \cdots, n$，当 $\left\{\begin{array}{l}(\phi_a = 0, w_a + 1 < s_a \leq h, 0 \leq x_a < c_a - 1, m_a = d_a) \text{或} \\ (\phi_a = 2, w_a + 1 < s_a \leq h, 0 \leq x_a < c_a - g_{a,s_a-2}, d_{a,0} < m_a \leq d_a) \text{或} \\ (\phi_a = 3, 2 \leq s_a \leq h, 0 \leq x_a < c_a - 1, 0 \leq m_a \leq d_{a,0})\end{array}\right\}$，

$z_{a,s_a} = g_{a,s_a-1} - 1, 0 \leq n_{a,s_a} < b_{a,s_a}$ 时，

$P\{Y_a^{b+1} = (s_a - 1, 0, 0, x_a + 1, \phi_a, m_a) \mid Y_a^b = (s_a, z_{a,s_a}, n_{a,s_a}, x_a, \phi_a, m_a)\} = p_{a,1}$。

（4）对于 $a = 1, 2, \cdots, n$，当 $\left\{\begin{array}{l}(\phi_a = 0, w_a + 1 < s_a \leq h, m_a = d_a) \text{或} \\ (\phi_a = 3, 2 \leq s_a \leq w_a, 0 \leq m_a \leq d_{a,0})\end{array}\right\}$，

$z_{a,s_a} = g_{a,s_a-1} - 1, \left\{\begin{array}{l}(0 \leq n_{a,s_a} < b_{a,s_a}, x_a = c_a - 1) \text{或} \\ (n_{a,s_a} = \Psi, x_a \geq c_a)\end{array}\right\}$ 时，

$P\{Y_a^{b+1} = (s_a - 1, 0, \Psi, x_a + 1, \phi_a, m_a) \mid Y_a^b = (s_a, z_{a,s_a}, n_{a,s_a}, x_a, \phi_a, m_a)\} = p_{a,1}$。

(5) 对于 $a=1,2,\cdots,n$，当 $\left\{\begin{array}{l}(\phi_a=0,w_a<s_a\leq h,0\leq x_a<c_a,m_a=d_a)\text{ 或}\\(\phi_a=2,w_a<s_a\leq h,0\leq x_a<c_a-1,d_{a,0}<m_a\leq d_a)\text{ 或}\\(\phi_a=3,1\leq s_a\leq h,0\leq x_a<c_a,0\leq m_a\leq d_{a,0})\end{array}\right\}$，

$0\leq z_{a,s_a}<g_{a,s_a-1},0\leq n_{a,s_a}<b_{a,s_a}-1$ 时，

$$P\{Y_a^{b+1}=(s_a,z_{a,s_a},n_{a,s_a}+1,x_a,\phi_a,m_a)\mid Y_a^b=(s_a,z_{a,s_a},n_{a,s_a},x_a,\phi_a,m_a)\}=p_{a,2}。$$

(6) 对于 $a=1,2,\cdots,n$，当 $\left\{\begin{array}{l}(\phi_a=0,w_a<s_a\leq h,0\leq x_a<c_a,m_a=d_a)\text{ 或}\\(\phi_a=2,w_a<s_a\leq h,0\leq x_a<c_a-1,d_{a,0}<m_a\leq d_a)\text{ 或}\\(\phi_a=3,1\leq s_a\leq h,0\leq x_a<c_a,0\leq m_a\leq d_{a,0})\end{array}\right\}$，

$1\leq z_{a,s_a}<g_{a,s_a-1},n_{a,s_a}=b_{a,s_a}-1$ 时，

$$P\{Y_a^{b+1}=(s_a,z_{a,s_a}-1,0,x_a-1,\phi_a,m_a)\mid Y_a^b=(s_a,z_{a,s_a},n_{a,s_a},x_a,\phi_a,m_a)\}=p_{a,2}。$$

(7) 对于 $a=1,2,\cdots,n$，当 $w_a<s_a=h$，$\left\{\begin{array}{l}(\phi_a=0,m_a=d_a)\text{ 或}\\(\phi_a=2,d_{a,0}<m_a\leq d_a)\text{ 或}\\(\phi_a=3,0\leq m_a\leq d_{a,0})\end{array}\right\}$，

$n_{a,s_a}=b_{a,s_a}-1$ 时，

$$P\{Y_a^{b+1}=(s_a,0,0,0,\phi_a,m_a)\mid Y_a^b=(s_a,0,n_{a,s_a},0,\phi_a,m_a)\}=p_{a,2}。$$

(8) 对于 $a=1,2,\cdots,n$，当 $\left\{\begin{array}{l}(\phi_a=0,w_a<s_a\leq h-1,0\leq x_a<c_a,m_a=d_a)\text{ 或}\\(\phi_a=2,w_a<s_a\leq h-1,0\leq x_a<c_a-1,d_{a,0}<m_a\leq d_a)\text{ 或}\\(\phi_a=3,1\leq s_a\leq w_a\leq h-1,0\leq x_a<c_a,0\leq m_a\leq d_{a,0})\end{array}\right\}$，

$z_{a,s_a+1}=g_{a,s_a}-1,\ n_{a,s_a}=b_{a,s_a}-1$ 时，

$$P\{Y_a^{b+1}=(s_a+1,z_{a,s_a+1},0,x_a-1,\phi_a,m_a)\mid Y_a^b=(s_a,0,n_{a,s_a},x_a,\phi_a,m_a)\}=p_{a,2}。$$

(9) 对于 $a=1,2,\cdots,n$，当 $\left\{\begin{array}{l}(\phi_a=0,w_a<s_a\leq h,m_a=d_a)\text{ 或}\\(\phi_a=3,1\leq s_a\leq w_a,0\leq m_a\leq d_{a,0})\end{array}\right\}$，

$0\leq z_{a,s_a}<g_{a,s_a-1},x_a\geq c_a$ 时，

$$P\{Y_a^{b+1}=(s_a,z_{a,s_a},\Psi,x_a,\phi_a,m_a)\mid Y_a^b=(s_a,z_{a,s_a},\Psi,x_a,\phi_a,m_a)\}=p_{a,2}。$$

上述转移规则刻画了子系统 a 在不同状态下经历有效和无效冲击后的

状态变化。具体来说，转移规则（1）~转移规则（2）表示子系统 a 经历有效冲击后状态保持不变，转移规则（3）~转移规则（4）表示子系统经历有效冲击后子系统的状态退化。然而，仅有规则（1）和规则（3）中子系统 a 在遭受有效冲击后仍然具有自愈机制。规则（5）表示子系统 a 遭受无效冲击，但自愈机制并未被触发。规则（6）~规则（8）描述了子系统 a 遭受无效冲击后自愈机制被触发的情况，其中规则（6）~规则（7）中子系统 a 的状态保持不变，而规则（8）中子系统 a 状态恢复至相邻更好状态。规则（9）表示当子系统 a 在自愈机制失效后遭受了一次无效冲击。

情形二：保护装置处于工作状态

（10）对于 $a = 1, 2, \cdots, n$，当 $s_a = w_a + 1$，$z_{a,s_a} = g_{a,s_a-1} - 1$，

$$\left\{ \begin{array}{l} (n_{a,s_a} < b_{a,s_a}, 0 \leq x_a < c_a - 1, \eta = 0) \text{ 或} \\ (n_{a,s_a} < b_{a,s_a}, x_a = c_a - 1, \eta = \Psi) \text{ 或} \\ (n_{a,s_a} = \Psi, x_a \geq c_a, \eta = \Psi) \end{array} \right\}, \ m_a = d_a \text{ 时,}$$

$P\{Y_a^{b+1} = (s_a - 1, 0, \eta, x_a + 1, 1, m_a) \mid Y_a^b = (s_a, z_{a,s_a}, n_{a,s_a}, x_a, 0, m_a)\} = p_{a,1} \circ$

（11）对于 $a = 1, 2, \cdots, n$，当 $s_a = w_a + 1$，$z_{a,s_a} = g_{a,s_a-1} - 1$，$0 \leq n_{a,s_a} < b_{a,s_a}$，$0 \leq x_a < c_a - 1$，$d_{a,0} < m_a \leq d_a$ 时,

$P\{Y_a^{b+1} = (s_a - 1, 0, 0, x_a + 1, 1, m_a) \mid Y_a^b = (s_a, z_{a,s_a}, n_{a,s_a}, x_a, 2, m_a)\} = p_{a,1} \circ$

（12）对于 $a = 1, 2, \cdots, n$，当 $1 \leq s_a \leq w_a$，$0 \leq z_{a,s_a} < g_{a,s_a-1} - 1$，$d_{a,0} < m_a \leq d_a$，

$$d_a, \left\{ \begin{array}{l} (0 \leq n_{a,s_a} < b_{a,s_a}, 0 \leq x_a < c_a - 1, \eta = 0) \text{ 或} \\ (0 \leq n_{a,s_a} < b_{a,s_a}, x_a = c_a - 1, \eta = \Psi) \text{ 或} \\ (n_{a,s_a} = \Psi, x_a \geq c_a, \eta = \Psi) \end{array} \right\}, \left\{ \begin{array}{l} (\phi_a = 1, 0 \leq y_a < m_a - d_{a,0}) \text{ 或} \\ (\phi_a = 3, y_a \geq m_a - d_{a,0}) \end{array} \right\},$$

$1 \leq U_a \leq L$，$0 < \gamma_{a,U_a} < 1$ 时,

$P\{Y_a^{b+1} = (s_a, z_{a,s_a} + 1, \eta, x_a + 1, \phi_a, m_a - y_a) \mid Y_a^b = (s_a, z_{a,s_a}, n_{a,s_a}, x_a, 1, m_a)\} = \gamma_{a,U_a} p_{a,1} G(m_a, y_a) \circ$

（13）对于 $a=1,2,\cdots,n$，当 $2\leqslant s_a\leqslant w_a$，$z_{a,s_a}=g_{a,s_a-1}-1$，$d_{a,0}<m_a\leqslant d_a$，

$$\left\{\begin{array}{l}(0\leqslant n_{a,s_a}<b_{a,s_a},\ 0\leqslant x_a<c_a-1,\ \eta=0)\text{或}\\(0\leqslant n_{a,s_a}<b_{a,s_a},\ x_a=c_a-1,\ \eta=\Psi)\text{或}\\(n_{a,s_a}=\Psi,\ x_a\geqslant c_a,\ \eta=\Psi)\end{array}\right\},\quad\left\{\begin{array}{l}(\phi_a=1,\ 0\leqslant y_a<m_a-d_{a,0})\text{或}\\(\phi_a=3,\ y_a\geqslant m_a-d_{a,0})\end{array}\right\},$$

$1\leqslant U_a\leqslant L$，$0<\gamma_{a,U_a}<1$ 时，

$$P\{Y_a^{b+1}=(s_a-1,0,\eta,x_a+1,\phi_a,m_a-y_a)\mid Y_a^b=(s_a,z_{a,s_a},n_{a,s_a},x_a,1,$$
$$m_a)\}=\gamma_{a,U_a}p_{a,1}G(m_a,y_a)\text{。}$$

（14）对于 $a=1,2,\cdots,n$，当 $1\leqslant s_a\leqslant w_a$，$0\leqslant z_{a,s_a}<g_{a,s_a-1}$，$0\leqslant n_{a,s_a}<$

$b_{a,s_a}-1$，$0\leqslant x_a<c_a$，$d_{a,0}<m_a\leqslant d_a$，$\left\{\begin{array}{l}(\phi_a=1,0\leqslant y_a<m_a-d_{a,0})\text{或}\\(\phi_a=3,y_a\geqslant m_a-d_{a,0})\end{array}\right\}$，$1\leqslant$

$U_a\leqslant L$，$0<\gamma_{a,U_a}<1$ 时，

$$P\{Y_a^{b+1}=(s_a,z_{a,s_a},n_{a,s_a}+1,x_a,\phi_a,m_a-y_a)\mid Y_a^b=(s_a,z_{a,s_a},n_{a,s_a},x_a,1,$$
$$m_a)\}=(1-\gamma_{a,U_a}p_{a,1})G(m_a,y_a)\text{。}$$

（15）对于 $a=1,2,\cdots,n$，当 $1\leqslant s_a\leqslant w_a$，$1\leqslant z_{a,s_a}<g_{a,s_a-1}$，$n_{a,s_a}=b_{a,s_a}-$

1，$0\leqslant x_a<c_a$，$d_{a,0}<m_a\leqslant d_a$，$\left\{\begin{array}{l}(\phi_a=1,0\leqslant y_a<m_a-d_{a,0})\text{或}\\(\phi_a=3,y_a\geqslant m_a-d_{a,0})\end{array}\right\}$，$1\leqslant U_a\leqslant L$，

$0<\gamma_{a,U_a}<1$ 时，

$$P\{Y_a^{b+1}=(s_a,z_{a,s_a}-1,0,x_a-1,\phi_a,m_a-y_a)\mid Y_a^b=(s_a,z_{a,s_a},n_{a,s_a},x_a,1,$$
$$m_a)\}=(1-\gamma_{a,U_a}p_{a,1})G(m_a,y_a)\text{。}$$

（16）对于 $a=1,2,\cdots,n$，当 $s_a=w_a$，$z_{a,s_a+1}=g_{a,s_a}-1$，$n_{a,s_a}=b_{a,s_a}-1$，

$0\leqslant x_a<c_a$，$d_{a,0}<m_a\leqslant d_a$，$\left\{\begin{array}{l}(\phi_a=2,0\leqslant y_a<m_a-d_{a,0})\text{或}\\(\phi_a=3,y_a\geqslant m_a-d_{a,0})\end{array}\right\}$，$1\leqslant U_a\leqslant L$，$0<$

$\gamma_{a,U_a}<1$ 时，

$$P\{Y_a^{b+1}=(s_a+1,z_{a,s_a+1},0,x_a-1,\phi_a,m_a-y_a)\mid Y_a^b=(s_a,0,n_{a,s_a},x_a,1,$$
$$m_a)\}=(1-\gamma_{a,U_a}p_{a,1})G(m_a,y_a)\text{。}$$

（17）对于 $a=1,2,\cdots,n$，当 $1\leqslant s_a\leqslant w_a-1$，$z_{a,s_a+1}=g_{a,s_a}-1$，$n_{a,s_a}=$

$b_{a,s_a}-1$，$0\leqslant x_a<c_a$，$d_{a,0}<m_a\leqslant d_a$，$\left\{\begin{array}{l}(\phi_a=1,0\leqslant y_a<m_a-d_{a,0})\text{或}\\(\phi_a=3,y_a\geqslant m_a-d_{a,0})\end{array}\right\}$，$1\leqslant$

$U_a \leqslant L$，$0 < \gamma_{a,U_a} < 1$ 时，

$P\{Y_a^{b+1} = (s_a + 1, z_{a,s_a+1}, 0, x_a - 1, \phi_a, m_a - y_a) \mid Y_a^b = (s_a, 0, n_{a,s_a}, x_a, 1, m_a)\} = (1 - \gamma_{a,U_a}p_{a,1})G(m_a, y_a)$。

（18）对于 $a = 1, 2, \cdots, n$，当 $1 \leqslant s_a \leqslant w_a$，$0 \leqslant z_{a,s_a} < g_{a,s_a-1}$，$x_a \geqslant c_a$，

$d_{a,0} < m_a \leqslant d_a$，$\left\{\begin{array}{l}(\phi_a = 1, 0 \leqslant y_a < m_a - d_{a,0})\text{ 或}\\(\phi_a = 3, y_a \geqslant m_a - d_{a,0})\end{array}\right\}$，$1 \leqslant U_a \leqslant L$，$0 < \gamma_{a,U_a} < 1$ 时，

$P\{Y_a^{b+1} = (s_a, z_{a,s_a}, \Psi, x_a, \phi_a, m_a - y_a) \mid Y_a^b = (s_a, z_{a,s_a}, \Psi, x_a, 1, m_a)\}$
$= (1 - \gamma_{a,U_a}p_{a,1})G(m_a, y_a)$。

转移规则（10）和转移规则（11）描述了在经历一次有效冲击后，子系统 a 从状态 s_a 退化到状态 $s_a - 1$ 的情形，同时保护装置分别从未触发状态和待机状态转变为工作状态；规则（12）~规则（18）详细描述了保护装置在遭受冲击时的情况。具体来说，这些规则表示保护装置以概率 $G(m_a, y_a)$ 导致 y_a 个保护部件失效，而 $m_a - y_a$ 个保护部件存活。其中，规则（12）和规则（13）分别对应子系统 a 在经历一次有效冲击后仍保持当前状态不变和退化到相邻状态的情况；规则（14）和规则（15）则分别描述了子系统 a 在遭受一次无效冲击后，自愈机制未被触发和被触发，但状态未发生变化的场景；规则（16）和规则（17）分别展示了子系统 a 在遭受一次无效冲击后自愈机制被触发，状态恢复到相邻更好状态的情形。在规则（16）中，随着子系统状态的改善，保护装置进入待机状态或失效；而规则（17）中的保护装置则可能仍然处于工作状态或已失效；规则（18）表示子系统 a 在自愈机制失效后遭受了一次无效冲击。

情形三：子系统 a 失效

（19）对于 $a = 1, 2, \cdots, n$，当 $s_a = 1, z_{a,s_a} = g_{a,s_a-1} - 1$，$\left\{\begin{array}{l}(0 \leqslant n_{a,s_a} < b_{a,s_a}, 0 \leqslant x_a < c_a)\text{ 或}\\(n_{a,s_a} = \Psi, x_a \geqslant c_a)\end{array}\right\}$，

$1 \leqslant U_a \leqslant L$，$0 < \gamma_{a,U_a} < 1$ 时，

$P\{Y_a^{b+1} = E_a \mid Y_a^b = (s_a, z_{a,s_a}, n_{a,s_a}, x_a, 1, m_a)\} = \gamma_{a,U_a}p_{a,1}$。

（20）对于 $a = 1, 2, \cdots, n$，当 $s_a = 1, z_{a,s_a} = g_{a,s_a-1} - 1$，$\left\{\begin{array}{l}(0 \leqslant n_{a,s_a} < b_{a,s_a}, 0 \leqslant x_a < c_a)\text{ 或}\\(n_{a,s_a} = \Psi, x_a \geqslant c_a)\end{array}\right\}$，

$0 \leqslant m_a \leqslant d_{a,0}$ 时，

$$P\{Y_a^{b+1} = E_a \mid Y_a^b = (s_a, z_{a,s_a}, n_{a,s_a}, x_a, 3, m_a)\} = p_{a,1} \circ$$

（21）$P\{Y_a^{b+1} = E_a \mid Y_a^b = E_a\} = 1 \circ$

规则（19）和规则（20）分别表示子系统 a 的保护装置处于工作状态和失效态时，子系统 a 在状态 1 遭受了 $g_{a,0}$ 次有效冲击而导致子系统失效的情况。

根据上述转移规则，可以得到第 a 个子系统的一步转移概率矩阵 $\mathbf{\Theta}_a$，并将其分割为如下四个部分：

$$\mathbf{\Theta}_a = \begin{bmatrix} (\mathbf{B}_a)_{N_a \times N_a} & (\mathbf{C}_a)_{N_a \times 1} \\ \mathbf{0}_{1 \times N_a} & \mathbf{I}_{1 \times 1} \end{bmatrix}_{|\Omega_a| \times |\Omega_a|} \qquad (7-2)$$

其中，$|\Omega_a|$ 表示状态空间 Ω_a 的基数，$N_a = |\Omega_a| - 1$。此外，矩阵 $(\mathbf{B}_a)_{N_a \times N_a}$ 表示子系统 a 的所有转移态间的一步转移概率矩阵，矩阵 $(\mathbf{C}_a)_{N_a \times 1}$ 表示转移态到吸收态的一步转移概率矩阵，$\mathbf{0}_{1 \times N_a}$ 表示零矩阵，$\mathbf{I}_{1 \times 1}$ 表示单位矩阵。

例 7.2 为了更清楚地理解子系统层面的转移规则，考虑一个三态子系统 1（$h = 2$），该子系统配有保护装置，并假设其初始状态为状态 2，失效状态为状态 0。当子系统 1 在状态 2 时，若累积遭受 2 次有效冲击，则退化到状态 1（$g_{1,1} = 2$），此时保护装置启动（$w_1 = 1$），在状态 1 时，经历 1 次有效冲击，子系统将会失效（$g_{1,0} = 1$）。此外，子系统在状态 2 时经历 1 次无效冲击会触发自愈机制（$b_{1,2} = 1$）；而在状态 1 时，则需要经历 2 次连续无效冲击才能触发自愈机制（$b_{1,1} = 2$）。一旦子系统遭受的有效冲击总数达到 3 次时，其自愈机制将会失效（$c_1 = 3$）。子系统的保护装置由 2 个保护部件构成（$d_1 = 2$），其性能等级与保护部件的工作数量对应关系为：$U_1 = \begin{cases} 2, 1 < m_1 \leqslant 2; \\ 1, 0 < m_1 \leqslant 1; \\ 0, m_1 \leqslant 0. \end{cases}$ 子系统 1 共有 14 个转移态，如表 7 - 1 所示。

表 7 – 1　　　　　　　　例 7.2 中子系统层面的所有转移态

子系统 1 的转移态

$s_1^1 = (2,0,0,0,0,2)$	$s_2^1 = (2,1,0,1,0,2)$	$s_3^1 = (2,0,0,0,2,1)$	$s_4^1 = (2,0,0,0,2,2)$
$s_5^1 = (2,1,0,1,2,1)$	$s_6^1 = (2,1,0,1,2,2)$	$s_7^1 = (1,0,0,2,1,1)$	$s_8^1 = (1,0,0,2,1,2)$
$s_9^1 = (1,0,1,2,1,1)$	$s_{10}^1 = (1,0,1,2,1,2)$	$s_{11}^1 = (1,0,0,2,3,0)$	$s_{12}^1 = (1,0,1,2,3,0)$
$s_{13}^1 = (2,0,0,0,3,0)$	$s_{14}^1 = (2,1,0,1,3,0)$		

定义函数 $q_{m_1,y_1}^{U_1}$ 表示当有 m_1 个保护部件在性能等级 U_1 下工作时，下一次冲击导致 y_1 个保护部件失效但该冲击对子系统没有影响的概率。函数 $q_{m_1,y_1}^{U_1}$ 的所有情况如表 7 – 2 所示。子系统层面的状态转换图如图 7 – 3 所示。

表 7 – 2　　　　　　　　例 7.2 中 $q_{m_1,y_1}^{U_1}$ 的所有情况

性能等级	概率 $q_{m_1,y_1}^{U_1}$		
$U_1 = 2$	$q_{2,0}^2 = (1 - \gamma_{1,2}p_{1,1})(q_{1,2})^2$	$q_{2,1}^2 = 2(1 - \gamma_{1,2}p_{1,1})q_{1,1}q_{1,2}$	$q_{2,2}^2 = (1 - \gamma_{1,2}p_{1,1})(q_{1,1})^2$
$U_1 = 1$	$q_{1,0}^1 = (1 - \gamma_{1,1}p_{1,1})q_{1,2}$	$q_{1,1}^1 = (1 - \gamma_{1,1}p_{1,1})q_{1,1}$	

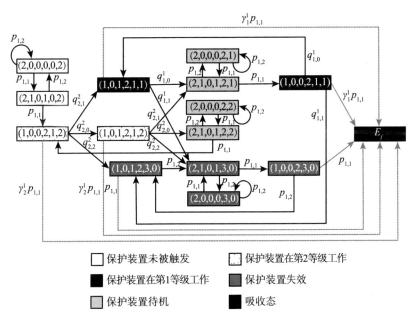

图 7 – 3　例 7.2 中子系统的状态转移

此外，根据转移规则，可以得到子系统 1 的转移概率矩阵 $\mathbf{\Theta}_1$ 为：

$$\mathbf{\Theta}_1 = \begin{bmatrix} (\mathbf{B}_1)_{14\times14} & (\mathbf{C}_1)_{14\times1} \\ \mathbf{0}_{1\times14} & \mathbf{I}_{1\times1} \end{bmatrix}_{15\times15}$$

其中，

$$\mathbf{B}_1 = \begin{bmatrix}
p_{1,2} & p_{1,1} & 0 & 0 & 0 & 0 & 0 & 0 & 0 & 0 & 0 & 0 & 0 & 0 \\
p_{1,2} & 0 & 0 & 0 & 0 & 0 & 0 & p_{1,1} & 0 & 0 & 0 & 0 & 0 & 0 \\
0 & 0 & p_{1,2} & 0 & p_{1,1} & 0 & 0 & 0 & 0 & 0 & 0 & 0 & 0 & 0 \\
0 & 0 & 0 & p_{1,2} & 0 & p_{1,1} & 0 & 0 & 0 & 0 & 0 & 0 & 0 & 0 \\
0 & 0 & p_{1,2} & 0 & 0 & 0 & p_{1,1} & 0 & 0 & 0 & 0 & 0 & 0 & 0 \\
0 & 0 & 0 & p_{1,2} & 0 & 0 & 0 & p_{1,1} & 0 & 0 & 0 & 0 & 0 & 0 \\
0 & 0 & 0 & 0 & 0 & 0 & 0 & 0 & q^1_{1,0} & 0 & 0 & q^1_{1,1} & 0 & 0 \\
0 & 0 & 0 & 0 & 0 & 0 & 0 & 0 & q^2_{2,1} & q^2_{2,0} & 0 & q^2_{2,2} & 0 & 0 \\
0 & 0 & 0 & 0 & q^1_{1,0} & 0 & 0 & 0 & 0 & 0 & 0 & 0 & 0 & q^1_{1,1} \\
0 & 0 & 0 & 0 & q^2_{2,1} & q^2_{2,0} & 0 & 0 & 0 & 0 & 0 & 0 & 0 & q^2_{2,2} \\
0 & 0 & 0 & 0 & 0 & 0 & 0 & 0 & 0 & 0 & 0 & p_{1,2} & 0 & 0 \\
0 & 0 & 0 & 0 & 0 & 0 & 0 & 0 & 0 & 0 & 0 & 0 & 0 & p_{1,2} \\
0 & 0 & 0 & 0 & 0 & 0 & 0 & 0 & 0 & 0 & 0 & 0 & p_{1,2} & p_{1,1} \\
0 & 0 & 0 & 0 & 0 & 0 & 0 & 0 & 0 & 0 & p_{1,1} & 0 & p_{1,2} & 0
\end{bmatrix},$$

$$\mathbf{C}_1^T = \begin{bmatrix} 0 & 0 & 0 & 0 & 0 & 0 & \gamma_{1,1}p_{1,1} & \gamma_{1,2}p_{1,1} & \gamma_{1,1}p_{1,1} & \gamma_{1,2}p_{1,1} & p_{1,1} & p_{1,1} & 0 & 0 \end{bmatrix},$$

$$\mathbf{W}_{1,1} = \begin{bmatrix}
p_{1,2} & p_{1,1} & 0 & 0 & 0 & 0 \\
p_{1,2} & 0 & 0 & 0 & 0 & 0 \\
0 & 0 & p_{1,2} & 0 & p_{1,1} & 0 \\
0 & 0 & 0 & p_{1,2} & 0 & p_{1,1} \\
0 & 0 & p_{1,2} & 0 & 0 & 0 \\
0 & 0 & 0 & p_{1,2} & 0 & 0
\end{bmatrix},$$

$$\mathbf{W}_{1,2} = \begin{bmatrix} p_{1,2} & p_{1,1} & 0 & 0 & 0 & 0 & 0 & 0 & 0 & 0 \\ p_{1,2} & 0 & 0 & 0 & 0 & 0 & 0 & p_{1,1} & 0 & 0 \\ 0 & 0 & p_{1,2} & 0 & p_{1,1} & 0 & 0 & 0 & 0 & 0 \\ 0 & 0 & 0 & p_{1,2} & 0 & p_{1,1} & 0 & 0 & 0 & 0 \\ 0 & 0 & p_{1,2} & 0 & 0 & 0 & p_{1,1} & 0 & 0 & 0 \\ 0 & 0 & 0 & p_{1,2} & 0 & 0 & 0 & p_{1,1} & 0 & 0 \\ 0 & 0 & 0 & 0 & 0 & 0 & 0 & 0 & q_{1,0}^{1} & 0 \\ 0 & 0 & 0 & 0 & 0 & 0 & 0 & 0 & q_{2,1}^{2} & q_{2,0}^{2} \\ 0 & 0 & 0 & 0 & q_{1,0}^{1} & 0 & 0 & 0 & 0 & 0 \\ 0 & 0 & 0 & 0 & q_{2,1}^{2} & q_{2,0}^{2} & 0 & 0 & 0 & 0 \end{bmatrix} \circ$$

二、子系统可靠度分析

得到嵌入的马尔可夫链 $\{Y_a^b, b \geqslant 0\}$ 所对应的一步转移概率矩阵 $\mathbf{\Theta}_a$ 后，可对子系统的可靠性指标进行求解。

首先，定义 M_a^{sd} 表示子系统 a 在其失效时所遭受的冲击总数（冲击长度）。冲击长度 M_a^{sd} 的分布函数和子系统 a 在 b 次冲击下的可靠性可由式（7-3）和式（7-4）推导出。

$$P\{M_a^{sd} \leqslant b\} = \mathbf{v}_a \sum_{i=1}^{b} (\mathbf{B}_a)^{i-1} \mathbf{C}_a = 1 - \mathbf{v}_a (\mathbf{B}_a)^b \mathbf{e}_a \qquad (7-3)$$

$$R_a^L(b) = P\{M_a^{sd} > b\} = \mathbf{v}_a (\mathbf{B}_a)^b \mathbf{e}_a \qquad (7-4)$$

其中，$\mathbf{v}_a = (1,0,\cdots,0)_{1 \times N_a}$，$\mathbf{e}_a = (1,1,\cdots,1)_{1 \times N_a}^T$。

随后，定义 T_a^{sd} 表示子系统 a 的使用寿命，并假设子系统 a 所遭受的连续冲击的到达时间 $X_b \sim PH_c(\mathbf{\mu}, \mathbf{Z})$。此外，由离散 PH 分布的定义可知，$M_a^{sd} \sim PH_d(\mathbf{v}_a, \mathbf{B}_a)$，可求得子系统 a 的使用寿命的解析表达式如式（7-5）所示。

$$T_a^{sd} = \sum_{b=1}^{M_a^{sd}} X_b \sim PH_c(\mathbf{\mu} \otimes \mathbf{v}_a, \mathbf{Z} \otimes \mathbf{I} + (\mathbf{\beta}^0 \mathbf{\mu}) \otimes \mathbf{B}_a) \qquad (7-5)$$

最后，可推导出连续时间下子系统 a 的可靠度和使用寿命的期望，分别如式（7-6）和式（7-7）所示。

$$R_a^T(t) = P\{T_a^{sd} > t\} = (\mathbf{\mu} \otimes \mathbf{v}_a) \exp((\mathbf{Z} \otimes \mathbf{I} + (\mathbf{\beta}^0 \mathbf{\mu}) \otimes \mathbf{B}_a)t)\mathbf{e}_a \quad (7-6)$$

$$E(T_a^{sd}) = -(\mathbf{\mu} \otimes \mathbf{v}_a)(\mathbf{Z} \otimes \mathbf{I} + (\mathbf{\beta}^0 \mathbf{\mu}) \otimes \mathbf{B}_a)^{-1}\mathbf{e}_a \quad (7-7)$$

其中，$\mathbf{\beta}^0 = -\mathbf{Z}\mathbf{e}_a$，$\otimes$ 代表克罗内克积。

三、保护装置可靠度分析

为了评估子系统 a 中保护装置的性能等级，将一步转移概率矩阵 $(\mathbf{B}_a)_{N_a \times N_a}$ 中表示保护装置处于储备状态（未触发和待机状态）时的相关状态合并，形成一个新的状态空间，所对应的新的一步转移概率矩阵记作 $\mathbf{W}_{a,1}$；同样地，将概率矩阵 $(\mathbf{B}_a)_{N_a \times N_a}$ 中除保护装置失效之外的所有状态合并成一个新的状态空间，得到另一个新的一步转移概率矩阵，记作 $\mathbf{W}_{a,2}$。通过以上操作，可以得到两个新的状态转移概率矩阵，并将其表示如下：

$$\mathbf{\eta}_{a,1} = \begin{bmatrix} (\mathbf{W}_{a,1})_{N_{a,1} \times N_{a,1}} & (\mathbf{U}_{a,1})_{N_{a,1} \times 1} \\ \mathbf{0}_{1 \times N_{a,1}} & \mathbf{I}_{1 \times 1} \end{bmatrix}$$

$$\mathbf{\eta}_{a,2} = \begin{bmatrix} (\mathbf{W}_{a,2})_{N_{a,2} \times N_{a,2}} & (\mathbf{U}_{a,2})_{N_{a,2} \times 1} \\ \mathbf{0}_{1 \times N_{a,2}} & \mathbf{I}_{1 \times 1} \end{bmatrix}$$

定义变量 M_a^{tr} 和 M_a^f 分别表示子系统 a 的保护装置被触发和失效时子系统 a 遭受的冲击总数，可以得到：$M_a^{tr} \sim PH_d(\mathbf{v}_{a,1}, \mathbf{W}_{a,1})$，$M_a^f \sim PH_d(\mathbf{v}_{a,2}, \mathbf{W}_{a,2})$，并且 M_a^{tr} 和 M_a^f 的概率函数分别如式（7-8）和式（7-9）所示。

$$P\{M_a^{tr} = b\} = \mathbf{v}_{a,1}(\mathbf{W}_{a,1})^{b-1}\mathbf{U}_{a,1}, b = 1,2,\cdots \quad (7-8)$$

$$P\{M_a^f = b\} = \mathbf{v}_{a,2}(\mathbf{W}_{a,2})^{b-1}\mathbf{U}_{a,2}, b = 1,2,\cdots \quad (7-9)$$

此外，M_a^{tr} 和 M_a^f 的期望值分别表示为式（7-10）和式（7-11）。

$$E(M_a^{tr}) = \mathbf{v}_{a,1}(\mathbf{I} - \mathbf{W}_{a,1})^{-1}\mathbf{e}_{a,1} \quad (7-10)$$

$$E(M_a^f) = \mathbf{v}_{a,2}(\mathbf{I} - \mathbf{W}_{a,2})^{-1}\mathbf{e}_{a,2} \quad (7-11)$$

在上述基础上，定义 M_a^w 表示保护装置在工作过程中子系统 a 所受的冲击总数，其期望值表示为式（7-12）。

$$E(M_a^w) = E(M_a^f - M_a^{tr}) = \mathbf{v}_{a,2}(\mathbf{I} - \mathbf{W}_{a,2})^{-1}\mathbf{e}_{a,2} - \mathbf{v}_{a,1}(\mathbf{I} - \mathbf{W}_{a,1})^{-1}\mathbf{e}_{a,1}$$

$$(7-12)$$

定义 T_a^{tr} 表示子系统 a 的保护装置处于储备状态的总时间，T_a^f 表示保护装置从触发开始一直到失效所经历的总时间，根据 PH 分布的封闭性质，可得 T_a^{tr} 和 T_a^f 的解析表达式分别如式（7-13）和式（7-14）所示。

$$T_a^{tr} = \sum_{b=1}^{M_a^{tr}} X_b \sim PH_c(\boldsymbol{\mu} \otimes \mathbf{v}_{a,1}, \mathbf{Z} \otimes \mathbf{I} + (\boldsymbol{\beta}^0\boldsymbol{\mu}) \otimes \mathbf{W}_{a,1}) \quad (7-13)$$

$$T_a^f = \sum_{b=1}^{M_a^f} X_b \sim PH_c(\boldsymbol{\mu} \otimes \mathbf{v}_{a,2}, \mathbf{Z} \otimes \mathbf{I} + (\boldsymbol{\beta}^0\boldsymbol{\mu}) \otimes \mathbf{W}_{a,2}) \quad (7-14)$$

T_a^{tr} 和 T_a^f 的期望值为：

$$E(T_a^{tr}) = -(\boldsymbol{\mu} \otimes \mathbf{v}_{a,1})(\mathbf{Z} \otimes \mathbf{I} + (\boldsymbol{\beta}^0\boldsymbol{\mu}) \otimes \mathbf{W}_{a,1})^{-1}\mathbf{e}_{a,1} \quad (7-15)$$

$$E(T_a^f) = -(\boldsymbol{\mu} \otimes \mathbf{v}_{a,2})(\mathbf{Z} \otimes \mathbf{I} + (\boldsymbol{\beta}^0\boldsymbol{\mu}) \otimes \mathbf{W}_{a,2})^{-1}\mathbf{e}_{a,2} \quad (7-16)$$

随后，定义 T_a^w 表示子系统 a 中保护装置的使用寿命，其期望值可由式（7-15）和式（7-16）相减得到：

$$E(T_a^w) = E(T_a^f - T_a^{tr})$$

$$= (\boldsymbol{\mu} \otimes \mathbf{v}_{a,1})(\mathbf{Z} \otimes \mathbf{I} + (\boldsymbol{\beta}^0\boldsymbol{\mu}) \otimes \mathbf{W}_{a,1})^{-1}\mathbf{e}_{a,1} - (\boldsymbol{\mu} \otimes \mathbf{v}_{a,2})$$

$$(\mathbf{Z} \otimes \mathbf{I} + (\boldsymbol{\beta}^0\boldsymbol{\mu}) \otimes \mathbf{W}_{a,2})^{-1}\mathbf{e}_{a,2} \quad (7-17)$$

上述各式中 $\mathbf{v}_{a,1} = (1,0,\cdots,0)_{1 \times N_{a,1}}$，$\mathbf{v}_{a,2} = (1,0,\cdots,0)_{1 \times N_{a,2}}$，$\mathbf{e}_{a,1} = (1,1,\cdots,1)_{1 \times N_{a,1}}^T$，$\mathbf{e}_{a,2} = (1,1,\cdots,1)_{1 \times N_{a,2}}^T$。

第四节　系统可靠度分析

一、系统状态转移刻画

对于整个系统，本节采用有限马尔可夫链嵌入法对其可靠性进行分析。定义随机变量 V_a^b 和 K_a^b 分别表示系统在 b 次冲击下前 a 个子系统中最近一次连续失败的子系统数和不重叠的子系统失效游程数。随后，建立马尔可夫链$\{\hat{Y}_a^b, a = 1, 2, \cdots, n\}$并将其表示如下：

$$\hat{Y}_a^b = \{K_a^b, V_a^b\}, a = 1, 2, \cdots, n, b = 0, 1, 2, \cdots$$

其初始状态为$\hat{Y}_0^b = (0, 0)$。

系统的状态空间为：

$$\Omega_{sys} = \{(k, v) : 0 \leq k \leq f_t - 1, 0 \leq v \leq f_c - 1\} \cup \{E_{sys}\}$$

其中，E_{sys}表示吸收态，即整个系统失效。随后，给出所构建的马尔可夫链的各状态之间的转移规则。

（1）如果$0 \leq k \leq f_t - 1$，$0 \leq v < f_c - 1$，$P\{\hat{Y}_a^b = (k, v + 1) | \hat{Y}_{a-1}^b = (k, v)\} = 1 - R_a^L(b)$；

（2）如果$0 \leq k \leq f_t - 1$，$0 \leq v \leq f_c - 1$，$P\{\hat{Y}_a^b = (k, 0) | \hat{Y}_{a-1}^b = (k, v)\} = R_a^L(b)$；

（3）如果$0 \leq k < f_t - 1$，$v = f_c - 1$，$P\{\hat{Y}_a^b = (k + 1, 0) | \hat{Y}_{a-1}^b = (k, v)\} = 1 - R_a^L(b)$；

（4）如果$k = f_t - 1$，$v = f_c - 1$，$P\{\hat{Y}_a^b = E_{sys} | \hat{Y}_{a-1}^b = (k, v)\} = 1 - R_a^L(b)$；

（5）$P\{\hat{Y}_a^b = E_{sys} | \hat{Y}_{a-1}^b = E_{sys}\} = 1$；

（6）所有其他转移概率均为零。

例 7.3 为了更好地说明上述转移规则，以一个由 12 个子系统（$n = 12$）组成的系统为例，假设每 2 个连续失效的子系统构成一个失效游程（$f_c = 2$），当系统中不重叠的失效游程数量达到 2 时，整个系统失效（$f_t = 2$）。系统的马尔可夫链所对应的状态空间为$\Omega_{sys} = \{(0, 0), (0, 1), (1, 0), (1, 1)\} \cup \{E_{sys}\}$。图 7-4 展示了系统在 b 次冲击下的状态转移。

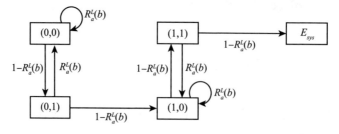

图 7-4 例 7.3 中系统状态转移示例

二、系统可靠度评估

在推导出系统所有状态之间的转移规则后，可以得出一步转移概率矩阵 $\mathbf{Q}_a^L(b)$，并将其划分如下：

$$\mathbf{Q}_a^L(b) = \begin{bmatrix} \mathbf{O}_a^L(b) & \mathbf{F}_a^L(b) \\ \mathbf{0} & \mathbf{I} \end{bmatrix}_{|\Omega_{sys}| \times |\Omega_{sys}|}$$

其中，$\mathbf{O}_a^L(b)$ 是一个大小为 $(|\Omega_{sys}|-1) \times (|\Omega_{sys}|-1)$ 的矩阵，包含了所有转移态之间的一步状态转移概率；矩阵 $\mathbf{F}_a^L(b)$ 表示从转移态到吸收态的一步状态转移概率矩阵，其大小为 $(|\Omega_{sys}|-1) \times 1$；$\mathbf{0}$ 为 $1 \times (|\Omega_{sys}|-1)$ 阶的向量；$\mathbf{I}$ 代表单位矩阵。

在得到一步转移概率矩阵 $\mathbf{Q}_a^L(b)$ 后，整个系统在离散时间下的可靠度表达式可由式（7-18）推导出：

$$R_{sys}^L(b) = \mathbf{u} \prod_{a=1}^{n} \mathbf{O}_a^L(b) \mathbf{V} \tag{7-18}$$

随后，为了分析系统在连续时间下的可靠度，将上述系统层面的转移规则中的 $R_a^L(b)$ 替换为 $R_a^T(t)$，从而可以得到一个由 $\mathbf{Q}_a^T(t)$ 表示的一步状态转移概率矩阵。通过该一步转移概率矩阵，可以根据式（7-19）求解系统在连续时间下的可靠度函数：

$$R_{sys}^T(t) = \mathbf{u} \prod_{a=1}^{n} \mathbf{O}_a^T(t) \mathbf{V} \tag{7-19}$$

其中，$\mathbf{O}_a^T(t)$ 表示时刻 t 下系统的各转移态之间的一步状态概率转移矩阵，$\mathbf{u} = (1,0,\cdots,0)_{1 \times (|\Omega_{sys}|-1)}$，$\mathbf{V} = (1,1,\cdots,1)_{1 \times (|\Omega_{sys}|-1)}^T$。

第五节　工程应用实例

埋地管道在输送石油、天然气和水等重要资源方面有着重要意义。为了延长管道的使用寿命，埋地管道通常采用自修复材料制造[63,70]，如自修复涂层和嵌入式传感器。然而，在管道运行过程中，由于地质变形或地震荷载等原因，管道可能会遭受损坏，这可以看作是外部对管道施加的冲击。为了减轻冲击的影响和降低系统故障风险，通常会在管道的关键部位安装保护装置。

在本节中，介绍基于埋地管道系统的实际工程应用验证所构建模型的有效性。假设埋地管道系统包含 4 个子管道（$n=4$），每节管道配有由 2 个保护部件组成的保护装置（$d_a=2, a=1,2,3,4$），其中子管道 1、3 结构完全相同，子管道 2、4 结构完全相同。管道结构如图 7－5 所示。

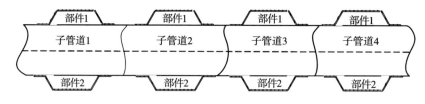

图 7－5　管道系统结构

每节管道根据其受损程度不同划分为 3 个状态。在管道系统运行过程中，由于外部载荷的作用，管道可能会出现凹痕并且受损程度会越发严重，其截面由圆形（状态 2）变为"葫芦形"（状态 1），最终变为"8"形（状态 0）。管道状态与其对应的物理意义如表 7－3 所示。

表 7－3　　　　　　　　　管道状态与其对应的物理意义

管道状态	物理意义
$h=2$	
$h=1$	
$h=0$	

此外，假设两次连续冲击间的时间间隔 $X_b \sim PH_c(\boldsymbol{\mu}, \mathbf{Z})$，其中 $\boldsymbol{\mu} = 1$，

$\mathbf{Z} = -2$。保护装置的性能等级与工作部件数对应关系为：$U_a = \begin{cases} 2, 1 < m_a \leqslant 2 \\ 1, 0 < m_a \leqslant 1 \\ 0, m_a \leqslant 0 \end{cases}$，

对应的保护水平为 $\gamma_{a,2} = 0.7$，$\gamma_{a,1} = 0.8(a = 1,2,3,4)$。表 7-4 列出了管道系统运行时各子管道的相关参数及阈值。

表 7-4　　　　　　　　　　管道系统相关参数及阈值

子系统 a	$g_{a,1}$	$g_{a,0}$	$p_{a,1}$	$q_{a,1}$	$b_{a,2}$	$b_{a,1}$	w_a
$a = 1, 3$	3	2	0.25	0.10	2	3	1
$a = 2, 4$	3	2	0.30	0.15	2	3	1

图 7-6 展示了子管道自愈机制的触发阈值改变时，对各个子管道及整个管道系统可靠性的影响。由图 7-6 可知，自愈性能使得管道的可靠性得到了显著提升；同时，自愈机制越容易触发，相应的子管道以及整个系统的可靠性就越高。此外，当子管道的自愈触发阈值 b_a^2、b_a^1 从 3、4

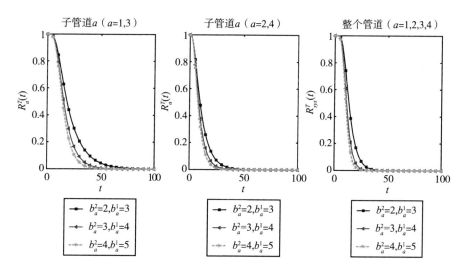

图 7-6　不同自愈机制触发阈值下的管道可靠性函数

降低到 2、3 时，相较于从 4、5 降低到 3、4，各子管道及整个管道的可靠性提升更为显著。这表明，随着自愈机制触发阈值的降低，管道系统可靠性的增加幅度也随之增大。基于这一分析，工程管理者可以考虑采用更容易触发自愈机制的材料，以便子管道能够更快地修复受到的冲击损伤，从而延长系统的使用寿命，减少故障风险，并提高系统的整体可靠性。

图 7-7 展示了自愈机制失效阈值从 $c_a = 2$ 到 $c_a = 4$ 时系统可靠度的变化趋势。如图 7-7 所示，随着失效阈值 c_a 的增加，各子管道以及整个管道系统的可靠度显著提升。这是因为提高自愈机制的失效阈值意味着系统能够在更长时间内保持自愈能力，从而有更多机会修复由冲击造成的损伤。此外，由于子管道 2 和子管道 4 更容易受到有效冲击的影响，因此它们的可靠度自然低于子管道 1 和子管道 3。基于这些观察，对于工程系统管理者来说，选择那些自愈机制不易失效的材料，将有助于提升系统整体的可靠性。

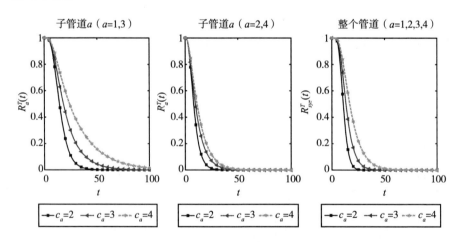

图 7-7　不同自愈机制失效阈值下的管道可靠性函数

图 7-8 给出了保护装置在不同触发阈值下（$w_a = 0, 1, 2$）子管道和整个系统的可靠度。其中，$w_a = 0$ 表示子管道 a 没有配备保护装置；$w_a = 2$ 表示保护装置从系统运行一开始就被触发，并且不会有待机的情形；$c_a = 0$ 表示子管道不具有自愈性能。

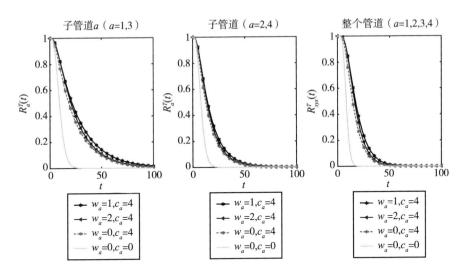

图 7 - 8　不同保护装置触发阈值下的管道可靠性函数

　　通过对比系统在四种不同阈值组合下的可靠性表现可以发现，自愈机制和保护装置显著提升了子管道以及至整个系统的可靠性。此外，通过进一步比较配置了保护装置并具备自愈能力的子系统的可靠度可知，当保护装置从系统一开始运行就工作时的系统可靠度（$w_a = 2$）反而略低于保护装置从中间状态触发时的系统可靠度（$w_a = 1$）。原因在于，尽管保护装置的早期介入能够及时减轻冲击带来的损伤，但过早地遭受冲击也可能导致保护装置提前失效，从而使管道系统较早地暴露于无保护的风险中，反而降低了系统的可靠性。相较之下，若保护装置在子系统退化至状态 1 才开始工作，它则能更持久地发挥作用，减少损害，并推迟了系统失去保护的时间点，从而为系统的稳定运行提供了更为持久的保障。因此，在实际工程系统管理中，寻找恰当的时机激活保护装置，对于提高系统可靠性与保护装置的耐用性至关重要。

　　表 7 - 5 展示了子管道 $a(a = 1,2,3,4)$ 在不同 w_a 和 c_a 下的使用寿命。观察发现，在 w_a 固定的情况下，随着 c_a 的增加，子管道 a 的 $E(T_a^{sd})$，$E(T_a^w)$ 和 $E(M_a^w)$ 均有所提高。然而，当 c_a 固定，而 w_a 逐步增加时，子管道 a 的 $E(T_a^{sd})$、$E(T_a^w)$ 和 $E(M_a^w)$ 却并未呈现增长的趋势。这表明过早触发保护装置不一定会延长管道的使用寿命。进一步分析表明，当 $c_a(a = 2,4)$

大于 3 且 $w_a = 1(a = 2, 4)$ 时，子管道 2 和子管道 4 的保护装置可能会进入待机状态，这有助于减少保护装置在运行过程中所受的冲击，从而可能延长其使用寿命。对于工程系统的管理者来说，选择合适的 w_a 和 c_a，不仅能够有效降低管道故障的风险，还有助于延长管道的使用寿命。因此，优化参数设置进而提高系统的可靠性，是工程管理工作中的一个重要方面。

表 7 - 5   保护装置触发阈值和自愈机制失效阈值不同时的概率指标

子系统 a	w_a	c_a	$E(T_a^{sd})$	$E(T_a^{tr})$	$E(T_a^w)$	$E(M_a^w)$
	0	0	12.5000	0	0	0
	1	2	18.0683	11.9444	4.4875	8.975
$a = 1, 3$	1	3	30.4140	24.2901	4.4875	8.975
	2	2	19.2517	0	6.7439	13.4879
	0	0	10.0000	0	0	0
	1	2	13.3937	8.5714	3.2987	6.5974
	1	3	19.2712	14.4490	3.2987	6.5974
	1	4	27.6556	14.4490	9.1659	18.3694
$a = 2, 4$	1	5	32.9910	14.4490	10.8775	23.9978
	2	3	20.3597	0	4.6178	9.2356
	2	4	26.2978	0	4.7820	9.5639
	2	5	32.0389	0	4.8001	9.6003

图 7 - 9 和图 7 - 10 分别给出了基于蒙特卡洛模拟的获取子系统 $a(a = 1, 2, \cdots, n)$ 状态的仿真流程图和获取系统可靠性的仿真流程图。图 7 - 11 展示了当 $c_a = 2$ 时，系统可靠性随时间变化的分析与仿真结果。如图 7 - 11 所示，仿真与解析结果曲线吻合，说明了推导函数的正确性。

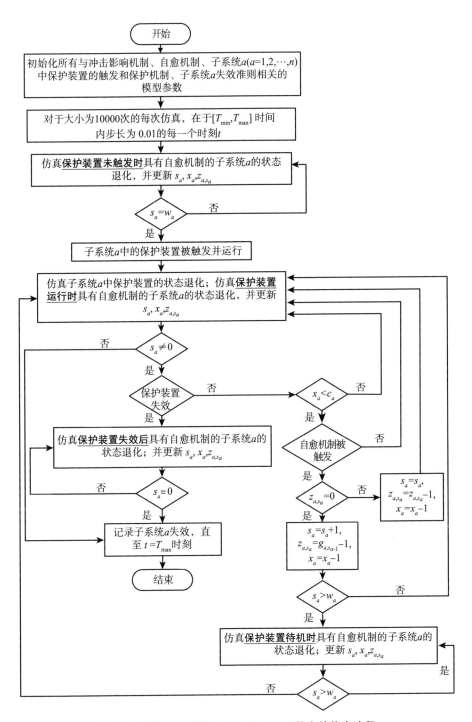

图 7-9　获取子系统 $a(a=1,2,\cdots,n)$ 状态的仿真流程

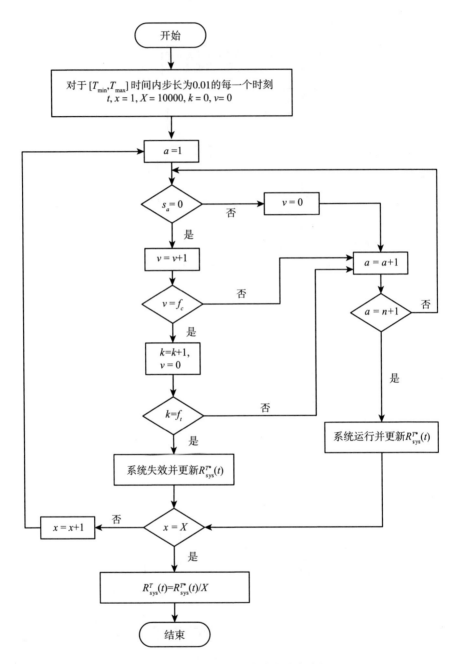

图 7 – 10 获取系统可靠性的仿真流程

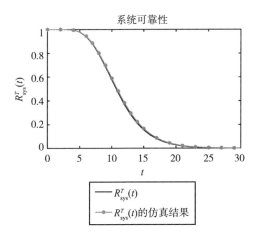

图 7 – 11　当 $c_a = 2$ 时，系统可靠性随时间变化的分析与仿真结果

第六节　本章小结

　　本章首先构建配了有多部件保护装置的自愈型系统可靠性模型，并从系统退化、子系统的自愈机制以及保护装置三个方面进行了模型假设与描述。该模型综合考虑了子系统的运行和失效模式、自愈机制的激活与失效条件、保护装置的启动条件和保护效果，以及保护机制和自愈机制的结合。利用嵌入马尔可夫链的方法，构建了系统可靠性模型，并推导了子系统和保护装置在离散时间和连续时间下的可靠度函数。随后，根据系统层面的失效准则，构建了相应的马尔可夫链，进而导出了系统在离散时间和连续时间下的可靠度函数。最后，通过一个实际埋地管道系统的例子，展示了实际工程中的数值算例。这些分析成果不仅有助于评估和增强自愈型系统的可靠性，也为工程实践提供了科学的决策依据。

第八章

冲击环境下考虑保护装置启动失败的系统可靠性建模与分析

第一节 引言

很多工程系统配有保护装置以降低系统故障风险，延长系统寿命。以往关于配有保护装置的系统可靠性研究均假设保护装置可以成功触发。然而，在现实中，保护装置可能会由于一些随机错误而无法成功启动。此外，对于不同类型的保护装置，其保护作用有所不同。以一个由多个子系统组成的配电系统为例，当电力系统工作传输电力时，温度升高或雷暴等极端天气可能导致配电系统中的电流或电压升高，从而可能进一步引起其他工作部件的故障。为了保证配电系统的稳定运行，延长系统的使用寿命，为其安装了保护继电器来隔离失效的电子元件。此外，由于连接点接触不良或其他原因，保护继电器并不总是能成功启动，如果继电器的状态退化，其可以尝试启动的次数逐渐下降。

为了弥补研究空白，本章提出了一个受外部冲击且配备了多态保护装置的二维表决系统。系统由多个子系统组成，每个子系统包含多个相同的部件。提出了在游程冲击、累积冲击和 δ - 冲击模型相结合的混合冲击模型下运行的工作部件的竞争失效准则。考虑了保护装置的随机触发故障，当保护装置处于一定状态时，可在相应的最大触发次数内被激活以实现其保护功能，该触发次数随着其因冲击而导致的状态恶化而减少。此外，保护装置运行时可以隔离故障部件。当保护装置失效而导致故障部件不能被成功隔离或故障部件的数量高于阈值时，子系统失效。采用有限马尔可夫链嵌入法和通用生成函数法，得到了系统可靠性和保护装置性能的概率指标。最后，以带继电保护的配电系统为例，验证了所提模型的适用性。

第二节　模型假设与模型描述

整个二维表决系统由 n 个子系统组成，每个子系统都由一个多态保护装置保护。每个子系统由若干个多态同型部件组成，而不同子系统中的部件可以是不同型的。假设本模型中子系统 $j(1 \leqslant j \leqslant n)$ 由 m_j 个相同的多态部件组成。令 $c_{j,i}$ 表示子系统 j 中的部件 $i(1 \leqslant i \leqslant m_j)$，则 $c_{j,\alpha}(1 \leqslant \alpha \leqslant m_j)$ 与 $c_{j,\beta}$ $(1 \leqslant \beta \leqslant m_j)$ 相同，而 $c_{\gamma,i}(1 \leqslant \gamma \leqslant n)$ 可以与 $c_{\omega,i}(1 \leqslant \omega \leqslant n)$ 不同。系统组成如图 8-1 所示。

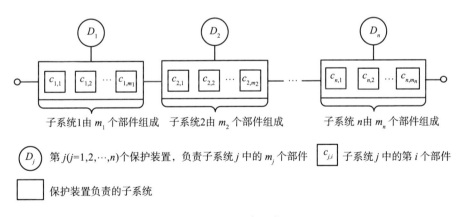

图 8-1　系统组成

保护装置工作机制：保护装置通过将子系统中的失效部件隔离从而保护整个子系统正常运行，以保护装置 $j(1 \leqslant j \leqslant n)$ 为例，具体工作机制如下：

（1）保护装置的状态空间表示为 $\Omega_j^p = \{0, 1, \cdots, E_j\}$，其中 $E_j (E_j \in N^+)$ 为保护装置的完好状态，0 为保护装置的失效状态。

（2）保护装置最初处于空闲状态，其保护的子系统内部件失效时尝试启动该保护装置。

（3）对于处于状态 $z_j (z_j = 1, 2, \cdots, E_j)$ 的保护装置 j，每次尝试启动将以一定的概率 $p_{z_j}^t$ 启动成功，或者以一定概率 $q_{z_j}^t = 1 - p_{z_j}^t$ 启动失败，若一次启动失败则继续尝试下一次启动，且保护装置最多可以被启动 $l_{z_j}^t$ 次。

（4）在给定的最大尝试启动次数 $l_{z_j}^t$ 内，若保护装置启动成功，则失效部件被隔离，子系统正常运行。保护装置重新处于空闲状态，直到下一次部件失效再次尝试启动，尝试次数重新从 0 开始计数。

（5）若达到最大尝试启动次数 $l_{z_j}^t$ 时保护装置仍未能成功启动，子系统内的失效部件未被及时隔离，则子系统失效，保护装置因未及时响应而视为失效。

（6）考虑到当保护装置处于较差的工作状态时，更难以被成功启动，因此对于任意的 μ 和 $\theta (0 < \mu < \theta \leq E_j)$，存在 $l_\mu^t < l_\theta^t$，$p_\mu^t < p_\theta^t$。

（7）被保护装置隔离的部件不会因其他原因（如保护装置的失效）再次回到子系统中。

系统和子系统的失效准则总结如下：

系统失效准则：当失效子系统数不少于 k 时，整个系统失效。以下两个失效准则任意其一被满足时，子系统失效：（1）子系统中的失效部件未能被保护装置成功隔离；（2）子系统中的失效部件和已经被隔离的失效部件总数不少于一定阈值。对于子系统 j，当其中失效部件数达到 $k_j (0 < k_j \leq m_j)$ 时，子系统 j 失效。图 8-2 以一个子系统和保护装置为例，展示了冲击环境下子系统和保护装置的运行过程。

外部冲击：假设冲击强度独立且服从截尾正态分布，且相邻两次冲击到达的时间间隔服从指数分布，冲击到达的时间间隔与冲击的强度相互独立。

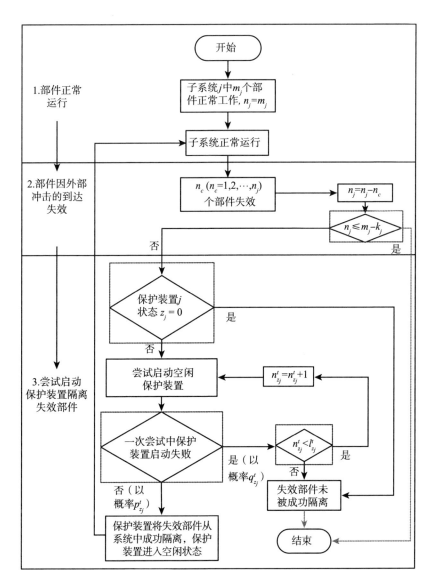

图 8 - 2　冲击环境下子系统 j 和保护装置 j 的运行过程

冲击环境下部件状态退化：

（1）子系统 $j(1 \leqslant j \leqslant n)$ 中的同型部件的状态空间均表示为 $\Omega_j^c = \{0, 1, \cdots, L_j\}$，其中 $L_j(L_j \in N^+)$ 为部件的完好状态，0 为部件的失效状态。

（2）对于子系统 j 中的部件，d_j^1 和 d_j^2 为两个预设的冲击震级阈值，根据冲击量级将外部冲击分为三种类型：如果冲击量级在区间 $[0, d_j^1)$

中，则冲击量级较小，对子系统中的部件不造成损伤，为 A 型冲击；如果冲击量级在区间 $\left[d_j^1, d_j^2\right)$ 中，则会对部件造成一定程度的损坏，为 B 型冲击；如果冲击量级超过 d_j^2，则会对部件造成较大的损伤，为 C 型冲击。

（3）除冲击量级之外，考虑到有效冲击在短时间内的累积损伤可能直接导致部件失效，定义 B 型 δ 有效冲击如下。

定义 8 – 1 对于子系统 $j(1 \leq j \leq n)$ 中的工作部件，B 型 δ 有效冲击是在前一次 B 型冲击到达后的 $\left(0, \delta_j\right]$ 时间内到达的 B 型冲击。

（4）根据上述冲击分类，不同冲击到达对子系统 j 中部件的影响如下。

（i）A 型冲击：不会对部件造成损伤；

（ii）B 型冲击：有以下三种竞争失效准则，任意一种准则被满足时工作部件失效，且 B 型冲击对部件造成的损害在部件状态退化过程中是一直累积的：

准则 I：累积 B 型冲击数不少于 $l_{s_j}^c$；

准则 II：连续 B 型冲击数不少于 $l_{s_j}^s (2 \leq l_{s_j}^s < l_{s_j}^c)$；

准则 III：连续 B 型 δ 有效冲击数不少于 $l_{s_j}^d (1 \leq l_{s_j}^d < l_{s_j}^s - 1)$。

需要注意，根据 B 型 δ 有效冲击的定义可知，当一次 B 型 δ 有效冲击到达时，部件已经连续遭受了至少两次 B 型冲击，因此存在 $l_{s_j}^d = 1$ 的情况。

（iii）C 型冲击：一次 C 型冲击到达导致部件状态退化到下一级。

假设各子系统中的部件存在加速退化过程，即处于较低工作状态的部件受到冲击影响更大。因此，对于任意 α 和 $\beta (0 < \alpha < \beta \leq L_j)$，存在 $l_\alpha^c \leq l_\beta^c$、$l_\alpha^s \leq l_\beta^s$、$l_\alpha^d \leq l_\beta^d$。

冲击环境下保护装置状态退化：对于保护装置 j，d_j^p 为一个预设的冲击震级阈值，根据冲击量级将外部冲击分为有效冲击和无效冲击。如果冲击量级处于区间 $\left[0, d_j^p\right)$ 中，则该冲击为无效冲击，对保护装置不造成损伤；否则，该冲击为有效冲击。当保护装置 j 处于状态 z_j 时，若累积有效冲击数达到 $l_{z_j}^v$ 时，保护装置状态由 z_j 转移到 $z_j - 1$。考虑保护装置加速退化，则对于任意的 μ 和 $\theta (0 < \mu < \theta \leq E_j)$，有 $l_\mu^v \leq l_\theta^v$。

第三节　系统可靠性指标求解

本节通过结合有限马尔可夫链嵌入法和 UGF 方法对系统可靠度进行分析。首先利用有限马尔可夫链嵌入法对单个部件和保护装置的可靠度概率指标进行求解，在此基础上，通过 UGF 方法计算出配有保护装置的子系统和整个系统的可靠度概率指标。

一、部件可靠度分析

对于子系统 j 中的部件，在 g 次随机冲击的序列中，定义以下四个随机变量：$S_{gj}(S_{gj} \in \{0,1,\cdots,L_j\})$ 表示部件的状态；N_{gj}^d 表示部件遭受的连续 B 型 δ 有效冲击的次数；N_{gj}^s 和 N_{gj}^c 分别表示部件遭受的连续和累积 B 型冲击的次数。与随机变量 S_{gj}，N_{gj}^d，N_{gj}^s 和 N_{gj}^c 相关的有限马尔可夫链定义如下：

$$Y_{gj} = (S_{gj}, N_{gj}^c, N_{gj}^s, N_{gj}^d), g = 0,1,\cdots$$

其中，Y_{gj} 表示子系统 j 中的部件遭受 g 次随机冲击后所处的状态，其初始状态为 $Y_{0j} = (L_j,0,0,0)$，状态空间如下所示：

$$\Omega_{gj} = \{O_{1j}\} \cup \{E_{fj}\}$$
$$= \{(s_j, n_j^c, n_j^s, n_j^d), 0 < s_j \leqslant L_j, 0 \leqslant n_j^d \leqslant n_j^s \leqslant n_j^c < l_{s_j}^c,$$
$$0 \leqslant n_j^s < l_{s_j}^s, 0 \leqslant n_j^d < l_{s_j}^d\} \cup \{E_{fj}\}$$

其中，O_{1j} 和 E_{fj} 分别为转移态和吸收态的集合。

设 M_g 为第 g 次冲击的冲击强度，服从截尾正态分布，表示为 $M_g \sim N(\mu, \sigma^2, 0, \infty)$。A 型、B 型、C 型冲击到达的概率 p_j^A，p_j^B 和 p_j^C 分别为：

$$p_j^A = P\{0 < M_g < d_j^1\} \tag{8-1}$$

$$p_j^B = P\{d_j^1 \leqslant M_g < d_j^2\} \tag{8-2}$$

$$p_j^C = P\{M_g \geqslant d_j^2\} \tag{8-3}$$

其中，为 $p_j^A + p_j^B + p_j^C = 1$。令 p_j^D 表示一次 B 型冲击在上一次冲击到达后的时间段 $(0, \delta_j]$ 内到达的概率，p_j^D 的计算公式为：

$$p_j^D = P\{X_g \leqslant \delta_j, d_j^1 \leqslant M_g < d_j^2\} = p_j^B \cdot P\{X_g \leqslant \delta_j\} \qquad (8-4)$$

令 $q_j^D = p_j^B - p_j^D$ 表示一次 B 型冲击距上一次冲击到达的时间间隔超过 δ_j 的概率。马尔可夫链 $\{Y_{gj}, g \geqslant 0\}$ 的一步转移概率矩阵 $\mathbf{\Lambda}_{gj}^c$ 中转移状态之间的转移规则总结如下。

（1）当 $0 < s_j \leqslant L_j$，$0 \leqslant n_j^c < l_{s_j}^c$，$0 \leqslant n_j^s < l_{s_j}^s$，$0 \leqslant n_j^d < l_{s_j}^d$，$n_j^d < n_j^s < n_j^c$ 时，$P\{Y_{gj} = (s_j, n_j^c, 0, 0) \mid Y_{(g-1)j} = (s_j, n_j^c, n_j^s, n_j^d)\} = p_j^A$。

（2）当 $0 < s_j \leqslant L_j$，$0 \leqslant n_j^c < l_{s_j}^c - 1$，$n_j^s = n_j^d = 0$ 时，$P\{Y_{gj} = (s_j, n_j^c + 1, 1, 0) \mid Y_{(g-1)j} = (s_j, n_j^c, n_j^s, n_j^d)\} = p_j^B$。

（3）当 $0 < s_j \leqslant L_j$，$0 < n_j^c < l_{s_j}^c - 1$，$0 < n_j^s < l_{s_j}^s - 1$，$0 \leqslant n_j^d < l_{s_j}^s$，$n_j^d < n_j^s < n_j^c$ 时，$P\{Y_{gj} = (s_j, n_j^c + 1, n_j^s + 1, 0) \mid Y_{(g-1)j} = (s_j, n_j^c, n_j^s, n_j^d)\} = q_j^D$。

（4）当 $0 < s_j \leqslant L_j$，$0 < n_j^c < l_{s_j}^c - 1$，$0 < n_j^s < l_{s_j}^s - 1$，$0 \leqslant n_j^d < l_{s_j}^d - 1$，$n_j^d < n_j^s < n_j^c$ 时，$P\{Y_{gj} = (s_j, n_j^c + 1, n_j^s + 1, n_j^d + 1) \mid Y_{(g-1)j} = (s_j, n_j^c, n_j^s, n_j^d)\} = p_j^D$。

（5）当 $0 < s_j \leqslant L_j$，$0 \leqslant n_j^c < l_{s_j - 1}^c \leqslant l_{s_j}^c$，$0 \leqslant n_j^s < l_{s_j}^s$，$0 \leqslant n_j^d < l_{s_j}^d$，$n_j^d < n_j^s < n_j^c$ 时，$P\{Y_{gj} = (s_j - 1, n_j^c, 0, 0) \mid Y_{(g-1)j} = (s_j, n_j^c, n_j^s, n_j^d)\} = p_j^C$。

（6）当 $0 < s_j \leqslant L_j$，$0 \leqslant n_j^c \leqslant l_{s_j}^c - 1$，$0 \leqslant n_j^s \leqslant l_{s_j}^s - 1$，$n_j^d = l_{s_j}^d - 1$，$n_j^d < n_j^s < n_j^c$ 时，$P\{Y_{gj} = E_{\Pi} \mid Y_{(g-1)j} = (s_j, n_j^c, n_j^s, n_j^d)\} = p_j^D$。

（7）当 $0 < s_j \leqslant L_j$，$0 \leqslant n_j^c \leqslant l_{s_j}^c - 1$，$n_j^s = l_{s_j}^s - 1$，$0 \leqslant n_j^d \leqslant l_{s_j}^d - 1$，$n_j^d < n_j^s < n_j^c$ 时，$P\{Y_{gj} = E_{\Pi} \mid Y_{(g-1)j} = (s_j, n_j^c, n_j^s, n_j^d)\} = p_j^B$。

（8）当 $0 < s_j \leqslant L_j$，$n_j^c = l_{s_j}^c - 1$，$0 \leqslant n_j^s \leqslant l_{s_j}^s - 1$，$0 \leqslant n_j^d \leqslant l_{s_j}^d - 1$，$n_j^d < n_j^s < n_j^c$ 时，$P\{Y_{gj} = E_{\Pi} \mid Y_{(g-1)j} = (s_j, n_j^c, n_j^s, n_j^d)\} = p_j^B$。

（9）当 $s_j = 1$，$0 \leqslant n_j^c < l_1^c$，$0 \leqslant n_j^s < l_1^s$，$0 \leqslant n_j^d < l_1^d$，$n_j^d < n_j^s < n_j^c$ 时，$P\{Y_{gj} = E_{\Pi} \mid Y_{(g-1)j} = (s_j, n_j^c, n_j^s, n_j^d)\} = p_j^C$。

（10）当 $0 < s_j \leqslant L_j$，$0 \leqslant l_{s_j - 1}^c \leqslant n_j^c < l_{s_j}^c$，$0 \leqslant n_j^s < l_{s_j}^s$，$0 \leqslant n_j^d < l_{s_j}^d$，$n_j^d < n_j^s < n_j^c$ 时，$P\{Y_{gj} = E_{\Pi} \mid Y_{(g-1)j} = (s_j, n_j^c, n_j^s, n_j^d)\} = p_j^C$。

根据转移规则可以求得一步转移概率矩阵 $\mathbf{\Lambda}_{gj}^c$。基于马尔可夫链的理论，一步转移概率矩阵 $\mathbf{\Lambda}_{gj}^c$ 可以划分为如下四个部分：

$$\mathbf{\Lambda}_{gj}^{c} = \begin{bmatrix} \mathbf{Q}_{j(N_j \times N_j)}^{c} & \mathbf{R}_{j(N_j \times 1)}^{c} \\ \mathbf{0}_{1 \times N_j} & \mathbf{I}_{1 \times 1}^{c} \end{bmatrix}_{(N_j+1) \times (N_j+1)}$$

其中，N_j 为转移态的总数，$\mathbf{Q}_{j(N_j \times N_j)}^{c}$ 为各个转移态之间的一步转移概率矩阵，$\mathbf{R}_{j(N_j \times 1)}^{c}$ 为转移态到吸收态的一步转移概率矩阵，零矩阵 $\mathbf{0}_{1 \times N_j}$ 为吸收态到转移态的一步转移概率矩阵，单位矩阵 $\mathbf{I}_{1 \times 1}^{c}$ 为吸收态之间的一步转移概率矩阵。

令 G 表示冲击长度，当子系统 j 中的部件遭受 g 次随机冲击失效后，冲击长度 G 的概率质量函数、分布函数和期望值可分别由式（8-5）~式（8-7）计算。令 X_g 表示第 g 次和第 $g-1$ 次冲击到达的时间间隔，假设 X_g 为独立同分布的随机变量且服从参数为 λ 的指数分布，表示为 $X_g \sim Exp(\lambda)$。令 T_j^c 表示子系统 j 中的部件的寿命，则部件的可靠性函数如式（8-8）所示。

$$P_j^c(G = g) = \boldsymbol{\pi}_j^c (\mathbf{Q}_j^c)^{g-1} \mathbf{R}_j^c \tag{8-5}$$

$$P_j^c(G \leqslant g) = \boldsymbol{\pi}_j^c \sum_{\alpha=0}^{g-1} (\mathbf{Q}_j^c)^{\alpha} \mathbf{R}_j^c \tag{8-6}$$

$$E_j^c(G) = \boldsymbol{\pi}_j^c (\mathbf{I}_j - \mathbf{Q}_j^c)^{-1} (\mathbf{e}_j^c)^{T} \tag{8-7}$$

$$R_j^c(t) = P_j^c(T_j^c > t) = P\{\sum_{g=1}^{G} X_g > t\} \tag{8-8}$$

其中，$\boldsymbol{\pi}_j^c = (1, 0, \cdots, 0)_{1 \times N_j}$，$\mathbf{e}_j^c = (1, 1, \cdots, 1)_{1 \times N_j}$，$\mathbf{I}_j$ 为单位矩阵。

二、保护装置可靠度分析

对于保护装置 j，在 g 次随机冲击的序列中，定义以下两个随机变量：$Z_{gj}(Z_{gj} \in \{0, 1, \cdots, E_j\})$ 表示保护装置的状态；N_{gj}^v 表示保护装置遭受的累积有效冲击次数。与随机变量 Z_{gj} 和 N_{gj}^v 相关的有限马尔可夫链定义如下：

$$U_{gj} = (Z_{gj}, N_{gj}^v), g = 0, 1, \cdots$$

其中，U_{gj} 表示保护装置 j 遭受 g 次随机冲击后所处的状态，其初始状态为 $U_{0j} = (E_j, 0)$，状态空间如下所示：

$$\Omega_{gi}^d = \{O_{2j}\} \cup \{E_{f_2}\} = \{(z_j, n_j^v), 0 < z_j \leqslant E_j, 0 \leqslant n_j^v < l_{z_j}^v\} \cup \{E_{f_2}\}$$

其中，O_{2j} 和 E_{f_2} 分别为转移态和吸收态的集合。有效冲击和无效冲击到达的概率 p_j^v 和 q_j^v 分别为 $p_j^v = P\{M_g < d_j^p\}$ 和 $q_j^v = P\{M_g \geqslant d_j^p\}$（$p_j^v + q_j^v = 1$）。表 8-1 给出了马尔可夫链 $\{U_{gi}, g \geqslant 0\}$ 的一步转移概率矩阵 Λ_{gi}^d 中转移状态之间的转移规则。

表 8-1 $\qquad\qquad\qquad\qquad$ Λ_{gi}^d 中的转移概率

编号	适用性	状态转移情形	转移概率
1	$0 < z_j \leqslant E_j, 0 \leqslant n_j^v < l_{z_j}^v - 1$	$U_{(g-1)j} = (z_j, n_j^v) \rightarrow U_{gi} = (z_j, n_j^v)$	q_j^v
2	$0 < z_j \leqslant E_j, 0 \leqslant n_j^v < l_{z_j}^v - 1$	$U_{(g-1)j} = (z_j, n_j^v) \rightarrow U_{gi} = (z_j, n_j^v + 1)$	p_j^v
3	$0 < z_j \leqslant E_j, n_j^v = l_{z_j}^v - 1$	$U_{(g-1)j} = (z_j, n_j^v) \rightarrow U_{gi} = (z_j - 1, 0)$	p_j^v
4	$z_j = 1, n_j^v = l_1^v - 1$	$U_{(g-1)j} = (z_j, n_j^v) \rightarrow U_{gi} = E_{f_2}$	p_j^v

根据表 8-1，可以求得一步转移概率矩阵 Λ_{gi}^d。基于马尔可夫链的理论，一步转移概率矩阵 Λ_{gi}^d 可以划分为如下四个部分：

$$\Lambda_{gi}^d = \begin{bmatrix} \mathbf{Q}_{j(K_j \times K_j)}^d & \mathbf{R}_{j(K_j \times 1)}^d \\ \mathbf{0}_{1 \times K_j} & \mathbf{I}_{1 \times 1}^d \end{bmatrix}_{(K_j+1) \times (K_j+1)}$$

其中，K_j 为转移态的总数，$\mathbf{Q}_{j(K_j \times K_j)}^d$ 为各个转移态之间的一步转移概率矩阵，$\mathbf{R}_{j(K_j \times 1)}^d$ 为转移态到吸收态的一步转移概率矩阵；零矩阵 $\mathbf{0}_{1 \times K_j}$ 为吸收态到转移态的一步转移概率矩阵；单位矩阵 $\mathbf{I}_{1 \times 1}^d$ 为吸收态之间的一步转移概率矩阵。

令 G 表示冲击长度，当保护装置 j 遭受 g 次随机冲击失效后，冲击长度 G 的概率质量函数、分布函数和期望值可分别由式（8-9）~式（8-11）计算。令 X_g 表示第 g 次和第 $g-1$ 次冲击到达的时间间隔，令 T_j^d 表示保护装置 j 的寿命，则保护装置的可靠性函数如式（8-12）所示。

$$P_j^d(G = g) = \boldsymbol{\pi}_j^d (\mathbf{Q}_j^d)^{g-1} \mathbf{R}_j^d \qquad (8-9)$$

$$P_j^d(G \leqslant g) = \boldsymbol{\pi}_j^d \sum_{\alpha=0}^{g-1} (\mathbf{Q}_j^d)^{\alpha} \mathbf{R}_j^d \qquad (8-10)$$

$$E_j^d(G) = \boldsymbol{\pi}_j^d \left(\mathbf{I}_2 - \mathbf{Q}_j^d\right)^{-1} \left(\mathbf{e}_j^d\right)^T \qquad (8-11)$$

$$R_j^d(t) = P_j^d(T_j^d > t) = P\left\{\sum_{g=1}^{G} X_g > t\right\} \qquad (8-12)$$

其中，$\boldsymbol{\pi}_j^d = (1,0,\cdots,0)_{1 \times K_j}$，$\mathbf{e}_j^d = (1,1,\cdots,1)_{1 \times K_j}$，$\mathbf{I}_2$ 为单位矩阵。

如果将所有满足 $z_{gj} \leq h(0 < h \leq E_j - 1)$ 的转移态 (z_{gj}, n_{gj}^v) 以及吸收态 E_{f_2} 视为一个新的吸收态 $E_{f_2}^h$，可以得到新的一步转移概率矩阵 $\boldsymbol{\Lambda}_{gj}^h$。基于马尔可夫链的理论，一步转移概率矩阵 $\boldsymbol{\Lambda}_{gj}^h$ 可以划分为如下四个部分：

$$\boldsymbol{\Lambda}_{gj}^h = \begin{bmatrix} \mathbf{Q}_{j(K_j^h \times K_j^h)}^h & \mathbf{R}_{j(K_j^h \times 1)}^h \\ \mathbf{0}_{1 \times K_j^h} & \mathbf{E}_{1 \times 1}^h \end{bmatrix}_{(K_j^h+1) \times (K_j^h+1)}$$

其中，K_j^h 为转移态的总数。保护装置 j 遭受 g 次随机冲击进入吸收态后，冲击长度 G 的概率质量函数、分布函数如下：

$$P_j^h(G = g) = \boldsymbol{\pi}_j^h \left(\mathbf{Q}_j^h\right)^{g-1} \mathbf{R}_j^h \qquad (8-13)$$

$$P_j^h(G \leq g) = \boldsymbol{\pi}_j^h \sum_{\alpha=0}^{g-1} \left(\mathbf{Q}_j^h\right)^{\alpha} \mathbf{R}_j^h \qquad (8-14)$$

其中，$\boldsymbol{\pi}_j^h = (1,0,\cdots,0)_{1 \times K_j^h}$。基于式（8-13）和式（8-14），$g$ 次冲击到达后保护装置处于状态 h 的概率为：

$$P_j^{d,h}(g) = P_j^h(G \leq g) - P_j^{h-1}(G \leq g) \qquad (8-15)$$

g 次冲击到达后保护装置处于状态 0 和 E_j 的概率分别为：

$$P_j^{d,0}(g) = P_j^d(G \leq g) \qquad (8-16)$$

$$P_j^{d,E_j}(g) = 1 - \sum_{h=0}^{E_j-1} P_j^{d,h}(g) \qquad (8-17)$$

三、系统可靠度分析

（一）单个部件 UGF 表达式

求得单个部件和保护装置的可靠度概率指标之后，通过 UGF 方法来求解单个子系统的可靠度，首先需要得到子系统中单个部件的 UGF 表达式。令 $u_{j,i}^g(z)$ 表示子系统 j 中第 $i(1 \leq i \leq m_j)$ 个部件在 g 次冲击后的 UGF 表达式。分别用 0 和 1 表示部件正常工作和失效，则 $u_{j,i}^g(z)$ 表示如下：

$$u_{j,i}^g(z) = \sum_{\gamma=0}^1 P_{i,\gamma}^c(g)z^\gamma = P_{i,0}^c(g)z^0 + P_{i,1}^c(g)z^1$$

$$= (1 - P_j^c(G \leqslant g))z^0 + P_j^c(G \leqslant g)z^1 \qquad (8-18)$$

令 $\bar{U}_j^g(z)$ 表示子系统 j 中所有部件的 UGF 表达式，$\bar{U}_j^g(z)$ 可以通过以下迭代过程得到：

首先令 $\bar{U}_{j,0}^g(z) = z^0$。

对于 $i = 1,2,\cdots,m_j$，重复进行以下操作，得到 $\bar{U}_{j,i}^g(z)$：

$$\bar{U}_{j,i}^g(z) = \bar{U}_{j,i-1}^g(z) \underset{+}{\otimes} u_{j,i}^g(z)$$

$$= \left(\sum_{N_j^f=0}^{i-1} \pi_{N_j^f} z^{N_j^f} \right) \underset{+}{\otimes} \left(\sum_{\gamma=0}^1 P_{i,\gamma}^c(g)z^\gamma \right)$$

$$= \sum_{N_j^f=0}^{i-1} \sum_{\gamma=0}^1 \pi_{N_j^f} P_{i,\gamma}^c(g) z^{N_j^f+\gamma}$$

$$= \sum_{N_j^f=0}^{i-1} \left[\pi_{N_j^f}(1 - P_j^c(G \leqslant g))z^{N_j^f+0} + \pi_{N_j^f} P_j^c(G \leqslant g)z^{N_j^f+1} \right]$$

$$= \sum_{N_j^f=0}^i \pi_{N_j^f} z^{N_j^f} \qquad (8-19)$$

其中，N_j^f 为可能的子系统 j 中失效部件数，$\pi_{N_j^f}$ 是子系统 j 中失效部件数为 N_j^f 的概率。则 $\bar{U}_j^g(z)$ 表示如下：

$$\bar{U}_j^g(z) = \sum_{N_j^f=0}^{m_j} \pi_{N_j^f} z^{N_j^f} \qquad (8-20)$$

N_j^s 为一随机变量，其定义如下所示：

$$N_j^s = \begin{cases} 0, \text{如果 } N_j^f \geqslant k_j^f \\ 1, \text{如果 } 0 < N_j^f < k_j^f \\ 2, \text{如果 } N_j^f = 0 \end{cases}$$

其中，$N_j^s = 0$ 表示由于失效部件数达到 k_j^f 所引起的子系统 j 失效；$N_j^s = 1$ 表示子系统 j 中失效部件数没有达到 k_j^f 的情况；$N_j^s = 2$ 表示子系统 j 中没有部件失效，子系统正常运行。则 $\bar{U}_j^g(z)$ 可以被重新表示如下：

$$\bar{U}_j^g(z) \; = \; \sum_{N_j^S=0}^{2} \pi_{N^S} z^{N_j^S} \tag{8-21}$$

概率 $\pi_{N_j^S}$ 计算如下：

$$\pi_0 \; = \; \sum_{N_j^f=0}^{m_j} \pi_{N_j^f} I(N_j^f \geqslant k_j^f) \tag{8-22}$$

$$\pi_1 \; = \; \sum_{N_j^f=0}^{m_j} \pi_{N_j^f} I(0 < N_j^f < k_j^f) \tag{8-23}$$

$$\pi_2 \; = \; \sum_{N_j^f=0}^{m_j} \pi_{N_j^f} I(N_j^f = 0) \tag{8-24}$$

其中，$I(x)$ 为示性函数，$I(x)=1$ 表示事件 x 为真，$I(x)=0$ 表示事件 x 为假。

（二）保护装置 UGF 表达式

下面给出保护装置的 UGF 表达式，令 $\tilde{U}_j^g(z)$ 为 g 次冲击后保护装置 j 的 UGF 表达式。保护装置所处的状态可以被简单划分为三类情形：情形 1 保护装置因外部冲击的到达而失效，即 $z_j=0$；情形 2 保护装置由于达到最大尝试启动次数后仍未被成功启动而被视为失效；情形 3 保护装置正常工作且可以被成功启动以隔离失效部件。令 ω 表示保护装置 j 所处的状态，其可能取值为 0（情形 1）、1（情形 2）和 2（情形 3）。则 $\tilde{U}_j^g(z)$ 表示如下：

$$\tilde{U}_j^g(z) \; = \; \sum_{\omega=0}^{2} P_{j,\omega} z^\omega \; = \; P_{j,0} z^0 + P_{j,1} z^1 + P_{j,2} z^2 \tag{8-25}$$

概率 $P_{j,\omega}$ 可由式（8-26）~式（8-28）计算得到：

$$P_{j,0} = P_j^d(G \leqslant g) \tag{8-26}$$

$$P_{j,1} \; = \; \sum_{h=1}^{E_j} P_j^{d,h}(g) \cdot (q_h^t)^{l'} \tag{8-27}$$

$$P_{j,2} = 1 - P_{j,0} - P_{j,1} \tag{8-28}$$

其中，$P_{j,0} + P_{j,1} + P_{j,2} = 1$，$l' = l_{z_j}^t$。

（三）子系统 UGF 表达式

在求得部件和保护装置的 UGF 表达式后，下一步需要写出配有保护装置的子系统的 UGF 表达式。令 $U_j^g(z)$ 表示配有一个保护装置的子系统 j 的 UGF 表达式。基于 $\bar{U}_j^g(z)$ 和 $\tilde{U}_j^l(z)$，$U_j^g(z)$ 可以通过算子 $\underset{\Leftrightarrow}{\otimes}$ 求得：

$$
\begin{aligned}
U_j^g(z) &= \bar{U}_j^g(z) \underset{\Leftrightarrow}{\otimes} \tilde{U}_j^l(z) \\
&= \left(\sum_{N_j^S = 0}^{2} \pi_{N_j^S} z^{N_j^S} \right) \underset{\Leftrightarrow}{\otimes} \left(\sum_{\omega = 0}^{2} P_{j,\omega} z^\omega \right) \\
&= \sum_{N_j^S = 0}^{2} \sum_{\omega = 0}^{2} \pi_{N_j^S} P_{j,\omega} z^{N_j^S, \omega} \\
&= \sum_{y = 1}^{Y} \pi_y z^{N_{j,y}^S, \omega_y}
\end{aligned} \tag{8-29}
$$

其中，Y 表示可能的组合数量。则子系统 j 的可靠度函数可以由式（8-30）求得：

$$
\begin{aligned}
R_j^{sub}(g) &= 1 - \left[P(E_{f1}^s) + P(E_{f2}^s) + P(E_{f3}^s) \right] \\
&= 1 - \Big[\sum_{y=1}^{Y} \pi_y I(N_{j,y}^S = 0) + \sum_{y=1}^{Y} \pi_y I(N_{j,y}^S = 1, \omega_y = 0) + \\
&\quad \sum_{y=1}^{Y} \pi_y I(N_{j,y}^S = 1, \omega_y = 1) \Big]
\end{aligned} \tag{8-30}
$$

其中，$I(x)$ 为示性函数，$I(x) = 1$ 表示事件 x 为真，$I(x) = 0$ 表示事件 x 为假。事件 E_{f1}^s 为子系统由于正常工作的部件数不足而失效，事件 E_{f2}^s 为保护装置失效所导致的子系统失效，事件 E_{f3}^s 为保护装置未被成功启动导致的子系统失效。

（四）整个二维表决系统可靠度函数

整个表决系统由 n 个子系统组成，当失效子系统数达到 k 时，整个系统失效。令 $\eta_g (0 \leq \eta_g \leq n)$ 表示 g 次冲击后整个系统中的失效子系统数。整个系统遭受 g 次冲击后，将其中正常工作和已经失效的子系统分为两组，重新编号：组 1 包含 $(n - \eta_g)$ 个正常工作的子系统，令 $R_c^{sub*}(g)$（$1 \leq c \leq n - \eta_g, 1 \leq \eta_g \leq n - 1$）表示组 1 中子系统 c 的可靠度，可以由式（8 - 30）计算求得；组 2 包含 η_g 个已经失效的子系统，令 $R_d^{sub*}(g)$（$1 \leq d \leq \eta_g, 1 \leq \eta_g \leq n - 1$）表示组 2 中子系统 d 的可靠度，可以由式（8 - 30）计算求得，令 $F_d^{sub\#}(g) = 1 - R_d^{sub*}(g)$ 表示 g 次冲击后子系统 d 失效的概率。则整个表决系统的可靠度可以由式（8 - 31）求得：

$$R^{sys}(g) = 1 - \left[\sum_{\eta_g = k}^{n-1} \binom{n}{\eta_g} \prod_{d=1}^{\eta_g} F_d^{sub\#}(g) \prod_{c=1}^{n-\eta_g} R_c^{sub*}(g) \right.$$

$$\left. + \prod_{j=1}^{n} (1 - R_j^{sub}(g)) \right] \qquad (8 - 31)$$

第四节　工程应用实例

以一个由多个子系统组成的输电系统为例，对该模型进行验证。输电系统在输送电力时，高温或雷雨等极端天气可能会导致输电网络中电流或电压的突变，对电子元件造成损坏，进而导致电路中其他工作部件故障。为保证配电系统稳定运行，延长系统使用寿命，在配电系统中安装了继电保护装置，对发生故障的电子元件进行隔离[131,132]。可以将配有多个继电保护器的输电系统建模为所提出的由 n 个子系统和多状态保护装置组成的二维表决系统。

本节所述案例中，考虑一个由 3 个子系统组成的输电网络系统，当至少 2 个子系统失效时，整个输电网络系统失效，即 $n = 3$、$k = 2$。每一个子系统都配有一个继电保护器来隔离子系统中的失效部件。相关参数如表 8 - 2 ~ 表 8 - 4 所示。假设第 g 次冲击的量级服从参数为 $\mu = 5$、$\sigma^2 = 1.6$ 的截尾正态分布，表示为 $M_g \sim N(5, 1.6, 0, \infty)$。第 g 次和第 $g - 1$ 次冲击到达的时间间隔 X_g 服从参数为 $\lambda = 0.4$ 的指数分布，表示为 $X_g \sim Exp(0.4)$。

表 8 - 2   子系统参数

参数	子系统 1	子系统 2	子系统 3
m_j	3	5	4
k_j	1	3	2
d_j^1	6.5	7	6.5
d_j^2	7.5	8	7.5
δ_j	1.5	1	1.5
E_j	2	3	2
L_j	3	2	3

表 8 - 3   子系统参数

部件状态 (s_j)	子系统 1 和子系统 3			子系统 2		
	$l_{s_j}^c$	$l_{s_j}^s$	$l_{s_j}^d$	$l_{s_j}^c$	$l_{s_j}^s$	$l_{s_j}^d$
3	7	6	3	/	/	/
2	6	5	2	5	4	3
1	4	3	1	4	3	1

表 8 - 4   保护装置参数

保护装置状态 (z_j)	子系统 1 和子系统 3				子系统 2			
	$l_{z_j}^t$	$p_{z_j}^t$	$l_{z_j}^v$	d_j^p	$l_{z_j}^t$	$p_{z_j}^t$	$l_{z_j}^v$	d_j^p
3	/	/	/		4	0.8	6	
2	2	0.7	5	7.5	3	0.7	4	8
1	1	0.6	2		2	0.5	3	

  图 8 - 3 展示了两种情况下整个输电网络系统和 3 个子系统寿命的可靠度函数随着外部冲击到达的变化趋势：（1）每个子系统都配有一个继电保护器；（2）子系统未配备保护继电器。通过比较这两种情况下的可靠度函数变化趋势，可以看出配备继电保护器能够延长系统寿命。当子系统 1 配备保护继电器时，子系统 1 的可靠度略微增加，而子系统 2 和子系统 3 以及整个配电系统的故障风险在安装保护继电器后可大大降低，其中子系统 2

的失效风险降低最为显著。这是由于子系统 1 中各部件状态退化阈值 $l_{s_j}^c$，$l_{s_j}^s$ 和 $l_{s_j}^d$ 较高，部件的失效风险较低。相比之下，子系统 2 中的部件更为脆弱，在冲击环境中更容易失效。此外，子系统 2 包含的部件数最多，在没有继电保护器的情况下，只要出现部件故障就会发生故障，从而子系统 2 的失效风险较高。因此，配备继电保护器能够显著地延长子系统 2 的寿命。基于以上分析，当部件故障可能导致整个系统故障时，建议在系统中设置保护装置，对故障部件进行隔离。配备保护装置对于具有数量较多的较为脆弱的部件的系统来说尤为重要。

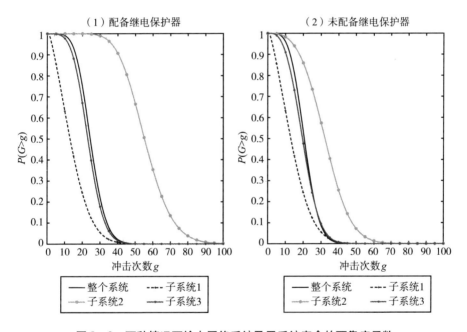

图 8-3　两种情况下输电网络系统及子系统寿命的可靠度函数

图 8-4 和图 8-5 显示了部分重要参数取值不同，其他参数设置相同时生存函数的变化趋势，其他参数设置如表 8-2 ~ 表 8-4 所示。子系统的失效阈值 k_j 是分析子系统可靠性的重要参数之一。图 8-4 给出了不同失效阈值 $k_j(j=1,2,3)$ 下，子系统的可靠度随冲击到达的变化情况。当子系统 j 中的失效部件数不少于 k_j 时，子系统失效，因此随着 k_j 增大，子系统的失效风险逐渐降低。

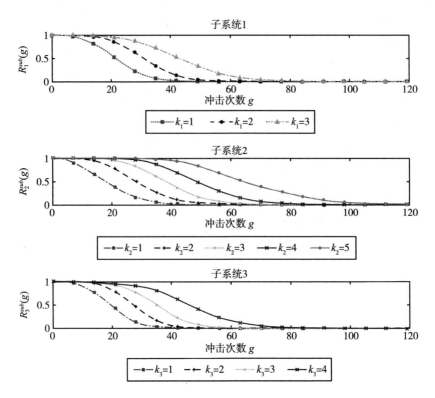

图 8 – 4 子系统可靠度在不同失效阈值 k_j 下随冲击到达变化趋势

保护装置成功启动的概率和最大尝试启动次数也是影响子系统可靠性的关键参数，因为它们关系到保护装置能否成功隔离子系统中的失效部件。图 8 – 5 展示了在不同继电保护器的参数设置下，整个配电系统的可靠度随冲击到达的变化情况。（1）展示了不同的保护装置成功启动概率，随着每次尝试成功启动概率的增加，系统中失效部件更可能被成功隔离，系统失效风险降低。因此，在保护装置的设计和制造过程中，应重视提高成功启动概率。（2）考虑不同的保护装置的最大尝试启动次数，其中 $l_2^t = 0$ 意味着保护装置一直不被启动。显然，配备保护装置可以提高系统的可靠性。保护装置最大尝试启动次数 l_2^t 的增加，保护装置最终更有可能被成功启动，系统失效风险降低。但是，本算例中最大尝试启动次数的增加对系统可靠性的提升并不明显。因此，在保护装置的设计过程中，应对最大尝试启动次数进行优化，在系统可靠性和成本之间取得平衡。

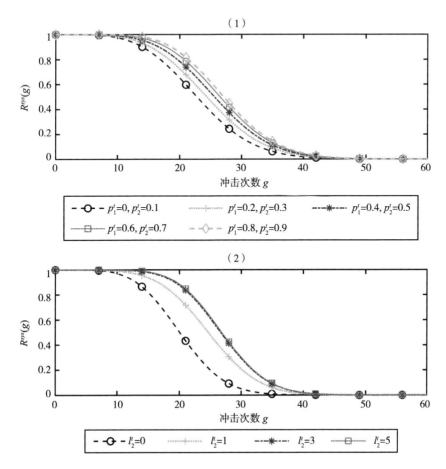

图 8 – 5 系统可靠度在不同继电保护器成功启动概率和最大尝试
启动次数下随冲击到达变化趋势

第五节 本章小结

　　本章构建了冲击环境下配有多个保护装置的二维表决系统可靠性模型。基于实际工程背景，本章首先从系统组成结构、部件状态退化、保护装置工作机制和状态退化四个方面展开模型假设与模型描述。进而根据部件的运行机制与失效准则，以及保护装置的启动与保护机制，构建有限马尔可夫链，求得了部件和保护装置的可靠度概率指标。在此基础上，利用 UGF 方法，写出子系统的 UGF 表达式，求得了子系统和整个二维表决系统的可靠度概率指标。最后，以配有继电保护器的输电网络系统为例，给出了丰富的算例来验证模型的有效性，并分析了不同的模型参数组合对系统可靠度的影响。

第九章

配有保护装置的多部件系统维修及备件库存策略联合优化

第一节 引言

在实际工程领域中，由于系统失效可能会造成一系列无法挽回的后果，为其配备保护装置或对系统进行维修均是延长系统寿命、减少损失的有效方式。此外，备件是执行维修计划不可或缺的资源，备件过多会增加库存成本，过低会导致系统（或部件）的停机时间延长，进而造成更为严重的后果。因此，备件库存策略的制定也是工程系统管理者关注的一项活动。将维修与备件库存策略进行联合优化可以在满足系统可靠性要求的同时降低系统各项运行成本[133]。实际上，很多配有保护装置的复杂系统是可修系统，并且维修工会对其实施维修活动。以配有冷却系统的汽车发动机系统为例，汽车发动机包含进气和排气子系统，每个子系统含多个部件，部件可能由于运行时的振动、摩擦等导致的升温而失效。因此，为发动机配备了冷却系统以降低系统内部的工作温度。当发动机失效时，需要由维修人员采用备件对其进行维修[134]。然而，现有配备保护装置的系统可靠性研究尚未涉及配有保护装置的系统维修及备件库存策略的联合优化问题。

为了填补上述研究空白，本章针对由保护装置支持的具有多个表决子系统的串联系统，设计、构建并求解了维修和备件库存策略联合优化模型。首次研究了配有保护装置保护、维修活动和备件库存管理等复杂的系统运行过程。系统及保护装置均同时受外部冲击和内部退化的影响。系统及保护装置失效后均由维修工使用备件对其进行替换维修。部件及保护装置的备件均采用 (s, S) 库存策略。通过马尔可夫过程嵌入法描述系统的运行、维修和备件补货过程，并获得系统稳态概率和一系列可靠性及成本指标。通过应用分支定界方法求解以最大化系统可用性为目标的联合优化模型，推导出最优的维修工数量和备件库存策略。最后，通过配有冷却系统的汽车发动机的工程实例验证本章模型的适用性。

第二节 模型描述和假设

一、系统描述

系统由 X 个子系统组成，其中第 $i(1 \leqslant i \leqslant X)$ 个子系统由 n_i 个 i 类部件构成，并且每个子系统配备了一个保护装置，以减轻系统的失效风险。每个子系统及其相应的保护装置在一开始同时运行。在复杂的运行环境下，部件及保护装置容易同时遭受内部退化以及外部冲击的影响。保护装置及各类部件的寿命服从参数不同的指数分布，外部冲击的到达服从参数为 η_s 的泊松分布。当第 i 个子系统的保护装置在运行时，定义 i 类部件的退化率为 η_i，并且一次有效冲击将直接导致 i 类部件失效；而无效冲击对部件没有影响，p_i 和 $q_i(p_i + q_i = 1)$ 分别表示有效冲击和无效冲击的概率。

如果第 i 个子系统的保护装置失效，即 i 类部件失去保护装置对其的保护作用，则该子系统中所有部件的退化率增加至 $\gamma\eta_i(\gamma > 1)$，并且 i 类部件遭受有效冲击的概率上升至 $p_i^*(p_i^* > p_i)$。相应地，其遭受无效冲击的概率降低至 $q_i^*(q_i^* < q_i, p_i^* + q_i^* = 1)$。

就保护装置而言，每一个保护装置的退化率定义为 η_d。一旦其遭受一个有害冲击，则该保护装置直接失效，而无害冲击对其不产生影响。保护装置遭受有害冲击及无害冲击的概率分别为 p_d 和 $q_d (p_d + q_d = 1)$。

当第 $i(1 \leqslant i \leqslant X)$ 个子系统中失效的 i 类部件数量达到阈值 f_i，则该子系统失效。如果任意一个子系统失效，则整个系统失效，即该系统为串联结构。

二、维修及备件库存策略描述

在本章所构建的模型中，由于拥有实时监控系统，部件及保护装置的失效可以被直接检测到。一旦部件（或保护装置）被检测到失效，将由维修工从备件库中寻找一个全新的部件（或保护装置）对其进行替换。维修工的数量设定为 $r(r \leqslant \sum_{i=1}^{X} f_i)$。保护装置及 i 类部件的替换维修时间分别服从参数为 α_d 和 $\alpha_i (1 \leqslant i \leqslant X)$ 的指数分布。保护装置的备件库存策略为 (s_d, S_d)，即保护装置的备件库存水平一旦降到 s_d，将向提供保护装置的供应商下订单，以确保保护装置的备件库存量为 S_d。i 类部件的备件库存策略为 (s_i, S_i)，即在 i 类部件的备件库存量不足 s_i 时向部件供应商订货，以达到部件的备件库存最大值 S_i。由于部件及保护装置的供应商不同，部件及保护装置的补货时间分别服从参数为 β_c 和 β_d 的指数分布。

三、模型假设

本章所构建模型的一些基本假设如下：

（1）部件及保护装置在系统最开始运行时均处于完美工作状态。

（2）在系统运行的初始阶段，保护装置及 i 类部件的备件库存水平分别为 S_d 和 $S_i (1 \leqslant i \leqslant X)$。只有当失效的保护装置（或部件）被彻底更换完成，保护装置（或部件）的备件库存数量才会减少一个单位。

（3）假设所有部件或保护装置的备件在替换维修活动期间不会退化。

（4）如果部件或保护装置的备件库存水平是充足的，然而维修工数量不足以维修所有失效的部件或保护装置，则一部分失效部件或保护装置必须等待有空闲的维修工时才可以被替换维修。

（5）如果维修工数量充足，而 i 类部件（或保护装置）的备件库存水平不足以替换所有失效的 i 类部件（或保护装置），则一些失效的部件（或保护装置）需要等待补货订单到达后才可以被替换维修。

本章提出的带有保护装置的系统结构及运行过程如图 9-1 所示。

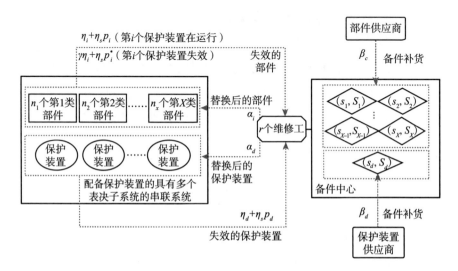

图 9-1 系统结构及运行过程

第三节 马尔可夫过程构建及稳态概率分析

本节应用嵌入的马尔可夫过程描述所构建模型的运行及维修过程，并获得相关可靠性概率指标的解析表达式。随机过程 $\{W(t), t \geq 0\}$ 构建如下：

$$W(t) = \mathbf{h}_j, j = 1, 2, \cdots, M$$

其中，$\mathbf{h}_j$ 表示处于状态空间 Π 中的一个状态，并且 $|\Pi| = M$。

向量 $\mathbf{h}_j$ 被定义为 $\mathbf{h}_j = (\mathbf{u}; \mathbf{v}; \mathbf{y}; z)$，其中 $\mathbf{u}$、$\mathbf{v}$ 和 $\mathbf{y}$ 分别为具有 X、X 和 X+1 维度的向量。$\mathbf{u} = u_1, u_2, \cdots, u_X$，其中 $u_i (i = 1, 2, \cdots, X)$ 表示失效的 i 类部件的数量。$\mathbf{v} = v_1, v_2, \cdots, v_X$，其中 $v_i (i = 1, 2, \cdots, X)$ 表示第 i 个子系统

的保护装置的状态。具体来说，$v_i = 0(i = 1,2,\cdots,X)$ 代表第 i 个保护装置正常运行，$v_i = 1(i = 1,2,\cdots,X)$ 代表第 i 个保护装置出现故障且需要维修。$\mathbf{y} = y_1, y_2, \cdots, y_X, y_d$，其中 $y_i(i = 1,2,\cdots,X)$ 和 y_d 分别表示 i 类部件和保护装置的实时备件库存水平。此外，z 表示正在工作的维修工数量，可以通过式（9 - 1）推导出：

$$z = \min\left[\sum_{i=1}^{X} \min(u_i, y_i) + \min\left(\sum_{i=1}^{X} v_i, y_d \right), r \right] \quad (9-1)$$

对于任意时刻 t 的系统状态 $W(t) = (\mathbf{u}; \mathbf{v}; \mathbf{y}; z) = (u_1, u_2, \cdots, u_X; v_1, v_2, \cdots, v_X; y_1, y_2, \cdots, y_X, y_d; z)$，转移规则可以分为三种情况：系统的运行、维修和备件补货过程。详细的转移情形、转移率和相应条件介绍如下。

情况一：系统运行过程

转移规则（1）、转移规则（2）、转移规则（3）、转移规则（4）分别描述一个 a 类部件在其对应的保护装置运行（$v_a = 0$）和失效（$v_a = 1$）时发生失效的情形。具体来说，规则（1）和规则（3）表示由于有足够的备件和维修人员，失效部件可以立即被更换（$y_a > u_a$，$z < r$）；而规则（2）和规则（4）表示由于备件或维修工的短缺，失效部件不能立刻被维修（$z = r$ 或 $y_a \leqslant u_a$）；规则（5）和规则（6）描述保护装置以 $\eta_d + \eta_s p_d$ 的转移率发生失效，其中规则（5）表明由于备件和维修人员充足（$y_d > \sum_{i=1}^{X} v_i$，$z < r$），失效的保护装置可以立即被维修，而规则（6）表示由于备件或维修人员的不足（$z = r$ 或 $y_d \leqslant \sum_{i=1}^{X} v_i$），失效的保护装置不能立即被维修。

（1）转移条件：$1 \leqslant a \leqslant X$，$0 \leqslant u_a < f_a$，$v_a = 0$，$y_a > u_a$，$z < r$，$y_d \geqslant 0$；

$$转移情形：\begin{pmatrix} u_1, u_2, \cdots, u_a, \cdots, u_X \\ v_1, v_2, \cdots, v_a, \cdots, v_X \\ y_1, y_2, \cdots, y_a, \cdots, y_X, y_d \\ z \end{pmatrix} \rightarrow \begin{pmatrix} u_1, u_2, \cdots, u_a + 1, \cdots, u_X \\ v_1, v_2, \cdots, v_a, \cdots, v_X \\ y_1, y_2, \cdots, y_a, \cdots, y_X, y_d \\ z + 1 \end{pmatrix};$$

转移率：$(n_a - u_a)(\eta_a + \eta_s p_a)$。

（2）转移条件：$1 \leqslant a \leqslant X$，$0 \leqslant u_a < f_a$，$v_a = 0$，$\{z = r$ 或 $y_a \leqslant u_a\}$，$y_d \geqslant 0$；

转移情形：
$$
\begin{pmatrix}
u_1,u_2,\cdots,u_a,\cdots,u_X \\
v_1,v_2,\cdots,v_a,\cdots,v_X \\
y_1,y_2,\cdots,y_a,\cdots,y_X,y_d \\
z
\end{pmatrix}
\longrightarrow
\begin{pmatrix}
u_1,u_2,\cdots,u_a+1,\cdots,u_X \\
v_1,v_2,\cdots,v_a,\cdots,v_X \\
y_1,y_2,\cdots,y_a,\cdots,y_X,y_d \\
z
\end{pmatrix};
$$

转移率：$(n_a-u_a)(\eta_a+\eta_s p_a)$。

(3) 转移条件：$1\leqslant a\leqslant X$，$0\leqslant u_a<f_a$，$v_a=1$，$y_a>u_a$，$z<r$，$y_d\geqslant 0$；

转移情形：
$$
\begin{pmatrix}
u_1,u_2,\cdots,u_a,\cdots,u_X \\
v_1,v_2,\cdots,v_a,\cdots,v_X \\
y_1,y_2,\cdots,y_a,\cdots,y_X,y_d \\
z
\end{pmatrix}
\longrightarrow
\begin{pmatrix}
u_1,u_2,\cdots,u_a+1,\cdots,u_X \\
v_1,v_2,\cdots,v_a,\cdots,v_X \\
y_1,y_2,\cdots,y_a,\cdots,y_X,y_d \\
z+1
\end{pmatrix};
$$

转移率：$(n_a-u_a)(\gamma\eta_a+\eta_s p_a^*)$。

(4) 转移条件：$1\leqslant a\leqslant X$，$0\leqslant u_a<f_a$，$v_a=1$，$\{z=r\ \text{或}\ y_a\leqslant u_a\}$，$y_d\geqslant 0$；

转移情形：
$$
\begin{pmatrix}
u_1,u_2,\cdots,u_a,\cdots,u_X \\
v_1,v_2,\cdots,v_a,\cdots,v_X \\
y_1,y_2,\cdots,y_a,\cdots,y_X,y_d \\
z
\end{pmatrix}
\longrightarrow
\begin{pmatrix}
u_1,u_2,\cdots,u_a+1,\cdots,u_X \\
v_1,v_2,\cdots,v_a,\cdots,v_X \\
y_1,y_2,\cdots,y_a,\cdots,y_X,y_d \\
z
\end{pmatrix};
$$

转移率：$(n_a-u_a)(\gamma\eta_a+\eta_s p_a^*)$。

(5) 转移条件：$1\leqslant a\leqslant X$，$0\leqslant u_a\leqslant f_a$，$v_a=0$，$y_a\geqslant 0$，$y_d>\sum_{i=1}^{X}v_i$，$z<r$；

转移情形：
$$
\begin{pmatrix}
u_1,u_2,\cdots,u_a,\cdots,u_X \\
v_1,v_2,\cdots,v_a,\cdots,v_X \\
y_1,y_2,\cdots,y_a,\cdots,y_X,y_d \\
z
\end{pmatrix}
\longrightarrow
\begin{pmatrix}
u_1,u_2,\cdots,u_a,\cdots,u_X \\
v_1,v_2,\cdots,v_a+1,\cdots,v_X \\
y_1,y_2,\cdots,y_a,\cdots,y_X,y_d \\
z+1
\end{pmatrix};
$$

转移率：$\eta_d+\eta_s p_d$。

(6) 转移条件：$1\leqslant a\leqslant X$，$0\leqslant u_a\leqslant f_a$，$v_a=0$，$y_a\geqslant 0$，$\{z=r\ \text{或}\ y_d\leqslant\sum_{i=1}^{X}v_i\}$；

转移情形：
$$
\begin{pmatrix}
u_1,u_2,\cdots,u_a,\cdots,u_X \\
v_1,v_2,\cdots,v_a,\cdots,v_X \\
y_1,y_2,\cdots,y_a,\cdots,y_X,y_d \\
z
\end{pmatrix}
\longrightarrow
\begin{pmatrix}
u_1,u_2,\cdots,u_a,\cdots,u_X \\
v_1,v_2,\cdots,v_a+1,\cdots,v_X \\
y_1,y_2,\cdots,y_a,\cdots,y_X,y_d \\
z
\end{pmatrix};
$$

转移率：$\eta_d+\eta_s p_d$。

表 9 - 1 清楚地列出了表示系统运行过程的转移规则（1）～转移规则（6）的相似与不同之处。

表 9 - 1　　　转移规则（1）～转移规则（6）的相似与不同之处

规则	相同条件	相似点	不同条件	不同点	转移情形
（1）	$1 \leqslant a \leqslant X$, $0 \leqslant u_a < f_a$, $v_a = 0$, $y_d \geqslant 0$	一个 a 类部件失效且相应的保护装置在运行	$y_a > u_a$, $z < r$	失效部件可以立即被维修	$u_a \rightarrow u_a + 1$, $z \rightarrow z + 1$
（2）			$\{z = r$ 或 $y_a \leqslant u_a\}$	失效部件无法立即被维修	$u_a \rightarrow u_a + 1$, $z \rightarrow z$
（3）	$1 \leqslant a \leqslant X$, $0 \leqslant u_a < f_a$, $v_a = 1$, $y_d \geqslant 0$	一个 a 类部件失效且相应的保护装置已失效	$y_a > u_a$, $z < r$	失效部件可以立即被维修	$u_a \rightarrow u_a + 1$, $z \rightarrow z + 1$
（4）			$\{z = r$ 或 $y_a \leqslant u_a\}$	失效部件无法立即被维修	$u_a \rightarrow u_a + 1$, $z \rightarrow z$
（5）	$1 \leqslant a \leqslant X$, $0 \leqslant u_a \leqslant f_a$, $v_a = 0$, $y_d \geqslant 0$	第 a 个保护装置失效	$y_d > \sum_{i=1}^{X} v_i$, $z < r$	失效的保护装置可以立即被维修	$v_a \rightarrow v_a + 1$, $z \rightarrow z + 1$
（6）			$\{z = r$ 或 $y_d \leqslant \sum_{i=1}^{X} v_i\}$	失效的保护装置无法立即被维修	$v_a \rightarrow v_a + 1$, $z \rightarrow z$

情况二：维修过程

规则（7）～规则（8）与规则（9）～规则（10）分别表示一个部件和一个保护装置被彻底维修好的情况。此外，规则（7）和规则（9）表示由于有足够的维修工维修所有失效的部件或保护装置，因此刚刚完成维修活动的维修工处于空闲状态，而规则（8）和规则（10）表明该维修工仍需要更换其他失效的部件或保护装置。

（7）转移条件：$1 \leqslant a \leqslant X$，$u_a > 0$，$v_a = $（0 或 1），$y_a > 0$，$0 < z \leqslant r$，$y_d \geqslant 0$，$\sum_{i=1}^{X} \min(u_i, y_i) + \min(\sum_{i=1}^{X} v_i, y_d) \leqslant r$；

转移情形：
$$\begin{pmatrix} u_1, u_2, \cdots, u_a, \cdots, u_X \\ v_1, v_2, \cdots, v_a, \cdots, v_X \\ y_1, y_2, \cdots, y_a, \cdots, y_X, y_d \\ z \end{pmatrix} \mapsto \begin{pmatrix} u_1, u_2, \cdots, u_a - 1, \cdots, u_X \\ v_1, v_2, \cdots, v_a, \cdots, v_X \\ y_1, y_2, \cdots, y_a - 1, \cdots, y_X, y_d \\ z - 1 \end{pmatrix};$$

转移率：$\min(u_a,y_a,z)\alpha_a$。

（8）转移条件：$1\leqslant a\leqslant X$，$u_a>0$，$v_a=$（0 或 1），$y_a>0$，$z=r$，$y_d\geqslant 0$，$\sum_{i=1}^{X}\min(u_i,y_i)+\min(\sum_{i=1}^{X}v_i,y_d)>r$；

转移情形：$\begin{pmatrix} u_1,u_2,\cdots,u_a,\cdots,u_X \\ v_1,v_2,\cdots,v_a,\cdots,v_X \\ y_1,y_2,\cdots,y_a,\cdots,y_X,y_d \\ z \end{pmatrix} \rightarrow \begin{pmatrix} u_1,u_2,\cdots,u_a-1,\cdots,u_X \\ v_1,v_2,\cdots,v_a,\cdots,v_X \\ y_1,y_2,\cdots,y_a-1,\cdots,y_X,y_d \\ z \end{pmatrix}$；

转移率：$\min(u_a,y_a,z)\alpha_a$。

（9）转移条件：$1\leqslant a\leqslant X$，$0\leqslant u_a\leqslant f_a$，$v_a=1$，$y_a\geqslant 0$，$y_d>0$，$0<z\leqslant r$，$\sum_{i=1}^{X}\min(u_i,y_i)+\min(\sum_{i=1}^{X}v_i,y_d)\leqslant r$；

转移情形：$\begin{pmatrix} u_1,u_2,\cdots,u_a,\cdots,u_X \\ v_1,v_2,\cdots,v_a,\cdots,v_X \\ y_1,y_2,\cdots,y_a,\cdots,y_X,y_d \\ z \end{pmatrix} \rightarrow \begin{pmatrix} u_1,u_2,\cdots,u_a,\cdots,u_X \\ v_1,v_2,\cdots,v_a-1,\cdots,v_X \\ y_1,y_2,\cdots,y_a,\cdots,y_X,y_d-1 \\ z-1 \end{pmatrix}$；

转移率：$\min(\sum_{i=1}^{X}v_i,y_d,z)\alpha_d$。

（10）转移条件：$1\leqslant a\leqslant X$，$0\leqslant u_a\leqslant f_a$，$v_a=1$，$y_a\geqslant 0$，$y_d>0$，$z=r$，$\sum_{i=1}^{X}\min(u_i,y_i)+\min(\sum_{i=1}^{X}v_i,y_d)>r$；

转移情形：$\begin{pmatrix} u_1,u_2,\cdots,u_a,\cdots,u_X \\ v_1,v_2,\cdots,v_a,\cdots,v_X \\ y_1,y_2,\cdots,y_a,\cdots,y_X,y_d \\ z \end{pmatrix} \rightarrow \begin{pmatrix} u_1,u_2,\cdots,u_a,\cdots,u_X \\ v_1,v_2,\cdots,v_a-1,\cdots,v_X \\ y_1,y_2,\cdots,y_a,\cdots,y_X,y_d-1 \\ z \end{pmatrix}$；

转移率：$\min(\sum_{i=1}^{X}v_i,y_d,z)\alpha_d$。

表示维修过程的转移规则（7）～转移规则（10）的异同如表 9-2 所示。

表 9-2　　　　转移规则（7）~ 转移规则（10）的相似与不同之处

规则	相同条件	相似点	不同条件	不同点	转移情形
(7)	$1 \leqslant a \leqslant X$, $u_a > 0$, $v_a = (0 \text{ 或 } 1)$, $y_a > 0$, $y_d \geqslant 0$	一个 a 类部件被完全维修好	$0 < z \leqslant r$, $\{\sum\limits_{i=1}^{X} \min(u_i, y_i) + \min(\sum\limits_{i=1}^{X} v_i, y_d)\} \leqslant r$	该维修工成为空闲状态	$u_a \rightarrow u_a - 1$, $y_a \rightarrow y_a - 1$, $z \rightarrow z - 1$
(8)			$z = r$, $\{\sum\limits_{i=1}^{X} \min(u_i, y_i) + \min(\sum\limits_{i=1}^{X} v_i, y_d)\} > r$	该维修工仍需要维修其他失效部件或装置	$u_a \rightarrow u_a - 1$, $y_a \rightarrow y_a - 1$, $z \rightarrow z$
(9)	$1 \leqslant a \leqslant X$, $0 \leqslant u_a \leqslant f_a$, $v_a = 1$, $y_a \geqslant 0$, $y_d > 0$	第 a 个保护装置被完全维修好	$0 < z \leqslant r$, $\{\sum\limits_{i=1}^{X} \min(u_i, y_i) + \min(\sum\limits_{i=1}^{X} v_i, y_d)\} \leqslant r$	该维修工成为空闲状态	$v_a \rightarrow v_a - 1$, $y_d \rightarrow y_d - 1$, $z \rightarrow z - 1$
(10)			$z = r$, $\{\sum\limits_{i=1}^{X} \min(u_i, y_i) + \min(\sum\limits_{i=1}^{X} v_i, y_d)\} > r$	该维修工仍需要维修其他失效部件或装置	$v_a \rightarrow v_a - 1$, $y_d \rightarrow y_d - 1$, $z \rightarrow z$

情况三：补货过程

转移规则（11）~ 转移规则（13）和规则（14）~ 规则（16）分别描述了 a 类部件和保护装置的补货过程。根据 S_a、u_a 和 y_a 之间不同的数量关系，规则（11）~ 规则（13）表明随着补货订单的到达，需要开始工作的维修工数量是不同的。根据 S_d、$\sum\limits_{i=1}^{X} v_i$ 和 y_d 之间不同的数量关系，规则（14）~ 规则（16）表明了与规则（11）~ 规则（13）类似的转移情况。

（11）转移条件：$1 \leqslant a \leqslant X$, $0 \leqslant u_a \leqslant f_a$, $v_a = (0 \text{ 或 } 1)$, $u_a \leqslant y_a \leqslant s_a$;

转移情形：
$$
\begin{pmatrix} u_1, u_2, \cdots, u_a, \cdots, u_X \\ v_1, v_2, \cdots, v_a, \cdots, v_X \\ y_1, y_2, \cdots, y_a, \cdots, y_X, y_d \\ z \end{pmatrix} \rightarrow \begin{pmatrix} u_1, u_2, \cdots, u_a, \cdots, u_X \\ v_1, v_2, \cdots, v_a, \cdots, v_X \\ y_1, y_2, \cdots, S_a, \cdots, y_X, y_d \\ z \end{pmatrix};
$$

转移率：β_c。

（12）转移条件：$1 \leqslant a \leqslant X$，$0 \leqslant u_a \leqslant f_a$，$v_a = （0 \text{ 或 } 1）$，$S_a \geqslant u_a > y_a$，$y_a \leqslant s_a$；

$$
转移情形：
\begin{pmatrix}
u_1, u_2, \cdots, u_a, \cdots, u_X \\
v_1, v_2, \cdots, v_a, \cdots, v_X \\
y_1, y_2, \cdots, y_a, \cdots, y_X, y_d \\
z
\end{pmatrix}
\longrightarrow
\begin{pmatrix}
u_1, u_2, \cdots, u_a, \cdots, u_X \\
v_1, v_2, \cdots, v_a, \cdots, v_X \\
y_1, y_2, \cdots, S_a, \cdots, y_X, y_d \\
\min(z + u_a - y_a, r)
\end{pmatrix};
$$

转移率：β_c。

（13）转移条件：$1 \leqslant a \leqslant X$，$0 \leqslant u_a \leqslant f_a$，$v_a = （0 \text{ 或 } 1）$，$u_a > S_a$，$y_a \leqslant s_a$；

$$
转移情形：
\begin{pmatrix}
u_1, u_2, \cdots, u_a, \cdots, u_X \\
v_1, v_2, \cdots, v_a, \cdots, v_X \\
y_1, y_2, \cdots, y_a, \cdots, y_X, y_d \\
z
\end{pmatrix}
\longrightarrow
\begin{pmatrix}
u_1, u_2, \cdots, u_a, \cdots, u_X \\
v_1, v_2, \cdots, v_a, \cdots, v_X \\
y_1, y_2, \cdots, S_a, \cdots, y_X, y_d \\
\min(z + S_a - y_a, r)
\end{pmatrix};
$$

转移率：β_c。

（14）转移条件：$1 \leqslant a \leqslant X$，$0 \leqslant u_a \leqslant f_a$，$v_a = （0 \text{ 或 } 1）$，$\sum\limits_{i=1}^{X} v_i \leqslant y_d \leqslant s_d$；

$$
转移情形：
\begin{pmatrix}
u_1, u_2, \cdots, u_a, \cdots, u_X \\
v_1, v_2, \cdots, v_a, \cdots, v_X \\
y_1, y_2, \cdots, y_a, \cdots, y_X, y_d \\
z
\end{pmatrix}
\longrightarrow
\begin{pmatrix}
u_1, u_2, \cdots, u_a, \cdots, u_X \\
v_1, v_2, \cdots, v_a, \cdots, v_X \\
y_1, y_2, \cdots, y_a, \cdots, y_X, S_d \\
z
\end{pmatrix};
$$

转移率：β_d。

（15）转移条件：$1 \leqslant a \leqslant X$，$0 \leqslant u_a \leqslant f_a$，$v_a = （0 \text{ 或 } 1）$，$S_d \geqslant \sum\limits_{i=1}^{X} v_i > y_d$，$y_d \leqslant s_d$；

$$
转移情形：
\begin{pmatrix}
u_1, u_2, \cdots, u_a, \cdots, u_X \\
v_1, v_2, \cdots, v_a, \cdots, v_X \\
y_1, y_2, \cdots, y_a, \cdots, y_X, y_d \\
z
\end{pmatrix}
\longrightarrow
\begin{pmatrix}
u_1, u_2, \cdots, u_a, \cdots, u_X \\
v_1, v_2, \cdots, v_a, \cdots, v_X \\
y_1, y_2, \cdots, y_a, \cdots, y_X, S_d \\
\min(z + \sum\limits_{i=1}^{X} v_i - y_d, r)
\end{pmatrix};
$$

转移率：β_d。

（16）转移条件：$1 \leq a \leq X$，$0 \leq u_a \leq f_a$，$v_a = (0 \text{ 或 } 1)$，$\sum_{i=1}^{X} v_i > S_d$，$y_d \leq s_d$；

$$\text{转移情形：}\begin{pmatrix} u_1, u_2, \cdots, u_a, \cdots, u_X \\ v_1, v_2, \cdots, v_a, \cdots, v_X \\ y_1, y_2, \cdots, y_a, \cdots, y_X, y_d \\ z \end{pmatrix} \mapsto \begin{pmatrix} u_1, u_2, \cdots, u_a, \cdots, u_X \\ v_1, v_2, \cdots, v_a, \cdots, v_X \\ y_1, y_2, \cdots, y_a, \cdots, y_X, S_d \\ \min(z + S_d - y_d, r) \end{pmatrix};$$

转移率：β_d。

表9-3展示了转移规则(11)～转移规则(16)的相似与不同之处。

表9-3　　　　转移规则(11)～转移规则(16)的相似与不同之处

规则	相同条件	相似点	不同条件	不同点	转移情形
(11)	$1 \leq a \leq X$, $0 \leq u_a \leq f_a$, $v_a = (0 \text{或} 1)$, $y_a \leq s_a$	a 类部件补货	$u_a \leq y_a$	没有空闲的维修工需要工作	$y_a \to S_a$，$z \to z$
(12)			$S_a \geq u_a > y_a$	一些空闲的维修工开始工作	$y_a \to S_a$，$z \to \min(z + u_a - y_a, r)$
(13)			$u_a > S_a$	一些空闲的维修工开始工作	$y_a \to S_a$，$z \to \min(z + S_a - y_a, r)$
(14)	$1 \leq a \leq X$, $0 \leq u_a \leq f_a$, $v_a = (0 \text{或} 1)$, $y_d \leq s_d$	保护装置补货	$\sum_{i=1}^{X} v_i \leq y_d$	没有空闲的维修工需要工作	$y_d \to S_d$，$z \to z$
(15)			$S_d \geq \sum_{i=1}^{X} v_i > y_d$	一些空闲的维修工开始工作	$y_d \to S_d$，$z \to \min(z + \sum_{i=1}^{X} v_i - y_d, r)$
(16)			$\sum_{i=1}^{X} v_i > S_d$	一些空闲的维修工开始工作	$y_d \to S_d$，$z \to \min(z + S_d - y_d, r)$

通过上述对马尔可夫过程的定义及转移规则，可以推导出系统的状态转移率矩阵 $\mathbf{Q}_{(u;v;y;z)}^{r,s,S}$。系统的稳态概率分布定义为 $\boldsymbol{\pi}_{(u;v;y;z)}^{r,s,S}$，其中 r 表示维修工总数；$\mathbf{s} = s_1, s_2, \cdots, s_X, s_d$，其中 $s_i (1 \leq i \leq X)$ 和 s_d 分别表示 i 类部件和保护装置的再订购点；$\mathbf{S} = S_1, S_2, \cdots, S_X, S_d$，其中 $S_i (1 \leq i \leq X)$ 和 S_d 分别是 i 类部件和保护装置的最大库存水平。因此，根据式（9-2）可以计算出系统在各个马尔可夫过程状态下的稳态概率：

$$\begin{cases} \boldsymbol{\pi}_{(u;v;y;z)}^{r,s,S} \mathbf{Q}_{(u;v;y;z)}^{r,s,S} = 0 \\ \sum_{(u;v;y;z) \in \Pi} \boldsymbol{\pi}_{(u;v;y;z)}^{r,s,S} = 1 \end{cases} \tag{9-2}$$

例 9.1 由于布局限制，假设系统只含一个子系统（$X=1$），且由两个部件组成（$n_1=2$）。若任意一个部件失效，则系统失效（$f_1=1$）。失效的部件或保护装置由 1 个维修工进行替换维修（$r=1$）。部件或保护装置的备件库存策略为（0，1），即 $(s_1,S_1)=(0,1)$，$(s_d,S_d)=(0,1)$。根据以上分析，系统共有 16 种转移态，分别为：

$$\mathbf{h}_1=\begin{pmatrix}0\\0\\0,0\\0\end{pmatrix},\mathbf{h}_2=\begin{pmatrix}0\\0\\0,1\\0\end{pmatrix},\mathbf{h}_3=\begin{pmatrix}0\\0\\1,0\\0\end{pmatrix},\mathbf{h}_4=\begin{pmatrix}0\\0\\1,1\\0\end{pmatrix},\mathbf{h}_5=\begin{pmatrix}0\\1\\0,0\\0\end{pmatrix},\mathbf{h}_6=\begin{pmatrix}0\\1\\0,1\\1\end{pmatrix},$$

$$\mathbf{h}_7=\begin{pmatrix}0\\1\\1,0\\0\end{pmatrix},\mathbf{h}_8=\begin{pmatrix}0\\1\\1,1\\1\end{pmatrix},\mathbf{h}_9=\begin{pmatrix}1\\0\\0,0\\0\end{pmatrix},\mathbf{h}_{10}=\begin{pmatrix}1\\0\\0,1\\0\end{pmatrix},\mathbf{h}_{11}=\begin{pmatrix}1\\0\\1,0\\1\end{pmatrix},\mathbf{h}_{12}=\begin{pmatrix}1\\0\\1,1\\1\end{pmatrix},$$

$$\mathbf{h}_{13}=\begin{pmatrix}1\\1\\0,0\\0\end{pmatrix},\mathbf{h}_{14}=\begin{pmatrix}1\\1\\0,1\\1\end{pmatrix},\mathbf{h}_{15}=\begin{pmatrix}1\\1\\1,0\\1\end{pmatrix},\mathbf{h}_{16}=\begin{pmatrix}1\\1\\1,1\\1\end{pmatrix}。$$

根据转移规则，系统的状态转移率矩阵 $\mathbf{Q}_{(\mathbf{u};\mathbf{v};\mathbf{y};z)}^{r,s,S}$ 可以表示为：

$$\mathbf{Q}_{(\mathbf{u};\mathbf{v};\mathbf{y};z)}^{r,s,S}=\begin{bmatrix}\mathbf{A}_{8\times8} & \mathbf{B}_{8\times8}\\\mathbf{C}_{8\times8} & \mathbf{D}_{8\times8}\end{bmatrix}$$

其中，

$$\mathbf{A}=\begin{bmatrix}G_1 & \beta_d & \beta_c & 0 & \eta_d+\eta_s p_d & 0 & 0 & 0\\0 & G_2 & 0 & \beta_c & 0 & \eta_d+\eta_s p_d & 0 & 0\\0 & 0 & G_3 & \beta_d & 0 & 0 & \eta_d+\eta_s p_d & 0\\0 & 0 & 0 & G_4 & 0 & 0 & 0 & \eta_d+\eta_s p_d\\0 & 0 & 0 & 0 & G_5 & \beta_d & \beta_c & 0\\\alpha_d & 0 & 0 & 0 & 0 & G_6 & 0 & \beta_c\\0 & 0 & 0 & 0 & 0 & 0 & G_7 & \beta_d\\0 & 0 & \alpha_d & 0 & 0 & 0 & 0 & G_8\end{bmatrix},$$

$$\mathbf{B} = \begin{bmatrix} D & 0 & 0 & 0 & 0 & 0 & 0 & 0 \\ 0 & D & 0 & 0 & 0 & 0 & 0 & 0 \\ 0 & 0 & D & 0 & 0 & 0 & 0 & 0 \\ 0 & 0 & 0 & D & 0 & 0 & 0 & 0 \\ 0 & 0 & 0 & 0 & D^* & 0 & 0 & 0 \\ 0 & 0 & 0 & 0 & 0 & D^* & 0 & 0 \\ 0 & 0 & 0 & 0 & 0 & 0 & D^* & 0 \\ 0 & 0 & 0 & 0 & 0 & 0 & 0 & D^* \end{bmatrix}, \mathbf{C} = \begin{bmatrix} 0 & 0 & 0 & 0 & 0 & 0 & 0 & 0 \\ 0 & 0 & 0 & 0 & 0 & 0 & 0 & 0 \\ \alpha_1 & 0 & 0 & 0 & 0 & 0 & 0 & 0 \\ 0 & \alpha_1 & 0 & 0 & 0 & 0 & 0 & 0 \\ 0 & 0 & 0 & 0 & 0 & 0 & 0 & 0 \\ 0 & 0 & 0 & 0 & 0 & 0 & 0 & 0 \\ 0 & 0 & 0 & 0 & \alpha_1 & 0 & 0 & 0 \\ 0 & 0 & 0 & 0 & 0 & \alpha_1 & 0 & 0 \end{bmatrix},$$

$$\mathbf{D} = \begin{bmatrix} G_9 & \beta_d & \beta_c & 0 & \eta_d + \eta_s p_d & 0 & 0 & 0 \\ 0 & G_{10} & 0 & \beta_c & 0 & \eta_d + \eta_s p_d & 0 & 0 \\ 0 & 0 & G_{11} & \beta_d & 0 & 0 & \eta_d + \eta_s p_d & 0 \\ 0 & 0 & 0 & G_{12} & 0 & 0 & 0 & \eta_d + \eta_s p_d \\ 0 & 0 & 0 & 0 & -(\beta_c + \beta_d) & \beta_d & \beta_c & 0 \\ \alpha_d & 0 & 0 & 0 & 0 & -(\beta_c + \alpha_d) & 0 & \beta_c \\ 0 & 0 & 0 & 0 & 0 & 0 & -(\alpha_1 + \beta_d) & \beta_d \\ 0 & 0 & \alpha_d & 0 & 0 & 0 & 0 & -(\alpha_1 + \alpha_d) \end{bmatrix}_\circ$$

此外，$D = 2(\eta_1 + \eta_s p_1)$，$D^* = 2(\gamma\eta_1 + \eta_s p_1^*)$，$G_1 = -(\beta_c + \beta_d + \eta_d + \eta_s p_d + D)$，$G_2 = -(\beta_c + \eta_d + \eta_s p_d + D)$，$G_3 = -(\beta_d + \eta_d + \eta_s p_d + D)$，$G_4 = -(\eta_d + \eta_s p_d + D)$，$G_5 = -(\beta_c + \beta_d + D^*)$，$G_6 = -(\beta_c + \alpha_d + D^*)$，$G_7 = -(\beta_d + D^*)$，$G_8 = -(\alpha_d + D^*)$，$G_9 = -(\beta_c + \beta_d + \eta_d + \eta_s p_d)$，$G_{10} = -(\beta_c + \eta_d + \eta_s p_d)$，$G_{11} = -(\alpha_1 + \beta_d + \eta_d + \eta_s p_d)$和$G_{12} = -(\alpha_1 + \eta_d + \eta_s p_d)$。

第四节　联合优化模型构建及求解

一、可靠性指标分析

在所构建的模型中，系统可用性表示所有子系统都处于运行状态的概率。定义 Y_{sys} 为每个子系统正在工作的状态集，其中：

$$Y_{sys} = \left\{ \begin{array}{l} (\mathbf{u};\mathbf{v};\mathbf{y};z):0 \leqslant u_i < f_i, 0 \leqslant v_i \leqslant 1, 0 \leqslant y_i \leqslant S_i, 0 \leqslant y_d \leqslant S_d, \\ z = \min\left[\sum\limits_{a=1}^{X} \min(u_a, y_a) + \min\left(\sum\limits_{a=1}^{X} v_a, y_d \right), r \right], 1 \leqslant i \leqslant X \end{array} \right\}_{\circ}$$

因此，系统可用性可以通过式（9-3）求出：

$$U_s = \sum_{(\mathbf{u};\mathbf{v};\mathbf{y};z) \in Y_{sys}} \boldsymbol{\pi}_{(\mathbf{u};\mathbf{v};\mathbf{y};z)}^{r,s,S} \qquad (9-3)$$

i 类部件的备件可用性定义为 i 类部件的备件库存水平不小于失效的 i 类部件数量的概率。因此，i 类部件的备件可用性计算如式（9-4）所示。

$$U_i = \sum_{(\mathbf{u};\mathbf{v};\mathbf{y};z) \in Y_i} \boldsymbol{\pi}_{(\mathbf{u};\mathbf{v};\mathbf{y};z)}^{r,s,S}, \quad i = 1,2,\cdots,X \qquad (9-4)$$

$$\text{其中，} Y_i = \left\{ \begin{array}{l} (\mathbf{u};\mathbf{v};\mathbf{y};z): u_i \leqslant y_i, \ 0 \leqslant u_i \leqslant f_i, 0 \leqslant v_i \leqslant 1, \\ 0 \leqslant u_j \leqslant f_j, 0 \leqslant v_j \leqslant 1, 0 \leqslant y_j \leqslant S_j, \\ 0 \leqslant y_d \leqslant S_d, z = \min\left[u_i + \sum\limits_{a=1 \& a \neq i}^{X} \min(u_a, y_a) + \min\left(\sum\limits_{a=1}^{X} v_a, y_d \right), r \right], \\ 1 \leqslant i \leqslant X \& 1 \leqslant j \leqslant X \& j \neq i \end{array} \right\}_{\circ}$$

类似地，保护装置的备件可用性定义为失效的保护装置数量不超过其备件库存水平的概率。因此，基于式（9-5），可以得出保护装置的备件可用性。

$$U_d = \sum_{(\mathbf{u};\mathbf{v};\mathbf{y};z) \in Y_d} \boldsymbol{\pi}_{(\mathbf{u};\mathbf{v};\mathbf{y};z)}^{r,s,S} \qquad (9-5)$$

$$\text{其中，} Y_d = \left\{ \begin{array}{l} (\mathbf{u};\mathbf{v};\mathbf{y};z): \sum\limits_{a=1}^{X} v_a \leqslant y_d, 0 \leqslant u_i \leqslant f_i, 0 \leqslant y_i \leqslant S_i, \\ z = \min\left[\sum\limits_{a=1}^{X} \min(u_a, y_a) + \sum\limits_{a=1}^{X} v_a, r \right], 1 \leqslant i \leqslant X \end{array} \right\}_{\circ}$$

维修工可用性被定义为维修工的数量足以维修所有失效部件和保护装置的概率。也就是说，维修工的总数不小于失效的部件和保护装置的总数。维修工可用性可由式（9-6）推导出。

$$U_r = \sum_{(\mathbf{u};\mathbf{v};\mathbf{y};z) \in Y_r} \boldsymbol{\pi}_{(\mathbf{u};\mathbf{v};\mathbf{y};z)}^{r,s,S} \qquad (9-6)$$

$$\text{其中，} Y_r = \left\{ \begin{array}{l} (\mathbf{u};\mathbf{v};\mathbf{y};z): \sum\limits_{a=1}^{X} (u_a + v_a) \leqslant r, 0 \leqslant y_i \leqslant S_i, 0 \leqslant y_d \leqslant S_d, \\ z = \min\left[\sum\limits_{a=1}^{X} \min(u_a, y_a) + \min\left(\sum\limits_{a=1}^{X} v_a, y_d \right), r \right], 1 \leqslant i \leqslant X \end{array} \right\}_{\circ}$$

二、成 本 分 析

在本章所构建的模型中，共有四种类型的成本。首先，一个维修工单位时间的雇佣成本表示为 c_r。其次，c_a 表示单位时间一次更换维修活动的固定成本。再次，单位时间每个 i 类部件和每个保护装置的库存持有成本分别由 $c_i^h (i=1,2,\cdots,X)$ 和 c_d^h 表示。最后，单位时间内一个 i 类部件和一个保护装置的备件补货成本分别定义为 $c_i^o (i=1,2,\cdots,X)$ 和 c_d^o。因此，单位时间期望总成本可由式（9-7）计算得出。

$$C_s = \sum_{(\mathbf{u};\mathbf{v};\mathbf{y};z) \in \Pi} \pi_{(\mathbf{u};\mathbf{v};\mathbf{y};z)}^{r,\mathbf{s},\mathbf{S}} \left\{ \begin{array}{c} rc_r + zc_a + \sum_{i=1}^{X} c_i^h y_i + c_d^h y_d + \sum_{i=1}^{X} I_{(y_i \leqslant s_i)}(S_i - y_i)c_i^o \\ + I_{(y_d \leqslant s_d)}(S_d - y_d)c_d^o \end{array} \right\}$$

$$(9-7)$$

其中，$I_{(e)}$ 被定义为指示函数，$I_{(e)} = \begin{cases} 1, 如果 e \ 正确 \\ 0, 如果 e \ 错误 \end{cases}$。

三、联合优化模型构建及求解

模型的目标是使系统可用性最大。此外，维修工可用性以及 i 类($1 \leqslant i \leqslant X$)部件和保护装置的备件可用性应分别高于特定阈值 U_r^*、$U_i^* (1 \leqslant i \leqslant X)$ 和 U_d^*。系统运行总成本应在成本预算 C_s^* 之内。为了寻求最佳的维修工数量以及保护装置和每种类型部件的备件库存策略，具有多个表决子系统的串联系统的联合优化模型构建如式（9-8）所示。

$$\max U_s$$

$$\text{s. t.} \begin{cases} U_i \geqslant U_i^*, 1 \leqslant i \leqslant X \\ U_d \geqslant U_d^* \\ U_r \geqslant U_r^* \\ C_s \leqslant C_s^* \end{cases}$$

$$(9-8)$$

本节采用分支定界法来求解联合优化模型并获得决策变量的最优值。

对于每种 s_i、$S_i(1 \leqslant i \leqslant X)$、$s_d$、$S_d$、$r$ 的组合，都可以求得相应的系统可用性，从而可以通过找到最大的系统可用性来确定决策变量的最优值。获得最优联合优化策略的过程如图 9-2 所示。

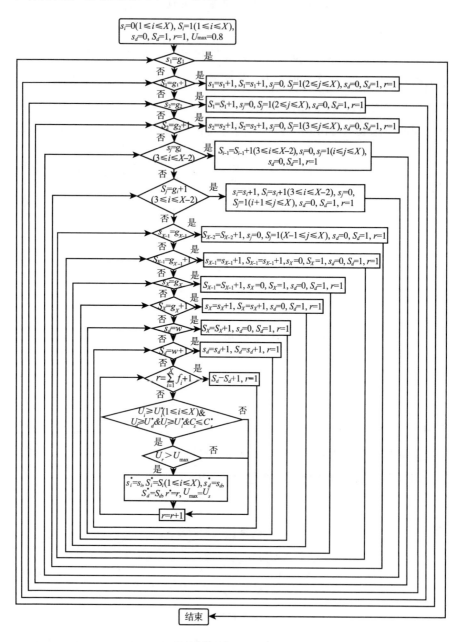

图9-2 求解最优联合优化策略的过程

第五节　工程应用实例

本章以具备冷却系统的汽车发动机系统作为实际工程应用。进气系统和排气系统是整个发动机系统的两个重要子系统（$X = 2$）。假设进气系统由两个部件组成（$n_1 = 2$），排气系统由四个部件组成（$n_2 = 4$）。由于发动机系统需要在合适的温度下运行，一旦运行温度过高（可被视为有效冲击），部件可能会发生故障。因此，部件同时受到外部冲击和内部退化。一旦任何一个部件失效（$f_1 = 1$），则进气系统失效。当有三个部件失效（$f_2 = 3$），则排气系统失效。

为了减轻高温造成的损害，每个子系统都配备了冷却系统。除了内部退化外，冷却系统还可能因摩擦或振动而损坏，这些可被视为外部冲击。一旦冷却系统失效，由于受有效冲击的概率更高且内部退化率增加，各子系统失效的风险也会增加。一旦任何一个子系统出现故障，整个发动机系统就会失效。系统运行和维修相关参数列于表 9 – 4 中。

表 9 – 4　　带冷却系统的汽车发动机系统的运行和维修相关参数

η_s	η_1	η_2	η_d	γ	p_1	p_2	p_d	p_1^*	p_2^*	α_1	α_2	α_d	β_c	β_d
0.1	0.1	0.13	0.05	1.2	0.13	0.18	0.1	0.18	0.23	2	3	1	2	1

下面对图 9 – 3 ~ 图 9 – 6 的分析都是基于 $(s_1, S_1) = (0,1)$、$(s_2, S_2) = (1,3)$、$(s_d, S_d) = (0,1)$ 和 $r = 2$ 的预设。

图 9 – 3 展示了冲击到达率对一系列可靠性指标的影响。由图可知，系统可用性、备件可用性和维修工可用性均随着 η_s 的增加而下降。这是因为如果冲击的到达率变大，则部件和保护装置失效的可能性随之增加。随后，出现以下情况的可能性都会增加：子系统失效、各类部件和保护装置的备件数量不足、因维修工短缺而无法满足维修需求。

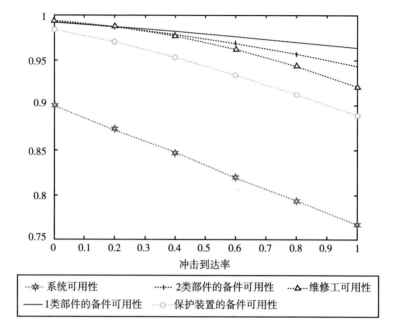

图 9-3　可靠性指标关于冲击到达率的灵敏度分析

退化率对可靠性指标的影响如图 9-4 所示。由于 η_1 与 η_2 对可靠性指标的影响相似，因此以 1 类部件的退化率为例进行灵敏度分析。从图 9-4（a）可以看出，i 类部件退化率的变化对系统可用性影响最大，其次是 i 类部件的备件可用性和维修工可用性。此外，随着 η_i 的增加，这些可靠性指标呈现逐渐降低的趋势。由图 9-4（b）可以看出，如果保护装置的退化率增加，则保护装置的备件可用性和维修工可用性均具有显著的下降趋势。这是因为保护装置失效的可能性随着 η_d 的增加而增加，继而对保护装置的备件和需要由维修工完成的维修活动的需求也随之提高。因此，管理者应根据部件和保护装置的退化率，安排合适数量的维修人员并且制定合理的备件库存政策，以提高系统可用性。

维修率对可靠性指标的影响如图 9-5 所示。从图 9-5（a）可以看出，当 i 类部件的维修率提高时，系统可用性、i 类部件的备件可用性和维修工可用性变大。i 类部件的维修率会影响 i 类部件的失效数量，进而影响系统可用性、i 类部件的备件可用性和维修工可用性，因为这些指标均与 i 类部件的失效数量有关。图 9-5（b）表明保护装置的备件可用性和维修

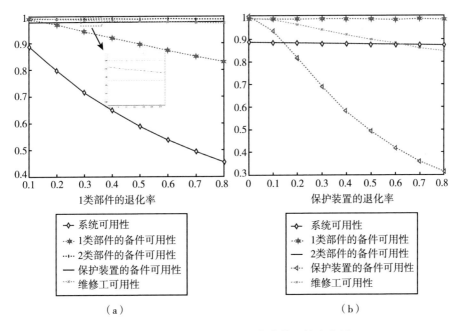

图 9 - 4　可靠性指标关于退化率的灵敏度分析

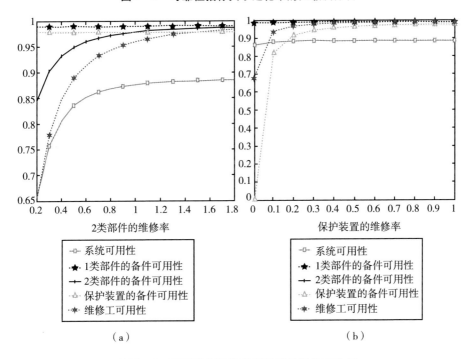

图 9 - 5　可靠性指标关于维修率的灵敏度分析

工可用性随着 α_d 的上升而显著增加。此外，由于保护装置对部件的保护作用，部件的备件可用性和系统可用性随着 α_d 的增大而略有增加。具体来说，随着 α_d 的增长，由于保护装置的保护，部件失效的可能性降低。因此，为了提高系统可用性，维修人员配置和备件库存策略应随着部件与保护装置的维修率而变化。

图 9 – 6 展示了补货率对可靠性指标的影响。与图 9 – 5 类似，当部件的补货率越大，系统可用性、部件的备件可用性和维修工可用性越高。然而，保护装置的补货率对保护装置的备件可用性和维修工可用性有显著影响。此外，当 β_d 增加时，可以观察到部件的备件可用性和系统可用性略有上升，这可能是因为部件的备件数量较高以及可以及时更换失效部件的概率增加。因此，与保护装置的补货率相比，部件的补货率对系统可用性和部件的备件可用性的影响更大。因此，在资源有限的情况下，相对来说应提高部件的补货率以保证更高的系统可用性。

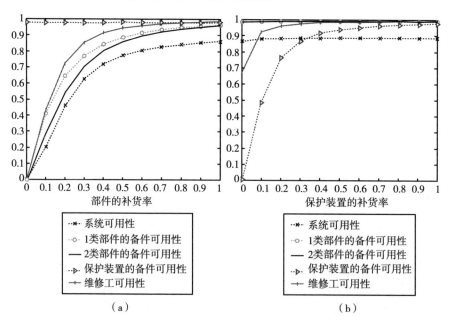

图 9 – 6　可靠性指标关于补货率的灵敏度分析

基于预设值 $U_1^* = 0.9$、$U_2^* = 0.9$、$U_d^* = 0.9$、$U_r^* = 0.9$ 和 $C_s^* = 55$，成本参数对联合优化策略和可靠性指标的影响如表 9 – 5、表 9 – 6 所示。无

论成本参数如何变化，始终存在一种最优联合优化策略。根据表 9 - 5 中的情况 1 ~ 情况 3，当单位时间单个维修工的雇佣成本增加时，维修工的数量趋于减少。另外，如果 c_r 相对较高，由于成本预算的限制，部件或保护装置的库存水平可能会降低。因此，系统可用性、维修工可用性和备件可用性可能会下降。从表 9 - 5 中的情况 1、情况 4 和情况 5 来看，当 c_a 增加时，部件或保护装置的库存水平会发生变化，以便在有限成本下最大化系统可用性。相应地，备件可用性的变化与备件库存水平的变化呈现出相同的趋势。根据表 9 - 6 中的情况 1、情况 4 和情况 5，备件补货成本的变化与 c_a 变化得出的结论类似。

表 9 - 5　　　　　　c_r 和 c_a 对联合优化策略和可靠性指标的影响

序号	c_r	c_a	c_1^h	c_2^h	c_d^h	c_1^o	c_2^o	c_d^o	联合优化策略	可靠性指标	C_s
1	7	5	3	4	5	7	6	8	$(s_1,S_1)=(1,2)$, $(s_2,S_2)=(2,4)$, $(s_d,S_d)=(1,2)$, $r=3$	$U_s=0.8964$, $U_1=0.9995$, $U_2=0.9981$, $U_d=0.9986$, $U_r=0.9996$	54.5774
2	1	5	3	4	5	7	6	8	$(s_1,S_1)=(1,2)$, $(s_2,S_2)=(3,4)$, $(s_d,S_d)=(1,2)$, $r=3$	$U_s=0.8965$, $U_1=0.9995$, $U_2=0.9993$, $U_d=0.9986$, $U_r=0.9996$	38.3469
3	15	5	3	4	5	7	6	8	$(s_1,S_1)=(1,2)$, $(s_2,S_2)=(1,3)$, $(s_d,S_d)=(0,1)$, $r=2$	$U_s=0.8958$, $U_1=0.9995$, $U_2=0.9899$, $U_d=0.9778$, $U_r=0.9918$	54.5172
4	7	1	3	4	5	7	6	8	$(s_1,S_1)=(1,2)$, $(s_2,S_2)=(3,4)$, $(s_d,S_d)=(1,2)$, $r=3$	$U_s=0.8965$, $U_1=0.9995$, $U_2=0.9993$, $U_d=0.9986$, $U_r=0.9996$	54.7256
5	7	10	3	4	5	7	6	8	$(s_1,S_1)=(1,2)$, $(s_2,S_2)=(2,3)$, $(s_d,S_d)=(1,2)$, $r=3$	$U_s=0.8964$, $U_1=0.9995$, $U_2=0.9965$, $U_d=0.9986$, $U_r=0.9996$	54.3715

表 9 - 6　　c_θ^h 和 $c_\theta^o(\theta=1,2,d)$ 对联合优化策略和可靠性指标的影响

序号	c_r	c_a	c_1^h	c_2^h	c_d^h	c_1^o	c_2^o	c_d^o	联合优化策略	可靠性指标	C_s
1	7	5	3	4	5	7	6	8	$(s_1,S_1)=(1,2)$, $(s_2,S_2)=(2,4)$, $(s_d,S_d)=(1,2)$, $r=3$	$U_s=0.8964$, $U_1=0.9995$, $U_2=0.9981$, $U_d=0.9986$, $U_r=0.9996$	54.5774
2	7	5	3	7	5	7	6	8	$(s_1,S_1)=(1,2)$, $(s_2,S_2)=(2,3)$, $(s_d,S_d)=(1,2)$, $r=2$	$U_s=0.8962$, $U_1=0.9995$, $U_2=0.9965$, $U_d=0.9986$, $U_r=0.9934$	53.4631
3	7	5	3	10	5	7	6	8	$(s_1,S_1)=(1,2)$, $(s_2,S_2)=(1,3)$, $(s_d,S_d)=(0,2)$, $r=2$	$U_s=0.8959$, $U_1=0.9995$, $U_2=0.9899$, $U_d=0.9895$, $U_r=0.9923$	54.6798
4	7	5	3	4	5	7	1	8	$(s_1,S_1)=(1,2)$, $(s_2,S_2)=(3,4)$, $(s_d,S_d)=(1,2)$, $r=3$	$U_s=0.8965$, $U_1=0.9995$, $U_2=0.9993$, $U_d=0.9986$, $U_r=0.9996$	54.921
5	7	5	3	4	5	7	11	8	$(s_1,S_1)=(1,2)$, $(s_2,S_2)=(2,3)$, $(s_d,S_d)=(1,2)$, $r=3$	$U_s=0.8964$, $U_1=0.9995$, $U_2=0.9965$, $U_d=0.9986$, $U_r=0.9996$	53.7703

在其他条件不变的情况下，系统可用性随着 i 类部件或保护装置的库存持有成本的下降而上升。因为如果 $c_\theta^h(\theta=1,2,d)$ 减少，可以增加维修工的数量、提升部件或保护装置的库存水平，以在允许的成本内提高系统可用性。因此，维修工可用性和相应的备件可用性也可能变得更大。

根据上述灵敏度分析，可以总结出以下建议：（1）制造商应提高生产

质量，降低部件和保护装置的退化率，减轻系统的失效风险。（2）维修工应提高工作效率，从而减少每次维修活动的时间，进而可以尽早更换失效的部件和保护装置，以提高系统的可靠性。（3）工程管理者应采取措施缩短补货时间，避免因备件不足而导致维修活动的延误，以达到最大化系统可用性的目的。（4）工程管理者应将各类成本控制在合理范围内，平衡维修人员分配和备件库存策略，以在成本约束下最大化系统可用性。例如，如果库存成本较高，可以降低备件库存水平，适当增加维修工的数量。

第六节　本章小结

　　本章介绍了由多个配备保护装置的表决子系统组成的串联系统的维修和备件库存策略的联合优化问题。除了内部退化之外，系统和保护装置还会受到外部冲击的影响。部件和保护装置均采用修正性维修和（s，S）库存策略。采用马尔可夫过程嵌入法来获取一系列可靠性指标，包括系统可用性、维修工可用性和备件可用性。系统运行的总成本包括与维修工和备件相关的四类成本。建立了以最大化系统可用性为目标的联合优化模型，并应用分支定界法得到了合适的维修人员分配和备件库存策略。最后，通过具有冷却系统的汽车发动机系统的工程实例验证了本章模型的适用性，并进行了大量的灵敏度分析，以分析相关参数对可靠性指标的影响并为工程管理者提供相关管理决策依据。

第十章

配有保护装置的多部件系统维修及保护装置启动策略联合优化

10

第一节 引言

在现代工程领域，维修是提升系统可靠性的普遍且有效的措施，配备保护装置是另一种延长系统寿命的可行方式。然而，若启动保护装置，将会产生一定程度的保护装置运行成本，若采取维修措施将会导致维修成本的增加。因此，对于配备保护装置的系统，为其设定合理的维修策略以及保护装置启动阈值是平衡好系统可靠性与总成本要求的必要问题。此外，由于实时监测系统状态产生的成本较高，部分系统采用定期检测策略，根据定期观测到的系统状态采取相应的维修措施，若经过维修决策后系统状态良好，将关闭运行中的保护装置，以达到最小化系统运行总成本、最大化系统可靠性的目标。然而，在已有配备保护装置的系统可靠性研究中，对于维修策略及保护装置启动机制的联合优化问题尚未有学者展开相关研究。

为了填补上述研究空白，本章针对配有保护装置的 n 中取 $k(F)$ 系统，对其进行维修及保护装置启动策略的设计、联合优化模型的构建及求解。基于故障或不健康部件的数量，提出了一种竞争性保护装置触发机制。保护装置运行时可以减少冲击对部件的影响。根据定期检查监测到的系统状态，决定采取相应的措施，包括对失效的部件或保护装置进行修正性维修、对其他部件进行预防性维修或关闭保护装置，以提高系统的可靠性。采用马尔可夫决策过程对所构建的系统运行过程进行建模，并通过值迭代算法获得不同系统状态下的最优决策。通过求解目标函数为最小化期望总成本的联合优化模型，得出最佳的检测间隔和保护装置触发机制。最后，通过大量的数值算例验证了所提出模型的适用性。

第二节　模型假设和描述

一、系统描述

本章构建的系统为配有保护装置的 n 中取 $k(\mathrm{F})$ 系统。该系统包含 n 个相同的部件，并运行在冲击环境中。每个部件的状态空间表示为 $\{0,1,\cdots,A\}$，其中 0 代表完全故障状态，A 代表完美运行状态。冲击的到达服从参数为 λ_{sh} 的泊松过程。冲击分为有效冲击和无效冲击，其中有效冲击以概率 $p_{c,u}$ 导致部件状态从 a 下降到 $a-u(u=1,2,\cdots,v)$，无效冲击对部件不产生影响，其概率为 $q_c(\sum\limits_{u=1}^{v}p_{c,u}+q_c=1)$。一旦故障部件总数达到 k，系统就会失效。

二、保护装置描述

保护装置具有两种状态，即工作和失效。其竞争性触发策略为：（1）故障部件的数量增加到阈值 $f_1(0<f_1<k)$；（2）不健康部件的数量达到临界值 $f_2(f_1\leq f_2)$，其中处于 $\{0,1,\cdots,g\}(g<A)$ 状态空间下的部件被认为是不健康的。当保护装置运行时，部件受到有效冲击的概率降低至 $p_{c,u}^w(u=1,2,\cdots,v)$。

保护装置容易受到外部冲击的影响，一旦有效冲击到来，保护装置将直接失效，其受到有效冲击的概率为 $p_{pd}(0 \leqslant p_{pd} \leqslant 1)$。一旦保护装置失效，部件遭受有效冲击的概率上升至 $p_{c,u}$。

三、维修活动和成本描述

本章所提出的配有保护装置的系统在无限阶段下运行，并以固定间隔 ξ 进行定期检查来检测系统的状态，即处于每种状态的部件数量。系统和保护装置若发生故障，只能在定期检测时对其进行维修。此外，一旦系统在两次相邻检测之间失效，则只能在下一次检测时刻关闭正在运行的保护装置。下面列出了维修活动的可能情况和相关费用。

（1）对于失效的保护装置或部件，将进行修正性维修。保护装置和每个部件的相应维修成本分别为 c_{cd} 和 c_{cu}。

（2）如果 $g > 0$，对于状态在 $(1, 2, \cdots, g)$ 范围内的脆弱部件进行预防性维修，使其达到完美运行状态。每个脆弱部件相应的预防性维修成本为 $c_{pu}(c_{pu} < c_{cu})$。

（3）对于处于 $h(g < h < A)$ 状态的部件，工程师可以决定不采取维修措施，或者决定进行预防性维修使部件成为全新状态。对于相对健康的部件，存在 $i(0 < i < A - g)$ 种预防性维修成本 c_p 的情况，如式（10-1）所示。

$$c_p = \begin{cases} c_{p1}, & \text{如果 } g < h \leqslant j_1 \\ c_{p2}, & \text{如果 } j_1 < h \leqslant j_2 \\ \qquad \vdots \\ c_{pi}, & \text{如果 } j_{i-1} < h < A \end{cases} \qquad (10-1)$$

其中 $j_1, j_2, \cdots, j_{i-1}$ 是对相对健康的部件维修成本进行分类的预设阈值，并且 $c_{pu} > c_{p1} > c_{p2} > \cdots > c_{pi}$，该阈值的假设符合实际情况。

（4）对于完美工作的部件，无须执行任何操作。另外，保护装置单位时间的运行成本为 c_{od}。在每个检查时刻都会产生检测成本 c_i。一旦发现系统出现故障，将会产生单位时间停机成本 c_f。若执行了任意维修活动，固

定启动成本 c_{se} 将会产生，并假设维修时间可以忽略不计。经过工程师的决策和维修活动后，由于系统状态未达到保护装置的触发条件，运行的保护装置将被立即关闭，直到系统状况满足保护装置的竞争性启动准则。为了直观地理解所提出的带有保护装置的系统运行和维修等过程，例 10.1 展示了所构建模型的可能场景。

例 10.1 假设系统由 4 个部件组成（$n = 4$）。每个部件有 4 种状态（$A = 3$），其中状态 0 和 1 被认为是不健康状态（$g = 1$）。当故障部件数量达到 2 个（$f_1 = 2$）或不健康部件数量不少于 3 个（$f_2 = 3$）时，保护装置被启动开始工作。一旦发生故障的部件数量达到 3 个，系统就会失效（$k = 3$）。如图 10 - 1 所示，在检测时刻 ξ_1，所有部件都处于状态 3，并且保护装置未启动。因此，此时无须进行任何维修操作。随着部件的状态退化，在 t_1 时刻，由于系统中存在三个不健康部件，保护装置开始运行（$f_2 = 3$）。在检测时刻 ξ_2，经过决策，三个不健康部件均被替换，并且保护装置停止运行。在检测时刻 ξ_3，对不健康的部件进行预防性维修。t_2 时刻，保护装置因两个部件发生故障而被启动（$f_1 = 2$）。在 ξ_4 时刻，经检测发现存在三个不健康部件，并且保护装置出现故障。做出维修决定后，保护装置和所有部件均被替换为全新的部件。

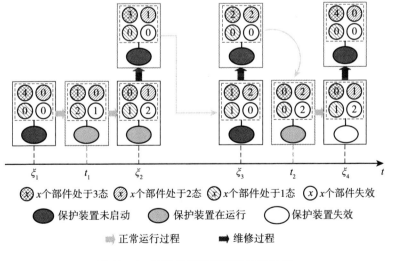

图 10 - 1 所构建模型可能的运行场景

在本节中，采用马尔可夫过程来获得一步转移率矩阵 Θ，并评估在不执行维修操作时系统的可靠性。首先，随机点过程 $\{B(t),t\geq0\}$ 建立为：

$$B(t)=\mathbf{x}_l,l=1,2,\cdots,j$$

其中，$\mathbf{x}_l$ 是状态空间 Δ 中的一个状态，并且 $|\Delta|=j$。向量 $\mathbf{x}_l$ 包含 $A+3$ 个变量，表示为 $\mathbf{x}_l=(m_0,m_1,\cdots,m_A,r,d)$，其中 $m_a(a=0,1,\cdots,A)$ 指处于状态 a 的部件数量，并且 $\sum_{a=0}^{A}m_a=n$。另外，r 代表不健康部件的总数，可以通过 $r=\sum_{a=0}^{g}m_a$ 计算得出。$d=\{0,1,2\}$ 分别表示保护装置未触发、正在运行和发生故障。状态空间 Δ 可以分为两个子集（Δ_1 和 Δ_2），分别包含 $m_0<k$ 和 $m_0\geq k$ 时的状态。根据保护装置的状态，转移规则分为三部分，介绍如下。

第1部分：保护装置未触发以及从未触发状态激活运行

转移规则（1）~转移规则（2）和转移规则（3）~转移规则（4）分别表示一个部件从 s 态转移至 $s'(s'\neq0)$ 态和 0 态，并且转移后保护装置依然未启动。其中，规则（1）和规则（3）分别表示由于条件 $\{(g<s'<s\leq A)\text{ or }(0<s'<s\leq g)\}$ 和 $0=s'<s\leq g$，不健康部件的数量在转移后保持不变。规则（2）和规则（4）分别表示由于 $0<s'\leq g<s\leq A$ 和 $0=s'\leq g<s\leq A$，在转移后不健康部件的数量增加。规则（5）~规则（6）和规则（7）~规则（8）分别表示由于失效及不健康部件的数量达到相应的阈值，保护装置启动。

（1）转移条件：$m_0<f_1$，$r<f_2$，$d=0$，$\{(g<s'<s\leq A)\text{ or }(0<s'<s\leq g)\}$，$s-s'\leq v$；

转移情形：$(m_0,m_1,\cdots,m_{s'},\cdots,m_s,\cdots,m_A,r,d)\rightarrow(m_0,m_1,\cdots,m_{s'}+1,\cdots,m_s-1,\cdots,m_A,r,d)$；

转移率：$m_s\lambda_{sh}p_{c,s-s'}$。

（2）转移条件：$m_0 < f_1$，$r < f_2 - 1$，$d = 0$，$0 < s' \leqslant g < s \leqslant A$，$s - s' \leqslant v$；

转移情形：$(m_0, m_1, \cdots, m_{s'}, \cdots, m_s, \cdots, m_A, r, d) \rightarrow (m_0, m_1, \cdots, m_{s'} + 1, \cdots, m_s - 1, \cdots, m_A, r + 1, d)$；

转移率：$m_s \lambda_{sh} p_{c, s - s'}$。

（3）转移条件：$m_0 < f_1 - 1$，$r < f_2$，$d = 0$，$0 < s \leqslant g$，$s \leqslant v$；

转移情形：$(m_0, m_1, \cdots, m_s, \cdots, m_A, r, d) \rightarrow (m_0 + 1, m_1, \cdots, m_s - 1, \cdots, m_A, r, d)$；

转移率：$\sum\limits_{u = s}^{v} m_s \lambda_{sh} p_{c, u}$。

（4）转移条件：$m_0 < f_1 - 1$，$r < f_2 - 1$，$d = 0$，$g < s \leqslant A$，$s \leqslant v$；

转移情形：$(m_0, m_1, \cdots, m_s, \cdots, m_A, r, d) \rightarrow (m_0 + 1, m_1, \cdots, m_s - 1, \cdots, m_A, r + 1, d)$；

转移率：$\sum\limits_{u = s}^{v} m_s \lambda_{sh} p_{c, u}$。

（5）转移条件：$m_0 = f_1 - 1$，$r < f_2$，$d = 0$，$0 < s \leqslant g$，$s \leqslant v$；

转移情形：$(m_0, m_1, \cdots, m_s, \cdots, m_A, r, d) \rightarrow (f_1, m_1, \cdots, m_s - 1, \cdots, m_A, r, 1)$；

转移率：$\sum\limits_{u = s}^{v} m_s \lambda_{sh} p_{c, u}$。

（6）转移条件：$m_0 = f_1 - 1$，$r < f_2$，$d = 0$，$g < s \leqslant A$，$s \leqslant v$；

转移情形：$(m_0, m_1, \cdots, m_s, \cdots, m_A, r, d) \rightarrow (f_1, m_1, \cdots, m_s - 1, \cdots, m_A, r + 1, 1)$；

转移率：$\sum\limits_{u = s}^{v} m_s \lambda_{sh} p_{c, u}$。

（7）转移条件：$m_0 < f_1$，$r = f_2 - 1$，$d = 0$，$0 < s' \leqslant g < s \leqslant A$，$s - s' \leqslant v$；

转移情形：$(m_0, m_1, \cdots, m_{s'}, \cdots, m_s, \cdots, m_A, r, d) \rightarrow (m_0, m_1, \cdots, m_{s'} + 1, \cdots, m_s - 1, \cdots, m_A, r + 1, 1)$；

转移率：$m_s \lambda_{sh} p_{c, s - s'}$。

（8）转移条件：$m_0 < f_1$，$r = f_2 - 1$，$d = 0$，$g < s \leqslant A$，$s \leqslant v$；

转移情形：$(m_0, m_1, \cdots, m_s, \cdots, m_A, r, d) \rightarrow (m_0 + 1, m_1, \cdots, m_s - 1, \cdots, m_A, r + 1, 1)$；

转移率：$\sum\limits_{u=s}^{v} m_s \lambda_{sh} p_{c,u}$。

第 2 部分：保护装置在运行以及从运行状态变为失效态

转移规则（9）~转移规则（12）描述了部件的退化不会造成系统失效，其中规则（9）~规则（10）和规则（11）~规则（12）分别表示部件不会退化至 0 态和部件失效。此外，规则（9）~规则（11）和规则（10）~规则（12）分别表示由于 s、s' 和 g 之间的关系，在转移后，不健康部件的数量维持不变和增加。规则（13）描述了由于失效部件数量达到阈值而导致系统失效。规则（14）描述了保护装置退化的情形。

（9）转移条件：$m_0 < k, \{(f_1 \leqslant m_0, r < f_2) \text{ or } (r \geqslant f_2)\}, d = 1, \{(g < s' < s \leqslant A) \text{ or } (0 < s' \leqslant g)\}, s - s' \leqslant v$；

转移情形：$(m_0, m_1, \cdots, m_{s'}, \cdots, m_s, \cdots, m_A, r, d) \rightarrow (m_0, m_1, \cdots, m_{s'} + 1, \cdots, m_s - 1, \cdots, m_A, r, d)$；

转移率：$m_s \lambda_{sh} p_{c,s-s'}^w$。

（10）转移条件：$m_0 < k, \{(f_1 \leqslant m_0, r < f_2) \text{ or } (r \geqslant f_2)\}, d = 1, 0 < s' \leqslant g < s \leqslant A, s - s' \leqslant v$；

转移情形：$(m_0, m_1, \cdots, m_{s'}, \cdots, m_s, \cdots, m_A, r, d) \rightarrow (m_0, m_1, \cdots, m_{s'} + 1, \cdots, m_s - 1, \cdots, m_A, r + 1, d)$；

转移率：$m_s \lambda_{sh} p_{c,s-s'}^w$。

（11）转移条件：$m_0 < k - 1, \{(f_1 \leqslant m_0, r < f_2) \text{ or } (r \geqslant f_2)\}, d = 1, 0 < s \leqslant g, s \leqslant v$；

转移情形：$(m_0, m_1, \cdots, m_s, \cdots, m_A, r, d) \rightarrow (m_0 + 1, m_1, \cdots, m_s - 1, \cdots, m_A, r, d)$；

转移率：$\sum\limits_{u=s}^{v} m_s \lambda_{sh} p_{c,u}^w$。

（12）转移条件：$m_0 < k - 1, \{(f_1 \leqslant m_0, r < f_2) \text{ or } (r \geqslant f_2)\}, d = 1, g < s \leqslant A, s \leqslant v$；

转移情形：$(m_0, m_1, \cdots, m_s, \cdots, m_A, r, d) \rightarrow (m_0 + 1, m_1, \cdots, m_s - 1, \cdots, m_A, r + 1, d)$；

转移率：$\sum_{u=s}^{v} m_s \lambda_{sh} p_{c,u}^w$。

（13）转移条件：$m_0 = k-1$，$r \geqslant m_0$，$d=1$，$0 < s \leqslant A$，$s \leqslant v$；

转移情形：$(m_0, m_1, \cdots, m_s, \cdots, m_A, r, d) \to \Delta_2$；

转移率：$\sum_{u=s}^{v} m_s \lambda_{sh} p_{c,u}^w$。

（14）转移条件：$m_0 < k$，$r \geqslant m_0$，$d=1$；

转移情形：$(m_0, m_1, \cdots, m_A, r, d) \to (m_0, m_1, \cdots, m_A, r, 2)$；

转移率：$\lambda_{sh} p_{pd}$。

第 3 部分：保护装置失效

除了保护装置的状态以外，转移规则（15）~ 转移规则（19）分别描述了与规则（9）~ 规则（13）类似的情形。

（15）转移条件：$m_0 < k$，$\{(f_1 \leqslant m_0, r < f_2) \,\text{or}\, (r \geqslant f_2)\}$，$d=2$，$\{(g < s' < s \leqslant A) \,\text{or}\, (0 < s' < s \leqslant g)\}$，$s - s' \leqslant v$；

转移情形：$(m_0, m_1, \cdots, m_{s'}, \cdots, m_s, \cdots, m_A, r, d) \to (m_0, m_1, \cdots, m_{s'} + 1, \cdots, m_s - 1, \cdots, m_A, r, d)$；

转移率：$m_s \lambda_{sh} p_{c, s-s'}$。

（16）转移条件：$m_0 < k$，$\{(f_1 \leqslant m_0, r < f_2) \,\text{or}\, (r \geqslant f_2)\}$，$d=2$，$0 < s' \leqslant g < s \leqslant A$，$s - s' \leqslant v$；

转移情形：$(m_0, m_1, \cdots, m_{s'}, \cdots, m_s, \cdots, m_A, r, d) \to (m_0, m_1, \cdots, m_{s'} + 1, \cdots, m_s - 1, \cdots, m_A, r+1, d)$；

转移率：$m_s \lambda_{sh} p_{c, s-s'}$。

（17）转移条件：$m_0 < k-1$，$\{(f_1 \leqslant m_0, r < f_2) \,\text{or}\, (r \geqslant f_2)\}$，$d=2$，$0 < s \leqslant g$，$s \leqslant v$；

转移情形：$(m_0, m_1, \cdots, m_s, \cdots, m_A, r, d) \to (m_0 + 1, m_1, \cdots, m_s - 1, \cdots, m_A, r, d)$；

转移率：$\sum_{u=s}^{v} m_s \lambda_{sh} p_{c,u}$。

（18）转移条件：$m_0 < k-1$，$\{(f_1 \leqslant m_0, r < f_2) \,\text{or}\, (r \geqslant f_2)\}$，$d=2$，$g < s \leqslant A$，$s \leqslant v$；

转移情形：$(m_0, m_1, \cdots, m_s, \cdots, m_A, r, d) \rightarrow (m_0 + 1, m_1, \cdots, m_s - 1, \cdots, m_A, r + 1, d)$；

转移率：$\sum_{u=s}^{v} m_s \lambda_{sh} p_{c,u}$。

（19）转移条件：$m_0 = k - 1$，$r \geqslant m_0$，$d = 2$，$0 < s \leqslant A$，$s \leqslant v$；

转移情形：$(m_0, m_1, \cdots, m_s, \cdots, m_A, r, d) \rightarrow \mathbf{\Delta}_2$；

转移率：$\sum_{u=s}^{v} m_s \lambda_{sh} p_{c,u}$。

根据上述转移规则，可以得到转移率矩阵 $\mathbf{\Theta}$ 为：

$$\mathbf{\Theta} = \begin{bmatrix} \mathbf{\Theta}_{\Delta_1 \Delta_1} & \mathbf{\Theta}_{\Delta_1 \Delta_2} \\ \mathbf{\Theta}_{\Delta_2 \Delta_1} & \mathbf{\Theta}_{\Delta_2 \Delta_2} \end{bmatrix} = \begin{bmatrix} \mathbf{\Theta}_{\Delta_1 \Delta_1} & \mathbf{\Theta}_{\Delta_1 \Delta_2} \\ \mathbf{0} & \mathbf{0} \end{bmatrix}$$

t 时刻的系统可靠性可由式（10-2）计算得出：

$$R(t) = \boldsymbol{\varepsilon} \exp(\mathbf{\Theta} t) \boldsymbol{\eta}' \qquad (10-2)$$

其中，$\boldsymbol{\varepsilon} = (1, 0, 0, \cdots, 0)_{1 \times j}$ 表示系统以概率 1 处于初始状态 $(0, 0, \cdots, n, 0, 0)$，$\boldsymbol{\eta} = (1, 1, \cdots, 1, 0, 0, \cdots, 0)_{1 \times j}$ 表示前 $|\mathbf{\Delta}_1|$ 个元素为 1，其他元素为 0。

第四节　马尔可夫决策过程构建

为了最小化系统运行成本，本节构建马尔可夫决策过程以描述系统运行、检测、维修的过程。马尔可夫决策过程由 $\{\mathbf{S}, \mathbf{\Lambda}, P(\mathbf{x}'' | \mathbf{x}, \mathbf{a}), C(\mathbf{x}, \mathbf{a}), V_\xi\}$ 五个部分构成。具体来说，$\mathbf{S}$ 和 $\mathbf{\Lambda}$ 分别表示状态空间和行动空间。$P(\mathbf{x}'' | \mathbf{x}, \mathbf{a})$ 表示执行策略 $\mathbf{a}$ 时系统从状态 $\mathbf{x}$ 转移至 $\mathbf{x}''$ 的转移概率。$C(\mathbf{x}, \mathbf{a})$ 代表与系统状态 $\mathbf{x}$ 和策略 $\mathbf{a}$ 相关的成本。V_ξ 表示无限阶段下的期望运行成本。

状态空间：状态空间表示为 $\mathbf{S} = \{\mathbf{x} = (m_0, m_1, \cdots, m_A, r, d) \mid \mathbf{x} \in \mathbf{\Delta}\}$，具体内容已在本章第三节中介绍。

行动空间：每个决策时刻的行动空间定义为：

$$\mathbf{\Lambda} = \left\{ \mathbf{a} = (a_0, a_1, \cdots, a_A, a_d) \left| \begin{array}{l} a_0 = \mathrm{CM}, a_{h_1} = \mathrm{PM}, a_{h_2} = \mathrm{DN}^{o_1} \mathrm{PM}^{o_2}, a_A = \mathrm{DN}, \\ a_d \in \{\mathrm{DN}, \mathrm{SD}, \mathrm{CM}\}, \text{对于} 0 < h_1 \leqslant g (\text{如果} g \neq 0), g < h_2 < A \end{array} \right. \right\}$$

其中，$a_h{}'(0 \leqslant h' \leqslant A)$ 和 a_d 分别表示对处于状态 h' 的部件和保护装置采取的策略。DN、PM、CM 和 SD 分别对应于不执行任何操作、预防性维修、修正性维修和关闭。具体来说，$a_{h_2} = \mathrm{DN}^{o_1}\mathrm{PM}^{o_2}$ 意味着对于处于 h_2 态的部件，有 o_1 个部件的策略为 DN，有 $o_2(o_1 + o_2 = m_{h_2})$ 个部件的策略为 PM。

根据本章第二节第三部分中介绍的维修策略，如果在检测时刻系统状态为 $\mathbf{x}$，采取策略 $\mathbf{a}$ 后系统状态转移至状态 $\mathbf{x}'$，则状态 $\mathbf{x}' = (m'_0, m'_1, \cdots, m'_A, r', d')$ 一定满足以下条件：$m'_0 = m'_1 = \cdots = m'_g = r' = 0$、$m'_h \leqslant m_h (g < h < A)$、$m'_A \geqslant m_A + r$ 和 $d' = 0$。

转移概率：根据第 u 个检测时刻的系统状态 $\mathbf{x}$ 以及执行策略 $\mathbf{a}$ 后的状态 $\mathbf{x}'$，则系统在第 $u+1$ 个检测时刻退化到 $\mathbf{x}''$ 状态的转移概率为：

$$P(\mathbf{x}''|\mathbf{x},\mathbf{a}) = \boldsymbol{\varepsilon}_{l'}\exp(\boldsymbol{\Theta}\xi)\boldsymbol{\eta}'_{l''} \tag{10-3}$$

其中，$\boldsymbol{\varepsilon}_{l'} = (0,0,\cdots,0,1,0,0,\cdots,0)_{1 \times j}$ 表示第 l' 个元素为 1，其他元素均为 0。$\boldsymbol{\eta}'_{l''}$ 为包含 j 个元素的列向量，并且第 l'' 个元素为 1，其他元素均为 0。此外，状态 $\mathbf{x}'$ 和 $\mathbf{x}''$ 分别是状态空间 $\boldsymbol{\Delta}$ 中的第 l' 个和第 l'' 个状态。

成本：系统在第 u 个运行阶段的总运行成本包括维修成本 C_M、系统停机成本 C_F 和保护装置运行成本 C_O，具体介绍如下。

维修成本。在第 u 个检测时刻，假设检测到的系统状态为 $\mathbf{x} = (m_0, m_1, \cdots, m_A, r, d)$，采取策略 $\mathbf{a}$ 后的系统状态为 $\mathbf{x}' = (m'_0, m'_1, \cdots, m'_A, r', d')$，则第 u 个运行阶段的维修成本可通过式（10-4）计算得出。维修成本包括五个部分，第一部分为启动成本，即只要实施了任意一个维修活动而会产生的成本；第二和三部分分别为对失效的保护装置和部件进行维修产生的成本；第四和五部分分别为对除了 0 态以外的不健康部件及相对健康的部件进行预防性维修产生的成本。

$$\begin{aligned}
C_M = {} & c_{se}I\left[\left(\sum_{a=0}^{A}I(m_a \neq m'_a) + I(d = 2)\right) \geqslant 1\right] + c_{cd}I(d = 2) + m_0 c_{cu} \\
& + (r - m_0)c_{pu} + \left\{\sum_{a=g+1}^{j_1}(m_a - m'_a)c_{p1} + \sum_{b=2}^{i-1}\sum_{a=j_{b-1}+1}^{j_b}(m_a - m'_a)c_{pb}\right. \\
& \left. + \sum_{a=j_{i-1}+1}^{A-1}(m_a - m'_a)c_{pi}\right\}
\end{aligned} \tag{10-4}$$

停机成本。基于系统状态 $\mathbf{x}$ 和策略 $\mathbf{a}$，系统可靠度函数、剩余寿命 L_s

的累积分布函数和概率密度函数分别如式（10-5）~式（10-7）所示。

$$R_{L_s}^{\mathbf{x},\mathbf{a}}(t) = P(L_s > t \mid \mathbf{x}, \mathbf{a}) = \boldsymbol{\varepsilon}_{l'} \exp(\boldsymbol{\Theta} t) \boldsymbol{\eta}' \qquad (10-5)$$

$$F_{L_s}^{\mathbf{x},\mathbf{a}}(t) = 1 - R_{L_s}^{\mathbf{x},\mathbf{a}}(t) = 1 - \boldsymbol{\varepsilon}_{l'} \exp(\boldsymbol{\Theta} t) \boldsymbol{\eta}' \qquad (10-6)$$

$$f_{L_s}^{\mathbf{x},\mathbf{a}}(t) = \frac{\mathrm{d} F_{L_s}^{\mathbf{x},\mathbf{a}}(t)}{\mathrm{d} t} = \boldsymbol{\varepsilon}_{l'} \exp(\boldsymbol{\Theta} t) \breve{\boldsymbol{\Theta}} \qquad (10-7)$$

其中，$\boldsymbol{\varepsilon}_{l'}$ 是一个第 l' 个元素为 1、其他元素为 0 的行向量；$\boldsymbol{\eta}$ 表示前 $|\Delta_1|$ 个元素为 1，其他元素为 0；此外，$\breve{\boldsymbol{\Theta}} = -\boldsymbol{\Theta} \boldsymbol{\eta}'$。

当系统随机剩余寿命 L_s 处于范围 $(0, \xi]$ 内时，折扣停机成本如式（10-8）所示。

$$C_f(L_s) = \int_{L_s}^{\xi} c_f \exp(-\varphi v) \mathrm{d} v = \frac{c_f[\exp(-\varphi L_s) - \exp(-\varphi \xi)]}{\varphi} \qquad (10-8)$$

其中，在 t 时刻发生的成本以系数 $e^{-\varphi t}(\varphi > 0)$ 进行折扣。

由式（10-9）可以得到第 u 个运行阶段的期望停机成本。

$$C_F = \int_0^{\xi} C_f(t) f_{L_s}^{\mathbf{x},\mathbf{a}}(t) \mathrm{d} t = \int_0^{\xi} \frac{c_f[\exp(-\varphi t) - \exp(-\varphi \xi)]}{\varphi} \boldsymbol{\varepsilon}_{l'} \exp(\boldsymbol{\Theta} t) \breve{\boldsymbol{\Theta}} \mathrm{d} t \qquad (10-9)$$

保护装置运行成本。在第 u 次检测时刻，在系统状态 $\mathbf{x}$ 下采取策略 $\mathbf{a}$ 后保护装置均处于未启动状态。给定保护装置的触发时间 T_d（初始时间 0 为第 u 个运行阶段的初始时刻），保护装置在 t 时刻仍为被触发的概率如式（10-10）所示。

$$P_{T_d}^{\mathbf{x},\mathbf{a}}(t) = P(T_d > t \mid \mathbf{x}, \mathbf{a}) = \boldsymbol{\varepsilon}_{l'} \exp(\boldsymbol{\Theta} t) \boldsymbol{\eta}_{\bar{l}}' \qquad (10-10)$$

其中，$\boldsymbol{\eta}_{\bar{l}} = (1,1,\cdots,1,0,0,\cdots,0)_{1 \times j}$，向量中为 1 的元素对应状态空间 Δ_1 中 $d = 0$ 的状态。

T_d 的概率密度函数可由式（10-11）计算得出。

$$f_{T_d}^{\mathbf{x},\mathbf{a}}(t) = \frac{\mathrm{d}(1 - P_{T_d}^{\mathbf{x},\mathbf{a}}(t))}{\mathrm{d} t} = \boldsymbol{\varepsilon}_{l'} \exp(\boldsymbol{\Theta} t) \overline{\boldsymbol{\Theta}} \qquad (10-11)$$

其中，$\overline{\boldsymbol{\Theta}} = -\boldsymbol{\Theta} \boldsymbol{\eta}_{\bar{l}}'$。

给定系统状态 $\mathbf{x}$、策略 $\mathbf{a}$ 和保护装置的故障时间 L_d，保护装置在 t 时刻未触发或在运行的概率可由式（10 – 12）推导出。

$$P_{L_d}^{\mathbf{x},\mathbf{a}}(t) = P(L_d > t \mid \mathbf{x},\mathbf{a}) = \boldsymbol{\varepsilon}_{l'} \exp(\boldsymbol{\Theta} t) \boldsymbol{\eta}_{l'}' \qquad (10 – 12)$$

其中，$\boldsymbol{\eta}_{l'}$ 是一个包含 j 个元素的行向量，元素 1 和 0 分别表示状态空间 Δ 中 $d < 2$ 和 $d = 2$ 的状态。

L_d 的概率密度函数为：

$$f_{L_d}^{\mathbf{x},\mathbf{a}}(t) = \frac{\mathrm{d}(1 - P_{L_d}^{\mathbf{x},\mathbf{a}}(t))}{\mathrm{d}t} = \boldsymbol{\varepsilon}_{l'} \exp(\boldsymbol{\Theta} t) \hat{\boldsymbol{\Theta}} \qquad (10 – 13)$$

其中，$\hat{\boldsymbol{\Theta}} = -\boldsymbol{\Theta}\boldsymbol{\eta}_{l'}'$。

假设保护装置的随机触发时间 $T_d \in (0, \xi]$ 和随机故障时间 $L_d \in (T_d, \xi]$，则保护装置的折扣运行成本为：

$$C_o(T_d, L_d) = \int_{T_d}^{L_d} c_{od} \exp(-\varphi v)\,\mathrm{d}v = \frac{c_{od}[\exp(-\varphi T_d) - \exp(-\varphi L_d)]}{\varphi}$$

$$(10 – 14)$$

因此，保护装置在第 u 个运行阶段的期望运行成本可以由式（10 – 15）得出。

$$
\begin{aligned}
C_O &= \int_0^{\xi} f_{T_d}^{\mathbf{x},\mathbf{a}}(v)\,\mathrm{d}v \int_v^{\xi} C_o(v,t) f_{L_d}^{\mathbf{x},\mathbf{a}}(t)\,\mathrm{d}t \\
&= \int_0^{\xi} f_{T_d}^{\mathbf{x},\mathbf{a}}(v)\,\mathrm{d}v \int_v^{\xi} \frac{c_{od}[\exp(-\varphi v) - \exp(-\varphi t)]}{\varphi} \boldsymbol{\varepsilon}_{l'} \exp(\boldsymbol{\Theta} t) \hat{\boldsymbol{\Theta}}\,\mathrm{d}t \\
&= \int_0^{\xi} \left\{ \int_v^{\xi} \frac{c_{od}[\exp(-\varphi v) - \exp(-\varphi t)]}{\varphi} \boldsymbol{\varepsilon}_{l'} \exp(\boldsymbol{\Theta} t) \hat{\boldsymbol{\Theta}}\,\mathrm{d}t \right\} \boldsymbol{\varepsilon}_{l'} \exp(\boldsymbol{\Theta} v) \overline{\boldsymbol{\Theta}}\,\mathrm{d}v
\end{aligned}
$$

$$(10 – 15)$$

系统在第 u 个运行阶段的总运行成本可由式（10 – 16）计算得出。

$$C(\mathbf{x},\mathbf{a}) = C_M + C_F + C_O \qquad (10 – 16)$$

其中，C_M、C_F、C_O 可以分别由式（10 – 4）、式（10 – 9）、式（10 – 15）得到。

值函数：值函数 $V_\xi(\mathbf{x})$ 是指在检查间隔 ξ 下，系统从状态 $\mathbf{x}$ 出发的最小期望运行成本。相应的贝尔曼方程表示为：

$$V_{\xi}(\mathbf{x}) = \min_{\mathbf{a} \in \Lambda} \{ C(\mathbf{x}, \mathbf{a}) + \exp(-\varphi\xi) \sum_{\mathbf{x}'' \in \mathbf{S}_0^{\mathbf{x}, \mathbf{a}}} P(\mathbf{x}'' \mid \mathbf{x}, \mathbf{a}) V_{\xi}(\mathbf{x}'') \}$$

$$(10-17)$$

其中，$\mathbf{S}_0^{\mathbf{x}, \mathbf{a}} \subseteq \mathbf{S}$，并且状态空间$\mathbf{S}_0^{\mathbf{x}, \mathbf{a}}$满足以下条件：

（1）对于$1 \leqslant a \leqslant A$，$m''_a \leqslant \sum_{b=a}^{A} m'_b$；

（2）如果$2 \leqslant a \leqslant A$并且$\sum_{b=a}^{A} I(m''_b = m'_b) = A - a + 1$，则$m''_{a-1} \leqslant m'_{a-1}$；

（3）对于$0 \leqslant a \leqslant A - 2$，如果$\sum_{b=0}^{a} I(m''_b = m'_b) = a + 1$，则$m''_{a+1} \geqslant m'_{a+1}$。

构建马尔可夫决策过程后，通过值迭代算法来推导固定检查间隔ξ下的最优值函数和相应的最优策略。值迭代算法的详细流程如算法10-1所示。

算法 10 - 1　　　获得最优值函数和最优策略的值迭代算法

算法：值迭代算法

输入：模型参数$n, k, f_1, f_2, A, g, \lambda_{ab}, \lambda_{sh}, p_c, \lambda_{ab}^w, p_c^w, \lambda_{pd}, p_{pd}, \xi, \varphi$；成本参数$c_{cd}, c_{cu}, c_{pu}, c_{pi}, c_{od}$, c_f, c_{se}

输出：所有状态$\mathbf{x} \in \mathbf{S}$下的最优值函数$V_{\xi}(\mathbf{x})$和最优策略$\pi_{\xi}(\mathbf{x})$

开始

　　初始化：对所有$\mathbf{x} \in \mathbf{S}$设定$V'_{\xi}(\mathbf{x}) = 0, V_{\xi}(\mathbf{x}) = \varepsilon$；

　　计算：对于所有$\mathbf{x}$和$\mathbf{a}$计算$P(\mathbf{x}'' | \mathbf{x}, \mathbf{a}), C(\mathbf{x}, \mathbf{a})$和$\mathbf{S}_0^{\mathbf{x}, \mathbf{a}}$；

　　while $\max_{\mathbf{x} \in \mathbf{S}} |V'_{\xi}(\mathbf{x}) - V_{\xi}(\mathbf{x})| \geqslant \varepsilon$

　　　　设定$V_{\xi}(\mathbf{x}) = V'_{\xi}(\mathbf{x})$；

　　　　for $\mathbf{x} \in \mathbf{S}$

　　　　　　for $\mathbf{a} \in \Lambda$

　　　　　　　　计算$VV(\mathbf{x}, \mathbf{a}) = C(\mathbf{x}, \mathbf{a}) + \exp(-\varphi\xi) \sum_{\mathbf{x}'' \in \mathbf{S}_0^{\mathbf{x}, \mathbf{a}}} P(\mathbf{x}'' | \mathbf{x}, \mathbf{a}) V_{\xi}(\mathbf{x}'')$；

　　　　　　end

　　　　　　设定$V'_{\xi}(\mathbf{x}) = \min_{\mathbf{a} \in \Lambda} VV(\mathbf{x}, \mathbf{a})$；

　　　　end

　　end

　　$V_{\xi}(\mathbf{x}) = V'_{\xi}(\mathbf{x})$；

　　$\pi_{\xi}(\mathbf{x}) = \underset{\mathbf{a} \in \Lambda}{\mathrm{argmin}} VV(\mathbf{x}, \mathbf{a})$；

结束

本节构建了系统预防性维修和保护装置触发机制的联合优化模型,目标是最小化期望总成本 C_T。期望总成本包含检测的总折扣成本 C_I 以及系统的最小期望运行成本 C_S。C_S 表示值函数 $V_\xi(\mathbf{x}_0)$,其中 $\mathbf{x}_0 = (0, 0, \cdots, n, 0, 0)$,即系统从最完美状态开始运行时的最小期望运行成本,可由第四节推导出。检查间隔 ξ 下检测的总折扣成本 C_I 可通过式(10-18)计算。

$$C_I = \sum_{z=0}^{\infty} c_i \exp(-\varphi z \xi) = \frac{c_i}{1 - \exp(-\varphi \xi)} \qquad (10-18)$$

因此,期望总成本 C_T 可以计算为:

$$C_T = C_S + C_I = V_\xi(\mathbf{x}_0) + \frac{c_i}{1 - \exp(-\varphi \xi)} \qquad (10-19)$$

其中, $\mathbf{x}_0 = (0, 0, \cdots, n, 0, 0)$。

该联合优化模型的决策变量是检查间隔 ξ 和与保护装置触发机制相关的参数 f_1, f_2。联合优化模型建立为:

$$\begin{aligned} &\min C_T = C_S + C_I \\ &\text{s. t. } 0 < f_1 \leqslant f_2 < k \end{aligned} \qquad (10-20)$$

采用分支定界法对所构建的联合优化模型进行求解。获得联合优化模型最优解的流程如图 10-2 所示。

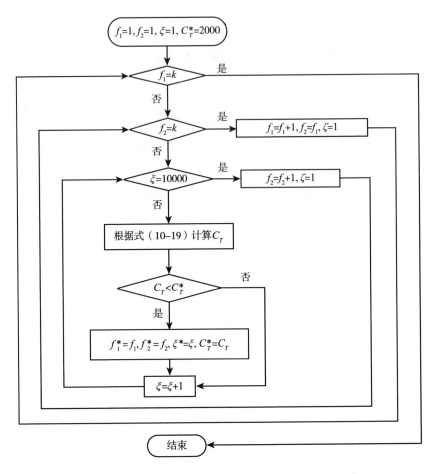

图 10 – 2　获得联合优化模型最优解的流程

第六节　工程应用实例

　　在本节中，由三个相同的转子叶片组成的转子系统（$n=3$）被认为是所提出模型的工程实例。假设每个叶片具有三种状态（$A=2$），状态 0 被视为不健康状态（$g=0$）。冲击到达率为 $\lambda_{sh}=3/$月。一次有效冲击分别以概率 $p_{c,1}=0.4$ 和 $p_{c,2}=0.3$ 导致部件退化 1 个和 2 个状态。当所有转子叶片都失效时，系统就会故障（$k=3$）。冷却系统作为一种保护装置，对于延长系统的使用寿命具有重要的作用。当一个叶片出现故障时，冷却系统就

会启动 ($f_1 = f_2 = 1$)。当冷却系统运行时，部件由于有效冲击而造成的状态下降概率分别降低至 $p_{c,1}^w = 0.3$ 和 $p_{c,2}^w = 0.2$。冷却系统在遭受一次有效冲击后失效，其概率为 $p_{pd} = 0.1$。根据检查间隔 $\xi = 1/$月定期检测系统状态，从而根据检查结果采取必要的措施。假设折扣系数为 2（$\varphi = 2$）。此外，对于处于 1 态的部件，如果实施维修，则预防性维修成本定义为 c_{p1}（$i = 1$）。相关成本参数如表 10 - 1 所示。

表 10 - 1　　　　　　　　　　相关成本参数　　　　　　　　　单位：10 \$

c_{se}	c_{cd}	c_{cu}	c_{p1}	c_{od}	c_f	c_i
1	4.5	4	0.5	1.5	5	0.4

构建马尔可夫过程 $\{B(t), t \geqslant 0\}$ 来描述没有维修活动时的系统运行过程，状态空间为：

$$\mathbf{\Delta} = \mathbf{\Delta}_1 \cup \mathbf{\Delta}_2$$

$$= \left\{ \begin{matrix} (0,0,3,0,0),(0,1,2,0,0),(0,2,1,0,0),(0,3,0,0,0), \\ (1,0,2,1,1),(1,0,2,1,2),(1,1,1,1,1),(1,1,1,1,2),(1,2,0,1,1), \\ (1,2,0,1,2),(2,0,1,2,1),(2,0,1,2,2),(2,1,0,2,1),(2,1,0,2,2) \end{matrix} \right\}$$

$$\cup \left\{ (3,0,0,3,1),(3,0,0,3,2) \right\}$$

一步转移率矩阵 $\mathbf{\Theta}$ 可以求得为：

$$\mathbf{\Theta} = \begin{bmatrix} \mathbf{\Theta}_{\Delta_1\Delta_1} & \mathbf{\Theta}_{\Delta_1\Delta_2} \\ \mathbf{\Theta}_{\Delta_2\Delta_1} & \mathbf{\Theta}_{\Delta_2\Delta_2} \end{bmatrix} = \begin{bmatrix} \mathbf{\Theta}_{\Delta_1\Delta_1} & \mathbf{\Theta}_{\Delta_1\Delta_2} \\ \mathbf{0} & \mathbf{0} \end{bmatrix}$$

其中，$\mathbf{\Theta}_{\Delta_1\Delta_1} = \begin{bmatrix} (\mathbf{\Theta}_1)_{7\times7} & (\mathbf{\Theta}_2)_{7\times7} \\ \mathbf{0}_{7\times7} & (\mathbf{\Theta}_3)_{7\times7} \end{bmatrix}_{14\times14}$，$\mathbf{\Theta}_{\Delta_1\Delta_2} = \begin{bmatrix} \mathbf{0}_{10\times2} \\ (\mathbf{\Theta}_4)_{4\times2} \end{bmatrix}_{14\times2}$，

$$\mathbf{\Theta}_1 = \begin{bmatrix} -6.3 & 3.6 & 0 & 0 & 2.7 & 0 & 0 \\ 0 & -6.3 & 2.4 & 0 & 2.1 & 0 & 1.8 \\ 0 & 0 & -6.3 & 1.2 & 0 & 0 & 4.2 \\ 0 & 0 & 0 & -6.3 & 0 & 0 & 0 \\ 0 & 0 & 0 & 0 & -3.3 & 0.3 & 1.8 \\ 0 & 0 & 0 & 0 & 0 & -4.2 & 0 \\ 0 & 0 & 0 & 0 & 0 & 0 & -3.3 \end{bmatrix},$$

$$\Theta_2 = \begin{bmatrix} 0 & 0 & 0 & 0 & 0 & 0 & 0 \\ 0 & 0 & 0 & 0 & 0 & 0 & 0 \\ 0 & 0.9 & 0 & 0 & 0 & 0 & 0 \\ 0 & 6.3 & 0 & 0 & 0 & 0 & 0 \\ 0 & 0 & 0 & 1.2 & 0 & 0 & 0 \\ 2.4 & 0 & 0 & 0 & 1.8 & 0 & 0 \\ 0.3 & 0.9 & 0 & 1.5 & 0 & 0.6 & 0 \end{bmatrix},$$

$$\Theta_3 = \begin{bmatrix} -4.2 & 0 & 1.2 & 0 & 2.1 & 0 & 0.9 \\ 0 & -3.3 & 0.3 & 0 & 0 & 3 & 0 \\ 0 & 0 & -4.2 & 0 & 0 & 0 & 4.2 \\ 0 & 0 & 0 & -1.8 & 0.3 & 0.9 & 0 \\ 0 & 0 & 0 & 0 & -2.1 & 0 & 1.2 \\ 0 & 0 & 0 & 0 & 0 & -1.8 & 0.3 \\ 0 & 0 & 0 & 0 & 0 & 0 & -2.1 \end{bmatrix}, \quad \Theta_4 = \begin{bmatrix} 0.6 & 0 \\ 0 & 0.9 \\ 1.5 & 0 \\ 0 & 2.1 \end{bmatrix}。$$

系统在一开始运行在最佳状态$(0,0,3,0,0)$。根据第四节中构建的马尔可夫决策过程和算法10-1,可以获得定期检测到的不同系统状态下的最优决策。作为说明,部分状态下的最优决策$\mathbf{a}$和最优值函数列于表10-2中。

表10-2 部分状态下的最优决策和最优值函数

情况	系统状态($\mathbf{x}$)	最优决策($\mathbf{a}$)	采取最优决策后的系统状态($\mathbf{x'}$)	值函数[$V_1(\mathbf{x})$]
A	$(1,0,2,1,1)$	$(\mathrm{CM},\mathrm{DN}^0\,\mathrm{PM}^0,\mathrm{DN},\mathrm{SD})$	$(0,0,3,0,0)$	6.6466
B	$(1,2,0,1,2)$	$(\mathrm{CM},\mathrm{DN}^2\,\mathrm{PM}^0,\mathrm{DN},\mathrm{CM})$	$(0,2,1,0,0)$	11.4237
C	$(2,1,0,2,2)$	$(\mathrm{CM},\mathrm{DN}^1\,\mathrm{PM}^0,\mathrm{DN},\mathrm{CM})$	$(0,1,2,0,0)$	15.2766

为了直观地验证所提出的维修策略对提升系统可靠性的作用,图10-3给出了执行策略和不执行策略时的三种系统可靠度对比情况。根据表10-2,如果对情况A中检测到的状态为$(1,0,2,1,1)$的系统执行最优策略,则系统状态在运行阶段的开始时刻变为$(0,0,3,0,0)$。某一运行阶段的初始状态为$(0,0,3,0,0)$和$(1,0,2,1,1)$时,下一个检测时刻的系统可靠性分别为

0.7455 和 0.6399。在情况 B 检测到的系统状态为(1,2,0,1,2)时，如果执行最优策略，则运行阶段的初始状态转移为(0,2,1,0,0)。在运行阶段末，执行和不执行最优策略的系统可靠性分别为 0.5888 和 0.2299。类似地，在情况 C 中，当最优决策未执行和执行时，初始状态分别为(2,1,0,2,2)和(0,1,2,0,0)。运行阶段末，相应的系统可靠性分别为 0.1225 和 0.6782。显然，如果采取最优策略可以显著提高系统的可靠性。另外，从图 10 - 3 可以看出，如果系统在某一运行阶段的初始状态越差，则采取最优策略后对系统可靠性的提高更为明显。

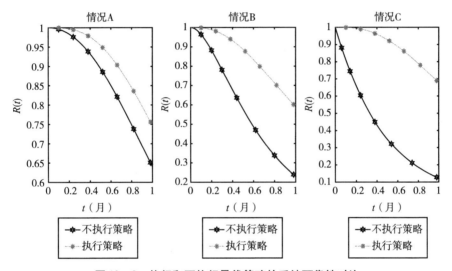

图 10 - 3　执行和不执行最优策略的系统可靠性对比

　　根据所提出的维修策略，每个运行阶段的初始状态有四种情况(0,0,3,0,0)、(0,1,2,0,0)、(0,2,1,0,0)和(0,3,0,0,0)，分别由 $x=1$、2、3、4 表示。图 10 - 4 说明了检查间隔和保护装置触发阈值对不同状态下期望停机成本的影响。首先，随着检查间隔的增加，期望停机成本也会增加。这可能是由于延迟获得了系统状态信息及较晚采取相应的维修措施造成的。其次，如果系统从更差的状态开始运行，则期望停机成本往往会更高。如果初始状态较差，系统很可能会较早失效，从而导致期望停机成本相应增加。最后，通过观察两个子图，如果保护装置的触发准则越严格，即 f_1 和 f_2 更大，期望停机成本会越高。原因是较早激活保护装置可以降低系统的故障风险，从而降低期望停机成本。

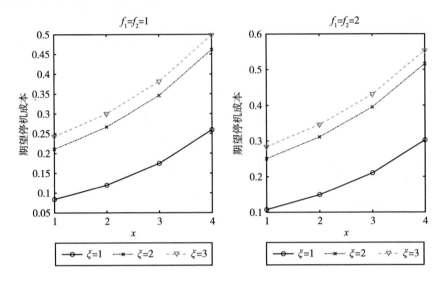

图 10 - 4　不同状态下 f_1 和 ξ 对期望停机成本的影响

图 10 - 5 展示了在不同的检查间隔和触发阈值下，保护装置在不同状态下的期望运行成本的变化趋势。首先，可以明显观察到，当较早触发保护装置时，保护装置的期望运行成本会显著增加。其次，通过比较三个子图，保护装置的期望运行成本随着检查间隔的延长而增加，这可能是由于保护装置的运行时间较长所致。最后，在不同的触发阈值和检查间隔下，保护装置的期望运行成本随着系统状态的退化呈现非单调变化趋势。由于

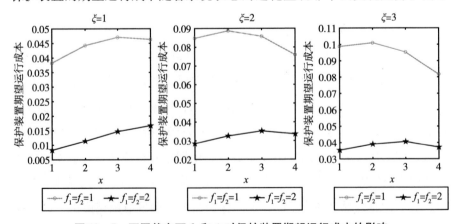

图 10 - 5　不同状态下 f_1 和 ξ 对保护装置期望运行成本的影响

系统退化的随机性，保护装置的触发时间是动态变化的。此外，保护装置失效是随机发生的，导致检测时刻与失效时间之间的关系存在不确定性。

综合图 10-4 和图 10-5 的分析，检查间隔的延长可能会导致系统故障概率的增加。然而，缩短检测间隔会导致检测的总折扣成本上升。另外，较早触发保护装置可以延长系统的寿命，但同时也可能导致保护装置的运行成本较高。因此，有必要寻求合适的检查间隔和保护装置触发阈值。由于最优联合策略可能会受到成本和模型参数的影响，因此在检查间隔取值在 1~10 的前提下进行不同的灵敏度分析。结果如表 10-3 所示，说明了停机成本和模型参数对最优联合策略的影响。此外，以表 10-3 中的情况 3 为例，$c_f = 50$ 时不同联合策略下的期望总成本如图 10-6 所示。可以看出，情况 3 下的最优联合策略为 $f_1 = f_2 = 1$，$\xi = 2$，最小期望总成本等于 2.88545。

表 10-3　　　　　　　　部分成本和模型参数的灵敏度分析

序号	c_f	$p_{c,1}$	p_{pd}	最优联合策略	C_T
1	5	0.4	0.1	$f_1 = f_2 = 2$，$\xi = 9$	0.7271
2	25	0.4	0.1	$f_1 = f_2 = 1$，$\xi = 9$	1.7470
3	50	0.4	0.1	$f_1 = f_2 = 1$，$\xi = 2$	2.88545
4	5	0.1	0.1	$f_1 = f_2 = 2$，$\xi = 10$	0.6223
5	5	0.7	0.1	$f_1 = f_2 = 1$，$\xi = 8$	0.8005
6	5	0.4	0.5	$f_1 = f_2 = 2$，$\xi = 9$	0.7941
7	5	0.4	0.9	$f_1 = f_2 = 2$，$\xi = 8$	0.8139

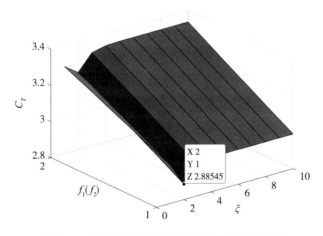

图 10-6　情况 3 中不同联合策略下的期望总成本

根据表 10 - 3 中的情况 1 ~ 情况 3，如果单位时间系统停机成本增大，而其他参数不变，则保护装置的触发阈值和检查间隔会降低，以保证期望总成本最小。原因是当更早地触发保护装置并更频繁地进行检查时，可以降低部件的故障风险并及时更换运行状态较差的部件，从而降低系统故障的可能性并避免产生昂贵的系统停机成本。此外，可以观察到随着 c_f 的增加，在相应的最优联合策略下，最小期望总成本随之增加。这一现象源自频繁的检查和修正性维修。根据每个系统状态相应的最优决策可知，对相对健康的部件进行预防性维修活动增加。因此，决策者应控制合理的单位时间系统停机成本，并设置适当的检查间隔以及保护装置启动机制，以降低总成本。

表 10 - 3 中的情况 1、情况 4 和情况 5 表明，当 $p_{c,1}$ 变得更大时，检查间隔和触发阈值往往会更低，以达到期望总成本最小。$p_{c,1}$ 上升时，部件发生故障的概率也随之增加。因此，保护装置的触发阈值应放宽，以保护系统免于失效，并且应经常进行检查以检测系统状态并执行维修操作。从情况 1、情况 6 和情况 7 可以发现，p_{pd} 的变化主要对检测间隔有影响，保护装置启动阈值随着 p_{pd} 的增加而变得更高。随着保护装置遭受有效冲击的概率增加，保护装置更加容易失效。因此，保护装置的启动阈值需保持很高，而由于保护装置较晚启动保护系统，应更及时进行检测。另外，可以观察到，随着 $p_{c,1}$ 和 p_{pd} 的增大，最小期望总成本略有增加。综上所述，管理者应采取措施提高部件和保护装置抵抗冲击的能力。同时，管理者应该平衡好检查间隔和触发策略，以尽可能降低期望总成本。

第七节 本章小结

本章研究了配有保护装置的 n 中取 $k(\mathrm{F})$ 系统的预防性维修和保护装置触发策略的联合优化问题。系统和保护装置运行在冲击环境中。当故障或不健康部件的数量达到阈值时，保护装置将被启动。保护装置可以降低部件遭受有效冲击的概率。系统有多个运行阶段，在每个运行阶段开始时对系统状态进行检查，并根据检查结果执行维修活动。此外，如果检测到保护装置正在运行，则由于实施维修操作后系统状态相对健康，保护装置将被关闭。系统在定期检测下的运行流程通过马尔可夫决策过程来构建。以最小化系统的期望运行成本为目标，应用值迭代算法求解各个系统状态下的最优决策。为了最小化期望总成本，构建联合优化模型，并应用分支定界法推导出最优的竞争性触发策略和检查间隔。基于配有冷却系统的转子系统这一工程实例，对模型参数进行灵敏度分析以验证所提出模型的适用性，并提供科学有效的管理建议。

11 结论与展望

　　配有冷却系统的航空发动机涡轮、配有调温系统的电动汽车电池组、具有座舱增压控制系统的航空飞机等均为配备了保护装置的安全关键系统。保护装置在保障安全关键系统的平稳运行、延长系统寿命方面发挥着重要作用，因而此类配有保护装置的系统可靠性研究逐渐受到学术界的关注。然而，现有研究主要集中于单部件系统，并且仅考虑单一来源的部件失效原因，在保护装置的启动和保护机制方面仍存在研究不足之处。此外，为了同时满足系统可靠性和系统运行成本的要求，尚未探讨此类系统的维修和备件库存策略、维修和保护装置启动机制的设计优化。基于此，本书深入开展了配有保护装置的系统可靠性建模与分析的研究，主要形成了以下三个方面研究结论与成果。

　　第一，构建了三类不同的配有保护装置的表决系统可靠性模型，并进行了可靠性分析。针对冲击环境下配有多态保护装置的 n 中取 $k(\mathrm{F})$ 系统，考虑了多态保护装置的保护能力变化的情形，运用有限马尔可夫链嵌入法和 PH 分布推导了系统与保护装置的一系列概率指标。针对冲击环境下配有多态保护装置的二维表决系统，分析了保护装置触发失败的情形，提出了隔离失效部件的保护机制，采用有限马尔可夫链嵌入法和通用生成函数法求解了系统可靠性指标的解析表达式。针对配有多个保护装置的多态二维表决系统，研究了外部冲击和内部退化同时影响的系统运行情形，据此提出了新的保护装置保护机制，应用马尔可夫过程嵌入法和有限马尔可夫链嵌入法分析了系统的状态概率函数。

第二，构建了三类特殊运行机制下配有保护装置的多部件系统可靠性模型，分别为平衡机制、负载分担机制和自愈机制。针对配有保护装置的两类平衡系统，定义了系统平衡条件，根据不同的平衡要求提出了新的保护装置启动机制，采用马尔可夫过程嵌入法推导了两个模型系统可靠性指标的解析表达式。针对包含多个配有保护装置的负载分担子系统的性能系统，考虑了保护装置基于部件退化率而启动，提出了保护装置启动时可能已退化的情形，运用马尔可夫过程嵌入法和通用生成函数法分析了性能系统的可靠性指标。针对配有多部件保护装置的自愈型系统，提出了基于工作保护部件数量的保护装置保护性能，探究了由于自愈能力而产生的保护装置待机的情形，运用有限马尔可夫链嵌入法和 PH 分布推导了系统可靠性指标的解析表达式。

第三，开展了配有保护装置的多部件系统维修策略的设计优化研究，包括维修和备件库存策略、维修和保护装置启动机制的联合优化。针对维修及备件库存策略的联合优化研究，以配有保护装置的含多个表决子系统的串联系统为研究对象，分析了系统和保护装置退化、维修工维修、备件补货的一系列运行过程，采用马尔可夫过程嵌入法获得成本指标和可靠性相关指标的解析表达式，从而构建了系统维修和备件库存策略的联合优化模型，应用分支定界法获得了最优的联合策略。针对维修及保护装置启动机制的联合优化研究，以配有保护装置的 n 中取 $k(\mathrm{F})$ 系统为研究对象，探究了基于周期性检测的系统多阶段运行过程，提出了竞争性保护装置启动机制，研究了由于维修活动的实施而关闭保护装置的情形，应用马尔可夫决策过程、值迭代算法求解各阶段的最优决策，从而构建了预防性维修和保护装置启动机制的联合优化模型并采用分支定界法求解。

本书进一步研究展望：

本书虽然扩展了配有保护装置的系统可靠性建模理论和分析方法，但在一些方面仍然存在局限性，需要在将来的研究中进一步完善，具体局限如下。

第一，本书考虑冲击和退化对系统的影响是独立的，在将来的研究中可以探索外部冲击和内部退化相依的情形，例如，冲击的到达会加速内部退化，进而分析系统可靠性指标的变化情况。

第二，本书考虑部件和保护装置的寿命均服从指数分布，在今后的研究中可以分析寿命服从其他分布的情形，从而采用不同的可靠性分析方法对系统可靠性进行评估。

第三，本书仅针对第九章和第十章的系统进行了维修策略优化，下一步可以对其他章节中不同的配有保护装置的系统进行维修策略的设计优化，从而寻求最优的维修策略，以提升系统可靠性并降低系统运营成本。

参 考 文 献

［1］ 中华人民共和国中央人民政府：《中共中央 国务院印发〈质量强国建设纲要〉》，载于《人民日报》2023 年 2 月 7 日。

［2］ Zhao X, Li R, Fan Y, Qiu Q A, Reliability and Optimal Triggering Policy for Multi－state Systems Subject to Shocks and Supported by a Protective Device. *Computers & Industrial Engineering*, Vol. 156, 2021, 107232.

［3］ Zhao X, Li R, Fan Y, Qiu Q A, Reliability Modeling for Multi－state Systems with a Protective Device Considering Multiple Triggering Mechanism. *Proceedings of the Institution of Mechanical Engineers Part O － Journal of Risk and Reliability*, Vol. 236（1）, 2022, pp. 173－193.

［4］ Shen J Y, Zhang Y J, Ma Y Z, Lin C, A Novel Opportunistic Maintenance Strategy for Systems with Dependent Main and Auxiliary Components. *IMA Journal of Management Mathematics*, Vol. 32（1）, 2021, pp. 69－90.

［5］ Zhao X, Chai X F, Sun J L, Qiu Q A, Joint Optimization of Mission Abort and Protective Device Selection Policies for Multistate Systems. *Risk Anal*, Vol. 22, 2022, pp. 2823－2834.

［6］ Shen J Y, Hu J W, Ma Y Z, Two Preventive Replacement Strategies for Systems with Protective Auxiliary Parts Subject to Degradation and Economic Dependence. *Reliability Engineering & System Safety*, Vol. 204, 2020, 107144.

［7］ Zhang N, Zhang J, Shen J Y, Reliability and Maintenance Analysis of a System with Dependent Main and Auxiliary Components. *Computers & Industrial Engineering*, Vol. 179, 2023, 109188.

［8］ Kang F M, Cui L R, Reliability Analysis for Systems with Self – healing Mechanism Under Two Different Types of Cumulative Shocks. *Quality Technology and Quantitative Management*, Vol. 19 （4）, 2022, pp. 454 – 472.

［9］ Eryilmaz S, Kan C, Reliability and Optimal Replacement Policy for an Extreme Shock Model with a Change Point. *Reliability Engineering & System Safety*, Vol. 190, 2019, 106513.

［10］ Gong M, Xie M, Yang Y N, Reliability Assessment of System Under a Generalized Run Shock Model. *Journal of Applied Probability*, Vol. 55 （4）, 2018, pp. 1249 – 1260.

［11］ Eryilmaz S, Delta – shock Model Based on Polya Process and Its Optimal Replacement Policy. *European Journal of Operational Research*, Vol. 263 （2）, 2017, pp. 690 – 697.

［12］ Eryilmaz S, Tekin M, Reliability Evaluation of a System Under a Mixed Shock Model. *Journal of Computational and Applied Mathematics*, Vol. 352, 2019, pp. 255 – 261.

［13］ Gong M, Eryilmaz S, Xie M, Reliability Assessment of System Under a Generalized Cumulative Shock Model. *Proceedings of the Institution of Mechanical Engineers Part O – Journal of Risk and Reliability*, Vol. 234 （1）, 2020, pp. 129 – 137.

［14］ Ranjkesh S H, Hamadani A Z, Mahmoodi S, A New Cumulative Shock Model with Damage and Inter – arrival Time Dependency. *Reliability Engineering & System Safety*, Vol. 192, 2019, 106047.

［15］ Dong W J, Liu S F, Bae S J, Cao Y S, Reliability Modelling for Multi – component Systems Subject to Stochastic Deterioration and Generalized Cumulative Shock Damages. *Reliability Engineering & System Safety*, Vol. 205, 2021, 107260.

［16］ Shamstabar Y, Shahriari H, Samimi Y, Reliability Monitoring of Systems with Cumulative Shock – based Deterioration Process. *Reliability Engineering & System Safety*, Vol. 216, 2021, 107937.

［17］ Ozkut M, and Eryilmaz S, Reliability Analysis Under Marshall – Olkin Run Shock Model. *Journal of Computational and Applied Mathematics*, Vol. 349, 2019, pp. 52 – 59.

［18］ Poursaeed M H, A Run Shock – erosion Model. *Communications in Statistics – Theory and Methods*, Vol. 50, 2019, pp. 1228 – 1239.

［19］ Bozbulut A R, Eryilmaz S, Generalized Extreme Shock Models and Their Applications. *Communications in Statistics – Simulation and Computation*, Vol. 49（1）, 2020, pp. 110 – 120.

［20］ Meango T J M, Ouali M S, Failure Interaction Model Based on Extreme Shock and Markov Processes. *Reliability Engineering & System Safety*, Vol. 197, 2020, 106827.

［21］ Bohlooli – Zefreh M, Asadi M, Parvardeh A, On the Reliability and Optimal Maintenance of Systems Under a Generalized Mixed Delta – shock Model. *Proceedings of the Institution of Mechanical Engineers Part O – Journal of Risk and Reliability*, Vol. 235（5）, 2021, pp. 909 – 922.

［22］ Wang X Y, Zhao X, Wu C S, Wang S Q, Mixed Shock Model for Multi – state Weighted k – out – of – n: F Systems with Degraded Resistance Against Shocks. *Reliability Engineering & System Safety*, Vol. 217, 2022, 108098.

［23］ Wang X Y, Ning R, Zhao X, Generalized Mixed Shock Model for Multi – component Systems in the Shock Environment with a Change Point. *Proceedings of the Institution of Mechanical Engineers, Part O: Journal of Risk and Reliability*, Vol. 237, 2023, pp. 619 – 635.

［24］ Zhao X, Qi X, Wang X Y, Reliability Assessment for Coherent Systems Operating Under a Generalized Mixed Shock Model with Multiple Change Points of the Environment. *Reliability Engineering & System Safety*, Vol. 239, 2023, 109526.

［25］ Hua D G, Elsayed E A, Reliability Estimation of k – out – of – n Pairs: G Balanced Systems with Spatially Distributed Units. *IEEE Transactions on Reliability*, Vol. 65（2）, 2016, pp. 886 – 900.

[26] Hua D G, Elsayed E A. Degradation Analysis of k – out – of – n pairs: G Balanced System with Patially Distributed Units. *IEEE Transactions on Reliability*, Vol. 65 (2), 2016, pp. 941 –956.

[27] Hua D G, Elsayed E A, Reliability Approximation of k – out – of – n pairs: G Balanced Systems with Spatially Distributed Units. *IISE Transactions*, Vol. 50 (7), 2018, pp. 616 –626.

[28] Guo J, Elsayed E A, Reliability of Balanced Multi – level Unmanned Aerial Vehicles. *Computers and Operations Research*, Vol. 106, 2019, pp. 1 – 13.

[29] Endharta A J, Yun W Y, Ko Y M, Reliability Evaluation of Circular k – out – of – n: G Balanced Systems Through Minimal Path Sets. *Reliability Engineering & System Safety*, Vol. 180, 2018, pp. 226 –236.

[30] Cui L R, Gao H D, Mo Y C, Reliability for k – out – of – n: F Balanced Systems with m Sectors. *IISE Transactions*, Vol. 50 (5), 2018, pp. 381 – 393.

[31] Fang C, Cui L R, Reliability Analysis for Balanced Engine Systems with m Sectors by Considering Start – up Probability. *Reliability Engineering & System Safety*, Vol. 197, 2020, 106829.

[32] Wang X Y, Zhao X, Wu C S, Lin C, Reliability Assessment for Balanced Systems with Restricted Rebalanced Mechanisms. *Computers & Industrial Engineering*, Vol. 149, 2020, 106801.

[33] Zhao X, Wu C S, Wang X Y, Sun J L, Reliability Analysis of k – out – of – n: F Balanced Systems with Multiple Functional Sectors. *Applied Mathematical Modelling*, Vol. 82, 2020, pp. 108 –124.

[34] Wu C S, Zhao X, Wang X Y, Wang S Q, Reliability Analysis of Performance – based Balanced Systems with Common Bus Performance Sharing. *Reliability Engineering & System Safety*, Vol. 215, 2021, 107865.

[35] Fang C, Cui L R. Reliability Evaluation for Balanced Systems with Auto – balancing Mechanisms. *Reliability Engineering & System Safety*, Vol. 213, 2021, 107780.

［36］ Zhao X J, Wang Z Y. Maintenance Policies for Two – unit Balanced Systems Subject to Degradation. *IEEE Transactions on Reliability*, Vol. 71 （2）, 2022, pp. 1116 – 1126.

［37］ Cui L R, Chen J H, Li X C, Balanced Reliability Systems Under Markov Processes. *IISE Transactions*, Vol. 51 （9）, 2019, pp. 1025 – 1035.

［38］ Zhao X, Wang S Q, Wang X Y, Fan Y, Multi – state Balanced Systems in a Shock Environment. *Reliability Engineering & System Safety*, Vol. 193, 2020, 106592.

［39］ Wang S Q, Zhao X, Tian Z G, Zuo M J, Optimum Component Reassignment for Balanced Systems with Multi – state Components Operating in a Shock Environment. *Reliability Engineering & System Safety*, Vol. 210, 2021, 107514.

［40］ Wang S Q, Zhao X, Tian Z G, Zuo M J, Optimal Mission Abort Policy with Multiple Abort Criteria for a Balanced System with Multi – state Components. *Computers & Industrial Engineering*, Vol. 160, 2021, 107544.

［41］ Wang X Y, Zhao X, Wang S Q, Sun L P, Reliability and Maintenance for Performance – balanced Systems Operating in a Shock Environment. *Reliability Engineering & System Safety*, Vol. 195, 2020, 106705.

［42］ Wu B, Cui L R, Fang C, Multi – state Balanced Systems with Multiple Failure Criteria. *Reliability Engineering & System Safety*, Vol. 199, 2020, 106888.

［43］ Wang X Y, Ning R, Zhao X, Zhou J, Reliability Analyses of k – out – of – n: F Capability – balanced Systems in a Multi – source Shock Environment. *Reliability Engineering & System Safety*, Vol. 227, 2022, 108733.

［44］ Broek M, Teunter R H, de Jonge B, Veldman J, Joint Condition – based Maintenance and Load – sharing Optimization for Two – unit Systems with Economic Dependency. *European Journal of Operational Research*, Vol. 295 （3）, 2021, pp. 1119 – 1131.

［45］ Chen Y M, Liu Y, Xiahou T F, A Deep Reinforcement Learning Approach to Dynamic Loading Strategy of Repairable Multistate Systems. *IEEE Transactions on Reliability*, Vol. 71 (1), 2021, pp. 484 – 499.

［46］Xiao H, Peng R, Wang W B, Zhao F, Optimal Element Loading for Linear Sliding Window Systems. *Proceedings of the Institution of Mechanical Engineers*, *Part O*: *Journal of Risk and Reliability*, Vol. 230 (1), 2016, pp. 75 – 84.

［47］Rykov V, Ivanova N, Kochetkova I, Reliability Analysis of a Load – Sharing k – out – of – n system Due to Its Components' Failure. *Mathematics*, Vol. 10 (14), 2022, 13.

［48］Che H Y, Zeng S K, Li K H, Guo J B, Reliability Analysis of Load – sharing Man – machine Systems Subject to Machine Degradation, Human errors, and Random Shocks. *Reliability Engineering & System Safety*, Vol. 226, 2022, 108679.

［49］Li M, Xie L Y, Ding L J, Load Sharing Analysis and Reliability Prediction for Planetary Gear Train of Helicopter. *Mechanism and Machine Theory*, Vol. 115, 2017, pp. 97 – 113.

［50］Brown B, Liu B, McIntyre S, Revie M. Reliability Analysis of Load – sharing Systems with Spatial Dependence and Proximity Effects. *Reliability Engineering & System Safety*, Vol. 221, 2022, 108284.

［51］Liu B, Xie M, Kuo W, Reliability Modeling and Preventive Maintenance of Load – sharing Systems with Degrading Components. *IIE Transactions*, Vol. 48 (8), 2016, pp. 699 – 709.

［52］Kvam P H, Pena E A, Estimating Load – sharing Properties in a Dynamic Reliability System. *Journal of the American Statistical Association*, Vol. 100 (469), 2005, pp. 262 – 272.

［53］Liu H M. Reliability of a Load – sharing k – out – of – n: G system: Non – iid Components with Arbitrary Distributions. *IEEE Transactions on Reliability*, Vol. 47 (3), 1998, pp. 279 – 284.

［54］Zhao X J, Liu B, Liu Y. Reliability Modeling and Analysis of Load –

sharing Systems with Continuously Degrading Components. *IEEE Transactions on Reliability*, Vol. 67 (3), 2018, pp. 1096 – 1110.

［55］ Wu B, Cui L R, On Reliability Analysis of a Load – sharing k – out – of – n : G System with Interacting Markov Subsystems. *International Journal of Production Research*, Vol. 60 (7), 2022, pp. 2331 – 2345.

［56］ Wu C S, Zhao X, Wang S Q, Song Y B, Reliability Analysis of Consecutive – k – out – of – r – from – n Subsystems : F Balanced Systems with Load Sharing. *Reliability Engineering & System Safety*, Vol. 228, 2022, 108776.

［57］ Guo J B, Shen Y G, Lu Z P, Che H Y, Liu Z, Zeng S K, Reliability Modeling for Consecutive k – out – of – n : F Systems with Local Load – sharing Components Subject to Dependent Degradation and Shock Processes. *Quality and Reliability Engineering International*, Vol. 36 (5), 2020, pp. 1553 – 1569.

［58］ Che H Y, Zeng S K, Guo J B, A Reliability Model for Load – sharing k – out – of – n Systems Subject to Soft and Hard Failures with Dependent Workload and Shock Effects. *Eksploatacja i Niezawodność – Maintenance and Reliability*, Vol. 22 (2), 2020, pp. 253 – 264.

［59］ Nezakati E, Razmkhah M, Reliability Analysis of a Load Sharing k – out – of – n : F Degradation System with Dependent Competing Failures. *Reliability Engineering & System Safety*, Vol. 203, 2020, 107076.

［60］ Che H Y, Zeng S K, Guo J B, Reliability Analysis of Load – sharing Systems Subject to Dependent Degradation Processes and Random Shocks. *IEEE Access*, Vol. 5, 2017, pp. 23395 – 23404.

［61］ Shen J Y, Cong S S, Zhang N, Ma Y Z, Reliability Modelling and Self – healing Policy Design for Systems with Limited Resources. *Reliability Engineering & System Safety*, Vol. 240, 2023, 109537.

［62］ Trifonov O V, Cherniy V P, Application of Composite Wraps for Strengthening of Buried Steel Pipelines Crossing Active Faults. *Journal of Pressure Vessel Technology – Transactions of the Asme*, Vol. 138 (6), 2016, 060902.

［63］ Li H, Peng Y J, Zhang K, Li P C, Xin L, Yin X L, Yu S R, Spontaneous Self – healing Bio – inspired Lubricant – infused Coating on Pipeline Steel Substrate with Reinforcing Anti – corrosion, Anti – fouling, and Anti – scaling Properties. *Journal of Bionic Engineering*, Vol. 19 (6), 2022, pp. 1601 – 1614.

[64] Kong X F, Yang J, Reliability Analysis of Composite Insulators Subject to Multiple Dependent Competing Failure Processes with Shock Duration and Shock Damage Self – recovery. *Reliability Engineering & System Safety*, Vol. 204, 2020, 107166.

[65] Xu Z X, Yang J, Zhang T, Nuli Y N, Wang J L, Hirano SI, Silicon Microparticle Anodes with Self – healing Multiple Network Binder. *Joule*, Vol. 2 (5), 2018, pp. 950 – 961.

[66] Chen Z, Wang C, Lopez J, Lu Z D, Cui Y, Bao Z A, High – areal – capacity Silicon Electrodes with Low – cost Silicon Particles Based on Spatial Control of Self – healing Binder. *Advanced Energy Materials*, Vol. 5 (8), 2015, 1401826.

[67] Choopani K, Hedayati M, Effatnejad R, Self – healing Optimization in Active Distribution Network to Improve Reliability, and Reduction Losses, Switching Cost and Load Shedding. *International Transactions on Electrical Energy Systems*, Vol. 30 (5), 2020, e12348.

[68] Zhong N, Post W. Self – repair of Structural and Functional Composites with Intrinsically Self – healing Polymer Matrices: A Review. *Composites Part a – Applied Science and Manufacturing*, Vol. 69, 2015, pp. 226 – 239.

[69] Paolillo S, Bose R K, Santana M H, Grande A M, Intrinsic Self – healing Epoxies in Polymer Matrix Composites (pmcs) for Aerospace Applications. *Polymers*, Vol. 13 (2), 2021, 201.

[70] Cui J, Li X Q, Pei Z Q, Pei Y S, A Long – term Stable and Environmental Friendly Self – healing Coating with Polyaniline/Sodium Alginate Microcapsule Structure for Corrosion Protection of Water – delivery Pipelines. *Chemical Engineering Journal*, Vol. 358, 2019, pp. 379 – 388.

[71] Shen J Y, Cui L R, Yi H. System Performance of Damage Self –

healing Systems Under Random Shocks by Using Discrete State Method. *Computers & Industrial Engineering*, Vol. 125, 2018, pp. 124 – 134.

［72］ Zhao X, Guo X X, Wang X Y, Reliability and Maintenance Policies for a Two – stage Shock Model with Self – healing Mechanism. *Reliability Engineering & System Safety*, Vol. 172, 2018, pp. 185 – 194.

［73］ Shangguan A Q, Xie G, Mu L X, Fei R, Hei X H, Reliability Modeling: Combining Self – healing Characteristics and Dynamic Failure Thresholds. *Quality Technology and Quantitative Management*, Vol. 21, 2023, pp. 363 – 385.

［74］ Cui L R, Chen Z L, Gao H D, Reliability for Systems with Self – healing Effect Under Shock Models. *Quality Technology and Quantitative Management*, Vol. 15 (5), 2018, pp. 551 – 567.

［75］ Qiu Q G, Cui L R, Wu B, Dynamic Mission Abort Policy for Systems Operating in a Controllable Environment with Self – healing Mechanism. *Reliability Engineering & System Safety*, Vol. 203, 2020, 107069.

［76］ Li Y, Xing M X, Cai X, Reliability Analysis on Systems with Self – healing and Self – repairing Under Different Environments and Shock Models. *Quality and Reliability Engineering International*, Vol. 39 (1), 2023, pp. 244 – 267.

［77］ Liu H L, Yeh R H, Cai B P, Reliability Modeling for Dependent Competing Failure Processes of Damage Self – healing Systems. *Computers & Industrial Engineering*, Vol. 105, 2017, pp. 55 – 62.

［78］ Ye K W, Wang H, Ma X B, A Generalized Dynamic Stress – strength Interference Model Under? Failure Criterion for Self – healing Protective Structure. *Reliability Engineering & System Safety*, Vol. 229, 2023, 108838.

［79］ Xiang S H, Zhao C D, Hao S H, Li K, Li W H, A Reliability Evaluation Method for Electromagnetic Relays Based on a Novel Degradation – threshold – shock Model with Two – sided Failure Thresholds. *Reliability Engineering & System Safety*, Vol. 240, 2023, 109549.

［80］ Gan S Y, Song Z F, Zhang L, A Maintenance Strategy Based on System Reliability Considering Imperfect Corrective Maintenance and Shocks. *Computers & Industrial Engineering*, Vol. 164, 2022, 107886.

[81] Eryilmaz S. Age – based Preventive Maintenance for Coherent Systems with Applications to Consecutive – k – out – of – n and Related Systems. *Reliability Engineering & System Safety*, Vol. 204, 2020, 107143.

[82] Zhou X, Shi K, Capacity Failure Rate Based Opportunistic Maintenance Modeling for Series – parallel Multi – station Manufacturing Systems. *Reliability Engineering & System Safety*, Vol. 181, 2019, pp. 46 –53.

[83] Huynh K T, Modeling Past – dependent Partial Repairs for Condition – based Maintenance of Continuously Deteriorating Systems. *European Journal of Operational Research*, Vol. 280 (1), 2020, pp. 152 – 163.

[84] Ozgur – Unluakin D, Turkali B, Karacaorenli A, Aksezer S C, A DBN Based Reactive Maintenance Model for a Complex System in Thermal Power Plants. *Reliability Engineering & System Safety*, Vol. 190, 2019, 106505.

[85] Zhou Y, Lin T R, Sun Y, Ma L, Maintenance Optimisation of a Parallel – series System with Stochastic and Economic Dependence Under Limited Maintenance Capacity. *Reliability Engineering & System Safety*, Vol. 155, 2016, pp. 137 – 146.

[86] Endharta A J, Ko Y M, Economic Design and Maintenance of a Circular k – out – of – n: G Balanced System with Load – sharing Units. *IEEE Transactions on Reliability*, Vol. 69 (4), 2020, pp. 1465 – 1479.

[87] Wang Y B, Zhao J M, Cheng Z H, Yang Z Y, Integrated Decision on Spare Parts Ordering and Equipment Maintenance Under Condition Based Maintenance Strategy. *Eksploatacja I Niezawodnosc – Maintenance and Reliability*, Vol. 17 (4), 2015, pp. 591 –599.

[88] Wang L, Chu J, Mao W, A Condition – based Order – replacement Policy for a Single – unit System. *Applied Mathematical Modelling*, Vol. 32 (11), 2008, pp. 2274 –2289.

[89] Zhao F, Liu X J, Peng R, Kang J. Joint Optimization of Inspection

and Spare Ordering Policy with Multi – level Defect Information. *Computers & Industrial Engineering*, Vol. 139, 2020, 106205.

［90］ Zhao X, Zhang J, Wang X Y, Joint Optimization of Components Redundancy, Spares Inventory and Repairmen Allocation for a Standby Series System. *Proceedings of the Institution of Mechanical Engineers*, *Part O*: *Journal of Risk and Reliability*, Vol. 233 (4), 2018, pp. 623 – 638.

［91］ Wang X Y, Wang J X, Ning R, Chen X, Joint Optimization of Maintenance and Spare Parts Inventory Strategies for Emergency Engineering Equipment Considering Demand Priorities. *Mathematics*, Vol. 11 (17), 2023, 3688.

［92］ Panagiotidou S. Joint Optimization of Spare Parts Ordering and Maintenance Policies for Multiple Identical Items Subject to Silent Failures. *European Journal of Operational Research*, Vol. 235 (1), 2014, pp. 300 – 314.

［93］ Nguyen K A, Do P, Grall A, Joint Predictive Maintenance and Inventory Strategy for Multi – component Systems Using Birnbaum's Structural Importance. *Reliability Engineering & System Safety*, Vol. 168, 2017, pp. 249 – 261.

［94］ Zhang J X, Du D B, Si X S, Hu C H, Zhang H W, Joint Optimization of Preventive Maintenance and Inventory Management for Standby Systems with Hybrid – deteriorating Spare Parts. *Reliability Engineering & System Safety*, Vol. 214, 2021, 107686.

［95］ Yan T, Lei Y G, Wang B, Han T Y, Si X S, Li N P. Joint Maintenance and Spare Parts Inventory Optimization for Multi – unit Systems Considering Imperfect Maintenance Actions. *Reliability Engineering & System Safety*, Vol. 202, 2020, 106994.

［96］ Zheng M M, Ye H Q, Wang D, Pan E S, Joint Optimization of Condition – based Maintenance and Spare Parts Orders for Multi – unit Systems with Dual Sourcing. *Reliability Engineering & System Safety*, Vol. 210, 2021, 107512.

［97］ Wang J J, Qiu Q A, Wang H H, Joint Optimization of Condition – based and Age – based Replacement Policy and Inventory Policy for a Two – unit Series System. *Reliability Engineering & System Safety*, Vol. 205, 2021, 107251.

［98］ Olde Keizer M C A, Teunter R H, Veldman J, Joint Condition – based Maintenance and Inventory Optimization for Systems with Multiple Components. *European Journal of Operational Research*, Vol. 257 （1）, 2017, pp. 209 – 222.

［99］ Wang J, Zhu X Y, Joint Optimization of Condition – based Maintenance and Inventory Control for a k – out – of – n: F System of Multi – state Degrading Components. *European Journal of Operational Research*, Vol. 290 （2）, 2021, pp. 514 – 529.

［100］ Zhao X, Chai X F, Cao S, Qiu Q A, Dynamic Loading and Condition – based Maintenance Policies for Multi – state Systems with Periodic Inspection. *Reliability Engineering & System Safety*, Vol. 240, 2023, 109586.

［101］ Wang S Q, Zhao X, Wu C S, Wang X Y, Joint Optimization of Multi – stage Component Reassignment and Preventive Maintenance for Balanced Systems Considering Imperfect Maintenance. *Reliability Engineering & System Safety*, Vol. 237, 2023, 109367.

［102］ Wang L, Lu Z Q, Ren Y F, Joint Production Control and Maintenance Policy for a Serial System with Quality Deterioration and Stochastic Demand. *Reliability Engineering & System Safety*, Vol. 199, 2020, 106918.

［103］ Tian S, Zhang N, Fouladirad M, An Integrated Optimization of Lot – sizing and Condition – based Maintenance Policy of a Two – stage Deteriorating System. *Computers & Industrial Engineering*, Vol. 179, 2023, 109223.

［104］ Gan S Y, Yousefi N, Coit D W, Optimal Control – limit Maintenance Policy for a Production System with Multiple Process States. *Computers & Industrial Engineering*, Vol. 158, 2021, 107454.

［105］ 曹晋华、程侃:《可靠性数学引论:修订版》,高等教育出版社 2006 年版。

［106］ 沈静远:《动态环境下退化可修系统的可靠性建模与分析》,北京理工大学, 2017 年。

［107］ Liu Y, Lin P, Li Y F, Huang H Z, Bayesian Reliability and Performance Assessment for Multi – state Systems. *IEEE Transactions on Reliability*,

Vol. 64（1）, 2015, pp. 394 – 409.

［108］Wu C S, Zhao X, Qiu Q A, Sun J L, Optimal Mission Abort Policy for k – out – of – n：F Balanced Systems. *Reliability Engineering & System Safety*, Vol. 208, 2021, 107398.

［109］Zhao X, Li Z Y, Wang X Y, Guo B, Reliability of Performance – based System Containing Multiple Load – sharing Subsystems with Protective Devices Considering Protection Randomness. *Reliability Engineering & System Safety*, Vol. 239, 2023, 109508.

［110］Fu J C, Reliability of Consecutive – k – out – of – n – f – systems with（k – 1）– step Markov Dependence. *IEEE Transactions on Reliability*, Vol. 35（5）, 1986, pp. 602 – 606.

［111］Kim B, Kim J, Kim J, Waiting Time Problems for Patterns in a Sequence of Multi – state Trials. *Mathematics*, Vol. 8（11）, 2020, 1893.

［112］Fu J C, Shmueli G, Chang Y M, A Unified Markov Chain Approach for Computing the Run Length Distribution in Control Charts with Simple or Compound Rules. *Statistics & Probability Letters*, Vol. 65（4）, 2003, pp. 457 – 466.

［113］Yin J, Cui L R, Reliability for Consecutive – k – out – of – n：F Systems with Shared Components Between Adjacent Subsystems. *Reliability Engineering & System Safety*, Vol. 210, 2021, 107532.

［114］Wu C S, Pan R, Zhao X, Reliability Assessment of Multi – state Performance Sharing Systems with Transmission Loss and Random Shocks. *IISE Transactions*, Vol. 54, 2021, pp. 1060 – 1071.

［115］Zhao X, Dong B B, Wang X Y, Reliability Analysis of a Two – dimensional Voting System Equipped with Protective Devices Considering Triggering Failures. *Reliability Engineering & System Safety*, Vol. 232, 2023, 109038.

［116］Liu B, Pandey M D, Wang X L, Zhao X J, A Finite – horizon Condition – based Maintenance Policy for a Two – unit System with Dependent Degradation Processes. *European Journal of Operational Research*, Vol. 295（2）, 2021, pp. 705 – 717.

[117] Cheng W Q, Zhao X J, Maintenance Optimization for Dependent Two – component Degrading Systems Subject to Imperfect Repair. *Reliability Engineering & System Safety*, Vol. 240, 2023, 109581.

[118] Broek Majuh, Teunter R H, de Jonge B, Veldman J, Joint Condition – based Maintenance and Load – sharing Optimization for Two – unit Systems with Economic Dependency. *European Journal of Operational Research*, Vol. 295 (3), 2021, pp. 1119 – 1131.

[119] Liu B, Huang H, Deng Q. On Optimal Condition Based Task Termination Policy for Phased Task Systems. *Reliability Engineering & System Safety*, Vol. 221, 2022, 108338.

[120] He Q M, *Fundamentals of Matrix – analytic Methods*. New York, NY: Springer, 2014.

[121] Krupenev D, Boyarkin D, Iakubovskii D. Improvement in the Computational Efficiency of a Technique for Assessing the Reliability of Electric Power Systems Based on the Monte Carlo Method. *Reliability Engineering & System Safety*, Vol. 204, 2020, 107171.

[122] Yamawaki S, Verifying Heat Transfer Analysis of High Pressure Cooled Turbine Blades and Disk. *Heat Transfer in Gas Turbine Systems*, Vol. 934, 2001, pp. 505 – 512.

[123] Han J C, Fundamental Gas Turbine Heat Transfer. *Journal of Thermal Science and Engineering Applications*, Vol. 5 (2), 2013, 021007.

[124] Filinov E P, Kuz'michev V S, Tkachenko A Y, Ostapyuk Y, Krupenich I N, Estimation of Cooling Flow Rate for Conceptual Design Stage of a Gas Turbine Engine. *Proceedings of the Institution of Mechanical Engineers Part a – Journal of Power and Energy*, Vol. 235 (8), 2021, pp. 2014 – 2021.

[125] Ma Y, Chiang S W, Chu X, Li J, Gan L, Xu C, Yao Y, He Y, Li B, Kang F, Du H, Thermal Design and Optimization of Lithium Ion Batteries for Unmanned Aerial Vehicles. *Energy Storage*, Vol. 1 (1), 2019, e48.

[126] Jiang T, Liu Y, Parameter Inference for Non – repairable Multi –

state System Reliability Models by Multi – level Observation Sequences. *Reliability Engineering & System Safety*, Vol. 166, 2017, pp. 3 – 15.

［127］Lawless J F, *Statistical models and methods for lifetime data*, *second edition*. Statistical Models and Methods for Lifetime Data, Second Edition, 2011.

［128］Tian Y Z, Zhu Q Q, Tian M Z, Inference for Mixed Generalized Exponential Distribution Under Progressively Type – ii Censored Samples. *Journal of Applied Statistics*, Vol. 41 （3）, 2014, pp. 660 – 676.

［129］Zhao X, Dong B B, Wang X Y, Reliability Analysis of a Two – dimensional Voting System Equipped with Protective Devices Considering Triggering Failures. *Reliability Engineering & System Safety*, Vol. 232, 2023, 109038.

［130］Wang X Y, Ning R, Zhao X, Zhou J, Reliability Evaluations for a Multi – state k – out – of – n: F System with m Subsystems Supported by Multiple Protective Devices. *Computers & Industrial Engineering*, Vol. 171, 2022, 108409.

［131］Nuzzo P, Bajaj N, Masin M, Kirov D, Passerone R, Sangiovanni – Vincentelli AL, Optimized Selection of Reliable and Cost – effective Safety – critical System Architectures. *IEEE Transactions on Computer – aided Design of Intergrated Circuits and Systems*, Vol. 39 （10）, 2020, pp. 2109 – 2123.

［132］Jiang K, Singh C, New Models and Concepts for Power System Reliability Evaluation Including Protection System Failures. *IEEE Transactions on Power Systems*, Vol. 26 （4）, 2011, pp. 1845 – 1855.

［133］Zhang X H, Liao H T, Zeng J C, Shi G N, Zhao B, Optimal Condition – based Opportunistic Maintenance and Spare Parts Provisioning for a Two – unit System Using a State Space Partitioning Approach. *Reliability Engineering & System Safety*, Vol. 209, 2021, 107451.

［134］张德志:《汽车发动机常见故障维修与保养技术探究》，载于《科技资讯》2022 年第 20 期。